Schönbrunn

Ein Schloß und seine Welt

Schönbrunn
Ein Schloß und seine Welt

Text von Kurt Eigl

Mit 74 Farbabbildungen nach Photographien von
Franz Hubmann
und 84 Schwarzweißabbildungen

Herausgegeben und gestaltet von
Christian Brandstätter

Verlag Fritz Molden, Wien – München – Zürich – Innsbruck

Die Schutzumschlagbilder von Franz Hubmann zeigen (vorn) das Rundbassin im
Schloßpark von Schönbrunn und (hinten) das Millionenzimmer.

BILDNACHWEIS:
Die Schwarzweißabbildungen stammen aus dem Bildarchiv der Österreichischen Nationalbibliothek,
außer auf den Seiten 32, 58, 67, 111 (Kunsthistorisches Museum, Wien);
52, 53 (Franz Hubmann, Wien); 57, 62, 63 (Archiv Bruno Reiffenstein, Wien);
85, 86, 107 (Albertina, Wien); 129, 182 (Archiv Christian Brandstätter, Wien)
und 183 (Heeresgeschichtliches Museum, Wien).

1. AUFLAGE
COPYRIGHT © 1980 BY VERLAG FRITZ MOLDEN,
WIEN – MÜNCHEN – ZÜRICH – INNSBRUCK
VERLEGT VON MOLDEN VERLAG WIEN GESELLSCHAFT M. B. H.
ALLE RECHTE VORBEHALTEN
LEKTOR: BRIGITTE HILZENSAUER
TECHNISCHER BETREUER: FRANZ HANNS
SATZ: TYPOSTUDIO WIEN
SCHRIFT: GARAMOND-ANTIQUA
DRUCK: C. & E. GROSSER, LINZ
BINDEARBEIT: WIENER VERLAG, HIMBERG
ISBN 3-217-00954-1

Inhalt

Vom Meierhof zum Sonnenkönigsschloß
Maximilian II., Matthias I., Leopold I., Joseph I. und Karl VI.

Am Beginn des vorigen Jahrhunderts verfaßte ein gewisser Josef Öhler eine „Beschreibung des kaiserlichen Lustschlosses Schönbrunn und des dabey befindlichen Gartens", in welcher er zuerst die topographische Lage des Gebäudes skizziert, um dann bei zwei Brükkenplastiken am rechten Wienufer zu verweilen. Indem er sie betrachtet, rührt er unbeabsichtigt an ein Wesenselement des Barock: die immer gegenwärtige geistige und künstlerische Beziehung zur Antike. Er schreibt: „Schönbrunn ist ein kaiserliches Lustschloß, eine halbe Stunde außer der Mariahülfer Linie. Es liegt am Wienflusse unter einer Anhöhe, welche der Schönbrunnerberg genannt wird. Nordwärts geht die Reichs-Poststraße (die heutige Linzer Straße) vorbey, von der man den schönen Anblick des Schlosses mit seinen weitläufigen Nebengebäuden, Gärten und Gloriette in seiner ganzen Herrlichkeit genießt. Eine kurze Allee führt von der Straße zu einer breiten, hölzernen Brücke über die Wien, und von da kömmt man in den Vorhof des Schlosses. Diese Brücke ist auf der Wienerseite von zwey großen steinernen Löwen bewacht. Auf der Schönbrunnerseite sind zwey sehr schöne Sphinxe, fabelhafte Ungeheuer, von denen Plutarch und andere alte Schriftsteller viel erzählen. Die Alten gaben ihnen den Nahmen Hunde der Juno und setzten sie vor die Tempel. Heut zu Tage setzt man sie gewöhnlich an Stiegen und Einfahrten in großen Gebäuden."

Einen für die Atmosphäre Schönbrunns ebenbürtigen charakteristischen Akkord verdanken wir dem um die Mitte des Jahrhunderts aus Deutschland zugewanderten Beamten Gerhard Coeckelberghe-Duetzele, als Wienchronist unter dem Decknamen Realis bekannt. Er schreibt: „Der Anblick des Schlosses und des dasselbe beherrschenden Gloriets (bei den alten Wienern war die Gloriette sächlichen Geschlechts) ist imposant. Es ist kein etikettenstolzes Aranjuez, kein üppig schwelgendes Versailles, sondern der geräuschlose, obwohl eines mächtigen Kaisers würdige Wohnsitz einer prunklosen patriarchalischen Regentenfamilie."

Besser kann die Noblesse Schönbrunns kaum in Worte gefaßt werden. Aber bis sie sich voll entfalten durfte, war ein sehr geräuschvoller, dramatischer, langer Weg zurückzulegen.

In den Ursprungszeiten Schönbrunns im fünfzehnten Jahrhundert sah die Gegend völlig anders aus.

Wälder beherrschten nicht nur den südlichen, westlichen und nördlichen Horizont, sondern auch die Ufer des reich verzweigten, unberechenbaren Wienflusses, des „verflixten Bacherls", das alle Botlang, wie die Wiener sagten, aus seinem Bett trat und das anrainende Land überschwemmte. Das bei gutem Wetter harmlose Gerinne mit seinen elf Zubringerbächen schwoll bei stärkeren Regenfällen in kurzer Zeit mächtig an, weil der ton- und humusarme, schotterige Flysch- und Schieferboden seines Einzugsgebietes das Wasser nur sehr mangelhaft bindet.

Die Ortschaften Hütteldorf, Hacking, St. Veit, Hietzing, Meidling waren Wienerwalddörfer, dazwischen gab es Einzelgehöfte und viel Ackerland. Einige dieser Siedlungen hatten Mühlen: Man staute das Wasser der Wien, leitete es in Mühlbäche und errichtete an ihnen die klappernden Räder. Unter den zahlreichen Betrieben dieser Art, Dorotheermühle, Kirchenmühle, Mollardmühle, Dominikanermühle, Hunds-, Heu-, Schleif-, Bärenmühle und wie sie alle hießen – teils waren sie bis zum Linienwall, teils bis in die Nähe der Stadtmauer anzutreffen –, gab es oberhalb des Meidlinger Wehrs, von welchem die zwei wichtigsten Mühlbäche abzweigten, die Steyermühle des Ehepaares Pichler, auf deren Grund heute das Schönbrunner Schloßtheater steht, und zwischen der Orangerie und der Lichten Allee des heutigen Parks die Kattermühle.

Der Name, der einen dazugehörigen Gutshof mit inbegriff, besagt entweder, daß die Mühle von einem „Gatter", einem starken, wahrscheinlich aus Eichenpfosten gefügten Zaun umgeben war (man denke an das benachbarte „Gatterhölzl" in Meidling) oder daß sie zum Zweck der Reinerhaltung ihres Wassers von Schwemmgut ein Wehr hatte, das man gleichfalls „Gatter" nannte. Vielleicht verfügte sie auch über beides. Die Kattermühle war zählebig, erst 1752, als bereits Maria Theresia im umgebauten Schloß residierte, hat man sie abgetragen.

Wie es dazu kam, daß aus der alten Mühle und ihrem Gutshof ein Jagdschloß wurde, erzählt der Historiker Quirin Leitner in seiner 1875 als Prachtband erschienenen „Monographie des kaiserlichen Lustschlosses Schönbrunn" mit ebensoviel musterhafter Kürze wie Akribie.

„Die weitläufigen Grundstrecken, welche das kaiserliche Lustschloß Schönbrunn mit seinen ausgedehnten Gärten jetzt einnimmt, gehörten ehedem zu den angränzenden Gemeinden Hietzing und Meidling. Zwischen diesen beiden lag ein Wirtschaftshof mit einer Mühle, genannt die Kattermühle. Sie wurde vom Stifte Klosterneuburg zum Zwecke der besseren Bewirtschaftung der bei Hietzing und Meidling liegenden bedeutenden Stiftsgüter angekauft. Diesen Hof samt Mühle verwaltete das Stift zeitweise selbst, bald wieder wurden dieselben in Bestand (Miete, Pacht), bald als Lehen vergeben. Zu Anfang des vierzehnten Jahrhunderts erscheint urkundlich ein Johann von Nußdorf, welcher die Mühle, die Äcker und das Holz auf Leibgeding besaß und das ganze Besitzthum 1312 dem Probste Berthold I. um 40 Pfund Pfennige heimsagte. Im Jahre 1437 besaß das Gut Erhard Grießer, Kellerschreiber des Herzogs Albrecht V. Nach Grießer kam Hans Koppel, Bürger von Wien, in den Besitz der Kattermühle, welche nach seinem Tode von dessen minderjährigem Sohne durch das Stift 1497 zurückgelöst wurde. Im Beginne des sechzehnten Jahrhunderts hatte den Hof und die Kattermühle ein Müller, Sigmund Kapher, gegen jährlichen Zins von 70 Pfund Pfennigen in Bestand. Nach dessen Ableben wurde seine Witwe auf dem Hof und der Mühle um den alten Zins belassen, und als sie bei zunehmender Altersschwäche nicht mehr der Wirtschaft vorzustehen vermochte, dieselbe ihrem Diener Michel Leittner durch den Probst Wolfgang in Bestand gegeben. Ein harter Schlag traf die Kattermühle 1529 durch den Türkeneinfall, sie wurde gleich den umliegenden Ortschaften arg verwüstet.

Im Jahre 1548 wußte der bei der niederösterreichischen Kammerkanzlei angestellte, nachherige Stadtanwalt zu Wien, Hermann Bayer, das Leibgeding über den Hof und die Mühle dem Probste und Convente abzutrotzen. Obwohl Bayer den bedungenen verringerten Zins zehn Jahre hindurch nicht bezahlte, vermochte er doch im Jahre 1563 eine Änderung seines Leibgedingbriefes zu seinen Gunsten zu erwirken. Bayer hatte bald nach Besitznahme der Mühle auf dem Grunde des alten Maierhofes ein Herrenhaus, von nun an die Katterburg geheißen, mit bedeutenden Kosten erbaut und allmählig die ganze Besitzung, trotz der Einsprache des Stiftes, in das Eigenthum seiner Erben zu bringen gewußt. Nach dem Ableben Bayers verkauften die Vormünder seiner hinterlassenen Töchter, Lindegg und Weinburger, mit Einwilligung der Mutter die ganze Besitzung im Oktober 1569 an Peter von Mollart zu Rainegg, der Römisch Kaiserlichen Majestät Rath, der Römischen Kaiserin Kämmerer und Stallmeister, um 4000 Gulden und 100 Kronen Leitkauf (Provision).

Kaiser Maximilian II., der eine besondere Vorliebe für die Gegend hatte, war, als er Nachricht über das Verkaufsvorhaben erhielt, selbst in den Kauf gestanden (das heißt, er bekundete sein Interesse am Erwerb der Liegenschaft) und ließ alsbald mit dem Bruder des verstorbenen Besitzers, Georg Bayer, Verkaufsverhandlungen einleiten. Probst Leopold und der Convent des Stiftes Klosterneuburg, welche von dem Wunsch des Kaisers Kunde erhielten, beeilten sich unaufgefordert, dem Kaiser das sonst streitige Kaufobjekt eigenthümlich zuzusagen, und trachteten auch, den Kaiser vor Übervortheilung durch die Verkäufer zu bewahren. Der ‚allergnedigste Landesfürst‘, wie der Bericht des Probstes ihn nennt, machte jedoch von dem ihm von Seiten des Stiftes zugestandenen Rechte, die ‚diesbemelte Khatterburg denen Pairischen Erben‘ um 1000 Gulden ‚abzulesen unnd dieselbig zu irem vorhabunde Lust unnd Gelegenheit selbst zu behalten‘, keinen Gebrauch, sondern ließ den genannten Erben den mit Mollart verabredeten Kaufpreis von 4000 Gulden voll zusagen und sogleich 2400 Gulden durch den Hofzahlmeister ausbezahlen. Georg Bayer erhielt als Leitkauf am 21. November 1569 eine goldene Gnadenkette.“

Die endgültige Abwicklung des Verkaufs und die Eigentumsübertragung zogen sich noch bis 1585 hin, dann erst war die Katterburg „Euer Römisch Kayserlichen Mayestät freyes Aigenthumb“.

Maximilian II. muß die neue Besitzung sehr geliebt haben; noch auf dem Sterbebette in Regensburg meinte er wehmütig, nun werde er wohl „nimber gen Khadterburg fahren“.

Auf dem tiefen und sehr breiten Flachhang des Schönbrunner Berges, dem französischen Teil des heutigen Parks, gab es damals Viehweiden und Äcker. Im Süden, auf der Höhe des heutigen Neptunbrunnens, durchquerte ein Wirtschaftsweg von einem Kilometer Länge das ganze Gelände von Hietzing bis Meidling. Dahinter begann der Wald, der den ganzen Berg bedeckte, dessen Kuppe um einige gute Meter höher war als heute, man hat sie im achtzehnten Jahrhundert für den Bau der Gloriette nicht nur gründlich gerodet, sondern auch entsprechend abgetragen und planiert.

Gegen die Katterburg zu war der Acker- und Wiesengrund durch den Mühlbach begrenzt, der in der Nähe des heutigen Hietzinger Tores eintrat, hart an der Hinterseite des heutigen Schlosses entlang zur Mühle floß und beim heutigen Meidlinger Tor das Gutsgelände wieder verließ; mit einer Nordwest-Schwenkung mündete er in den Wienfluß ein. Im Bereich des heutigen Schlosses bis hin zur Mühle und zum Herrenhaus waren zu beiden Seiten des Mühlbachs Obstkulturen und Weingärten. Da die Brunnen und das alte Wasserwerk nicht ergiebig genug waren, um Fischteiche zu füllen und mit stets frischem Wasser zu versorgen, legte man 1575 am linken, jenseitigen Ufer der Wien einen neuen Mühlbach an, der vom Auhof am Lainzer Tiergarten über Hütteldorf und Baumgarten bis vor die Katterburg lief und hier mittels einer Holzrinne das Flußbett überquerte. Es war alles sehr rustikal, sehr urtümlich, aber schön. An Größe glich das Areal ungefähr dem des heutigen Schönbrunn, abzüglich des Fasangartens, des Holländerparterres und des Botanischen Gartens an der Maxingstraße. Das verbleibende Flächenausmaß deckt sich annähernd mit dem der Wiener Innenstadt.

Noch im Jahr des Ankaufs (1569) setzte rege Bautätigkeit ein: Das Gebiet mußte mit einer viereinhalb Kilometer langen Planke umgeben werden, der Kaiser wollte einen Tiergarten mit Jagdwild haben. Maximilians diesbezügliche Befehle ergingen 1570 von Speyer aus an den niederösterreichischen „Vicedom" Kufsteiner, der für die finanzielle Abwicklung zu sorgen hatte, und an den Pfleger der Katterburg, Dionisi Martin, den der Kaiser dafür verantwortlich machte, daß der für die Katterburg bestellte Gärtner Gutta „im Garten vleissig sey unnd denselben aufs zierlichst, Lustigste, peste und Seuberist zuerichte unnd erhalte, das ist unnser gnedige unnd gefällige mainung".

Fischteiche wurden angelegt, Saiblinge, Forellen, Äschen gemästet, und der Fischmeister hatte auch noch eine Biberzucht zu betreuen, damit man Bibergeil gewinnen konnte, eine bräunliche harzige Ausscheidung aus dem Geschlechtsorgan der Männchen, die von den damaligen Ärzten als Beruhigungsmittel überaus geschätzt war und gute Preise erzielte.

Die Katterburg bekam einen großen Fasangarten und einen Ententeich. Im Geflügelhof tummelten sich Hühner, Tauben, Pfaue und als besondere Sehenswürdigkeit Truthühner, „indianische Hühner" genannt, weil sie aus der Neuen Welt stammten. Auf einer Vogeltenne wurden kleine und große Wildvögel gehalten, mit denen ein eigener Vogelfänger die Hoftafel versorgte.

1573 war die hölzerne Einfriedung fertig und an die Schutzmauer des Herrenhauses angeschlossen. Jetzt war alles abgesichert, und man konnte darangehen, das Wildgehege mit Rehen, Hirschen, Wildschweinen und Fasanen zu besetzen. Die nötigen Treiber wurden aus der Umgebung angeheuert, und für die hochherrschaftlichen Jäger war eine bequeme Tribüne vorhanden. Ein Wärter, der sonst nichts anderes zu tun hatte, umschritt täglich das ganze Gehege, damit „das wildpredt nicht auskummen oder Ihme sonst nachtheil zustosen möcht". Gleichzeitig hatte der Kaiser das Haupthaus erweitern lassen, wofür die Gemeinden Perchtoldsdorf, Rodaun, Liesing und Atzgersdorf außer den Quadersteinen und dem Kalk auch noch die Handwerker und Hilfskräfte beizustellen hatten.

Maximilians Nachfolger Rudolf II. residierte in Prag und widmete der Katterburg nur geringe Aufmerksamkeit, er besuchte sie nur ein einziges Mal (1577). Vernachlässigt hat er sie jedoch nicht; er sorgte für ihre Erhaltung, ließ die Wasserwerke erneuern und die Schäden nach dem Einfall des rebellischen Ungarnfürsten Stephan Boczkay (1605) ausbessern. Kaiser Matthias, Rudolfs Bruder, der 1608 die Regierung Österreichs und Ungarns übernahm, hielt den Besitz ebenfalls in gutem Zustand, zumal er als passionierter Jäger gern in den Wäldern rundum pirschte. Dabei soll er den „Schönen Brunnen" entdeckt haben, nach welchem das Areal seinen dritten, endgültigen Namen erhielt. Legende oder nicht, jedenfalls ließ Matthias bei dieser Quelle im Südosten des heutigen französischen Parkteils einen Stein mit seinen Initialen errichten und das köstliche Wasser regelmäßig durch Kuriere in die Hofburg liefern.

Unter Ferdinand II. wurde die Katterburg vergrößert und verschönert. Der Kaiser überließ sie seiner zweiten Gemahlin, Eleonora von Gonzaga, als Sommersitz. Sie liebte das Landleben, fühlte sich auf dem Wirtschaftshof sehr zu Hause und frönte dem Weidwerk genauso leidenschaftlich wie ihr Mann. 1637 wurde sie Witwe. Ihr Sohn, Kaiser Ferdinand III., übertrug ihr die Katterburg, „insonderheit auch den Thier- und Fasangarten daselbst", zur alleinigen Nutznießung „ad dies vitae", auf Lebenszeit. Sie mußte sich nur mit dem Pächter Maximilian Bosso „abfinden" und sich bereit erklären, aus der Brunnenstube „das für den kaiserlichen Burggarten nötige Wasser abzulassen".

Sieben Jahre später hatte sie die Katterburg in ein dreistöckiges Lustschloß „auf italienische Manier" umgewandelt. Der Anbau an das alte Herrenhaus zählte nicht weniger als achtzehn Fensterachsen. Er enthielt einen langen Saal und mehrere „gezirte Gemächer, mit

Gemählden und anderem noch ziemlich (das heißt gebührend) mobiliret". Dazu kam ein langer Lustgarten mit Spielanlagen und fremdländischen Pflanzen. „In dem Lust-Garten waren", nach einer Schilderung aus der Zeit, „schöne lange Gänge mit Spanischen Wänden (Spalieren) von wilden gemeinen Bäumen und untergemengtem Spanischen Hollunder (Flieder); in dem einen Gange stunden über hundert Kübel mit Welschen Bäumen und Gewächsen."

Die „verwitibte Römische Kayserin" hielt glänzend Hof. Sie veranstaltete Bälle, Schauspiele, große Jagden und Gartenfeste. Den „Schönen Brunnen" umstanden jetzt vier Linden. Eleonora hatte die Quelle neu fassen, mit einem Holzgatter umgeben und eine Brunnenplastik „von Marmel" errichten lassen, eine Nymphe, aus deren „zweyen Brüsten das Wasser herausser liefe".

Am 17. Juni 1655 starb Eleonora in Wien bei den Karmeliterinnen zu St. Josef, das Kloster war ihre Stiftung. Im Oktober desselben Jahres fertigte Ferdinand III. im Schloß Ebersdorf einen Dotationsbrief aus, mit welchem er die Katterburg seiner dritten Gemahlin, Eleonora Maria, „gebohrne Princessin von Mantua und Montferat", gleichfalls zu lebenslanger Nutzung überließ. Die Urkunde stattete sie gleichzeitig mit der uneingeschränkten Jurisdiktion über das gesamte Dienstpersonal aus, eine Bestimmung, die dem Tatendrang wie den landwirtschaftlichen Ambitionen auch dieser Frau sehr zugesagt haben muß. Als Ferdinand III. im April 1657 „im gefürchteten 49. Lebensjahr, in dem auch Maximilian II. gestorben war", das Zeitliche segnete, wurde die Katterburg zum zweitenmal Witwensitz.

In seiner „Geschichte des Protestantismus im vormaligen und im neuen Österreich" bietet Georg Loesche eine Porträtskizze von Eleonora Maria: „Sie zerrte sich seltsam zwischen Büßen und Sündigen, fast eine Heilige und doch mit demselben Durst nach den Lüsten des Lebens, bald mystisch verzückt im Gebet auf blutenden Knien, bald in die Freuden der Welt verstrickt . . . Die Kirche hatte ihr kaum weniger zu verdanken als die Mode, die Jagd, das Ballett. Sie hat sich mit gleicher Leidenschaft um die Jesuiten wie um die Falkner aus Mastricht, englische Jagdhunde und die Schönbrunner Schäferspiele verdient gemacht."

Die Katterburg hatte schon zur Zeit der Gonzaga ihren Namen gewechselt, in der Vischerschen Topographie von Niederösterreich aus dem Jahre 1672 heißt sie in der Legende des dort veröffentlichten, rührend simplen Kupferstichs „Schenbrunn". Man sieht im Hintergrund den mächtigen Wald, sieht die Umfassungsplanke, sieht den Flachhang mit Baumgruppen und Menschen, sieht im Vordergrund den Wienfluß mit seinen baumbestandenen Steilufern und in der Bildmitte die ausgebaute Burg. Sie hat ein prächtiges rundes Haupttor mit einer Loggia darüber bekommen, und in die vorgelagerte Befestigungsmauer sind (seit 1667) rundbogige Kreuzwegstationen eingefügt, die beinahe an die Scheintore in der Einfriedung eines ägyptischen Grabtempels erinnern. Der alte Bauteil mit seinem Kapellenturm und dem kleinen Quertrakt wird von dem doppelt so langen Zubau förmlich zur Seite geschoben.

In diesem einförmigen neuen Trakt, in dem sich die obengenannten Räumlichkeiten befanden, gab es auch ein Theater, dessen Spielpan uns bruchstückhaft überliefert ist. So inszenierte hier der Theaterarchitekt Quaglio das Singspiel „Il rè pastore" (Der König als Hirte), ein schon früher und später immer öfter vertonter Stoff, und im Jahr vor der zweiten Türkenbelagerung wurde unter Mitwirkung der Hofmusikkapelle Pederzuolis „Le fonte della Beotia" (Die Quellen Böotiens) als Freilichtoper im Garten gegeben.

Der Bestand an jagdbarem Wild war groß, wie einem zeitgenössischen Bericht (1660) zu entnehmen ist. Es heißt dort: „Der Thier-Garten Schönbrunn ist anderthalb gute Meilen im Umfange und sollen anietzo in die 700 Dam-Hirsche darinnen lauffen, inmassen wir auf den Wiesen in die 300 Stück stehen gesehen haben; zur Linken gegen das Lust-Hauss über ist ein lustiges Holtz (Wald) von lauter Eichen." Im Schloß zeigt sich der Schreiber von einem Zimmer beeindruckt, in welchem „eine alte Zwärgin mit einem großen Bart abgemahlet, so bey Kaysers Ferdinandi II. Zeiten an dem Hof gewesen seyn soll". Auch findet er es bemerkenswert, daß die vierzig „Fasahn-Hühner vom Garten in die einer Stuben herum anderthalb Ellen hoch und auch breit, mit Bretern und Gitter verwahrten Behältnisse laufen können, darinnen sie gefüttert und alle Abend wegen der Rätzen (Ratten) hineingetrieben werden". Zuletzt wurde dem Berichterstatter auch noch das Vergnügen einer Pirutschade zuteil, wie man eine Schönbrunner Rundfahrt noch in den Tagen Franz Josephs I. genannt hat: „Aus dem Lusthause fuhren wir zu dem (Schönen) Brunn, von dem der Ort den Nahmen hat . . . Das Holtz war zwar nicht allerdings (er meint besonders) breit und lang, jedoch von sehr grossen und starken Bäumen, so wir in einer halben Stunden umfahren konnten."

In dieses Schönbrunn hatte 1658 Leopold I., Eleonora Marias Stiefsohn (seine echte Mutter war Maria

DER KHAISERLICHE LVST vnd THIERGARTEN SCHENBRVNN

Die ehemalige Katterburg, hier bereits „Schenbrunn" genannt, in der Topographie Niederösterreichs von Georg Michael Vischer, 1672. Links der alte Bauteil, rechts der neue Anbau.

Anna von Spanien), nach seiner Rückkehr von der Kaiserkrönung in Frankfurt feierlich Einzug gehalten. Ein Vierteljahrhundert später war aus dem Paradies eine Wüste geworden. Ein Hofkammerbericht vom Herbst 1683 meldet, daß „das Holtz im Thiergarten zu Schönbrunn vom Erbfeindt ganz niedergehaut und kaum etlich stamb aufrecht gelassen worden". Die Türken hatten sämtliche Tiere getötet, die Brunnen zerstört, das Schloß geplündert und niedergebrannt.

Am Nikolaustag 1686 stirbt die Kaiserinwitwe, und Leopold I. wird Schönbrunns Besitzer, wie Ferdinand III. es vorgesehen hatte: „. . . daß nach dero (Eleonora Marias) Ableben, welches der Allerhöchste lang verhieten wolle, diese drey Lusthäuser (sie hatte auch noch Laxenburg und die Favorita, das heutige Theresianum, überlassen bekommen) unnß und unsern Erben frey aigenthümlich wider heimbfahlen sollen."

Damit begann die Wiedergeburt Schönbrunns unter Leopold I. und seinem Sohn Joseph, eine kunstgeschichtlich wie menschlich-politisch ungemein fesselnde Epoche.

Kaiser Leopold, der „Türkenpoldl", wie die dankbaren Wiener ihn wegen seines Sieges über den „Erbfeindt" aus dem Osten gerne nannten, ließ alle Lustschlösser im Umkreis von Wien wiederaufbauen. Der berühmte Architekt und Bühnenbildner Lodovico Burnacini erweckte die vor dem Türkeneinfall auf Befehl Starhembergs niedergebrannte Favorita auf der Wieden zu neuem Leben, prächtiger als zuvor; hier wurde bald viel Theater gespielt, meistens Opern und Singspiele. Nach der endlich gebannten Gefahr kehrte die allgemeine Lebensfreude wieder, ganz besonders bei Hof. Leopold, der selbst ausgezeichnet komponierte, war ein beinahe krankhafter Musikenthusiast, seine Opernaufführungen belasteten den Staatssäckel, der gleichzeitig sein Privatsäckel war, bis knapp an den Ruin.

Schönbrunn aber, mit den herrlichen Hietzinger Wäldern rundum, blieb der Jagd vorbehalten, sie war das allgemein Bestimmende, und wenn hier ein neues Schloß entstehen sollte, so mußte es ein „Jachthaus" werden. Ein solches zu bauen beinhaltete Leopolds Auftrag an Fischer von Erlach, den bedeutendsten österreichischen Baumeister der Zeit. Nach Studienaufenthalten in Prag, Rom und Neapel war er, dreißigjährig, 1687 in seine Heimat Graz zurückgekehrt, wo er schon in der Jugend beim Vater das Bildhauerhandwerk erlernt hatte. Jetzt war er fertiger Architekt und arbeitete als solcher. Fischer war kein Adeliger, was er seinem Namen als Prädikat anhängte, war der verkürzte erste Ehename seiner verehrten Mutter, einer verwitweten Erlacher. 1689 wurde er durch den Erzieher des Kronprinzen Joseph, den äußerst gebildeten, aufgeklärten Fürsten Otto von Salm, zum Architekturlehrer des künftigen Kaisers bestellt. Der Knabe war schon mit neun Jahren in Preßburg zum König von Ungarn gekrönt worden, nun wurde er, ein Jahr nachdem Fischer ihn als Architekturschüler bekommen hatte, in Frankfurt zum deutschen König gekrönt.

1691 erhielt Fischer von Erlach den Titel „Architekt des Königs von Ungarn", drei Jahre später war er „kaiserlicher Hofarchitekt und -ingenieur". Der Bogen seines Lebenswerkes spannt sich in Wien vom Palais Batthyany-Strattmann über das Vergnügungslokal Mehlgrube am Neuen Markt, die Paläste Trautson und Schönborn, die Böhmische Hofkanzlei und die Hofstallungen bis zu den Wunderwerken der Karlskirche und der Hofbibliothek, für die er noch die Pläne lieferte. Doch werden alle diese Schöpfungen vom ersten Entwurf für den Neubau Schönbrunns übertroffen: allerdings nicht durch Feinheit und Harmonie der Konzeption oder die künstlerisch-geistige Aussage, sondern durch die enorme Ausdehnung, die er dem Bauwerk geben wollte, und die schier unfaßliche Großartigkeit der architektonischen Geste.

Als der zwölfjährige Joseph mit seinen kaiserlichen Eltern 1690 aus Frankfurt zurückkehrte, hatte Fischer für ihren Einzug die berühmte Ehrenpforte in der Wollzeile geschaffen, deren Programm auch im Zusammenhang mit Schönbrunn bedeutungsvoll ist. Sie zeigte Allegorien der Fürstentugenden Eintracht, Großmut, Majestät und Siegesmut, zeigte gefesselte Türken und das Relief eines Titanensturzes; man sah den heidnischen Herkules mit der Hydra und den alttestamentarischen Samson mit dem Löwen kämpfen; auf einem Globus thronten Leopold I. und seine Gemahlin Eleonora von Pfalz-Neuburg, und auf einer Wolke mit einer Strahlenaura erschien der junge König als Sonnengott, als Garant einer glorreichen Zukunft für Kirche und Staat.

Ob dies alles als Präludium für Fischers Schönbrunn-Entwurf oder als eine Art Extrakt aus diesem zu bewerten war, ist kaum zu entscheiden, es wäre eine Frage der Chronologie. Denn Schönbrunn I, so nennt man den Entwurf, entstand nicht, wie man früher glaubte, erst wenige Jahre vor 1695, dem Zeitpunkt des Bauauftrages, sondern wahrscheinlich schon zwischen 1688 und 1690, was den Schluß zuläßt, Fischer von Erlach habe mit diesem Architekturgiganten nur ein Muster vorlegen wollen, das dem Kaiser wie auch seinem Schüler zeigen sollte, was er im Ausland alles gelernt habe und wozu er imstande wäre. Die Kunstgeschichte geht denn auch gerne den verschiedenen Themen in dieser Monstersymphonie nach und weist als Vorbilder Palladio, Cortona, Bernini, aber auch die Versailler Baukünstler Le Vau und Jules Hardouin Mansart nach, für den Garten Le Nôtre. Pantheon, Peterskirche und Louvre werden ebenso genannt wie für den Skulpturenschmuck des Parks die Gärten italienischer Villen. Es war, als sollte die ganze Antike auferstehen und zugleich in den Schatten gestellt werden.

Ob nun Fischer von Erlach wirklich nur seine Fähigkeiten unter Beweis stellen wollte, oder ob Schönbrunn I genauso ernst zu nehmen war wie seine anderen Projekte zur Neugestaltung des Wiener Stadtbildes, wird nie ergründet werden. Wahrscheinlich hat Kaiser Leopold, der Schönbrunn nur selten aufsuchte, im Frühling lieber zur Reiherbeize nach Laxenburg fuhr, im Sommer zur Erholung die Favorita aufsuchte und sich zur Zeit der Herbstjagden nach Ebersdorf begab, nie an eine derartige Riesenresidenz für seinen Sohn und Nachfolger gedacht, obgleich er dessen vielfältige Geistesgaben früh erkannt und anerkannt hatte und seine Zukunftspläne keineswegs dämpfte. Sie waren realistisch genug, nicht umsonst hatte Joseph als Lehrer in der Kriegskunst den Prinzen Eugen zugewiesen bekommen.

Fischers erster Schönbrunn-Entwurf stellt das Schloß auf die Anhöhe der heutigen Gloriette. Es soll auf einem mächtigen Sockel ruhen, eingeschossig sein und 73 Fensterachsen haben, von denen sich je sieben auf die sechs Seitentrakte verteilen, je zehn auf die einschwingenden Mittelflügel und elf auf das zusätzlich erhöhte Hauptgebäude, dessen Mittelrisalit einen antiken Giebel mit einer Quadriga trägt: Apollo im Sonnenwagen. Später, beim zweiten, ausgeführten Entwurf Fischers, wurde vom Sonnenwagen nur mehr geredet; an die Stelle des überirdischen Gottes trat ein einfaches Reiterstandbild des irdischen Fürsten. Und selbst dieses kam nie zustande.

Noch aber ist alles vom Bewußtsein eines Reiches erfüllt, in welchem seit Karl V. die Sonne nicht unter-

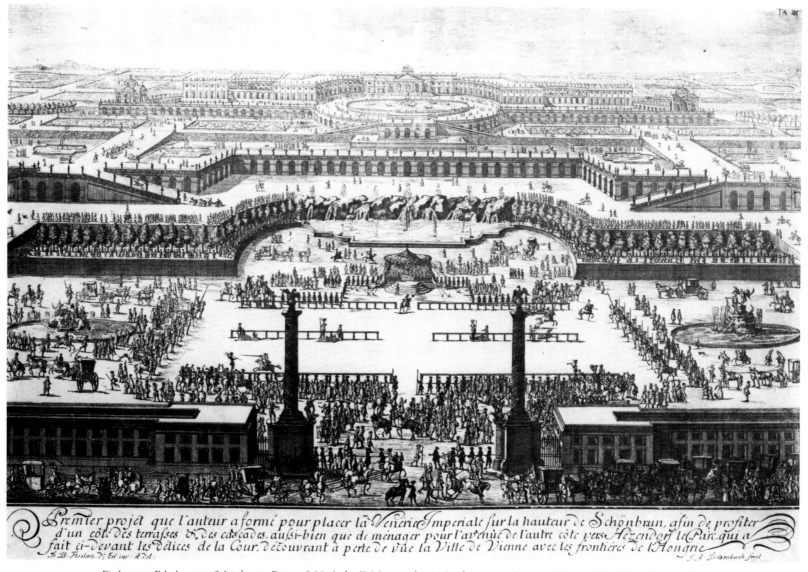

Premier projet que l'auteur a formé pour placer la Venerie Imperiale sur la hauteur de Schönbrun, afin de profiter d'un côté des terrasses & des cascades, aussi-bien que de ménager pour l'avenüe de l'autre côté vers Hezendorf le Parc qui a fait ci-devant les délices de la Cour, découvrant à perte de vüe la Ville de Vienne avec les frontières de l'Hongrie.

J. B. Fischer v. Erlach inv: & del: *J. A. Delsenbach fecit.*

Fischer von Erlachs erster Schönbrunn-Entwurf. Nach der Zeichnung des Architekten gestochen von Johann Adam Delsenbach, 1695.

ging: die spanischen Kolonien in Amerika sind noch in Habsburgs Hand. Also kann Schönbrunn gar nicht herrlich und zuversichtlich genug ausfallen. Vier Flügelbauten, durch Mansarden und Balustraden mit Statuen hervorgehoben, bilden zusammen mit einem einschwingenden Mitteltrakt drei große Ehrenhöfe. Zwei kuppelbekrönte Pavillons grenzen das Schloß links und rechts gegen das weite Gartenland ab.

Die Legende zum Delsenbach-Stich, dem wir die genaue Kenntnis von Fischers erstem Entwurf verdanken, nimmt auf die „hauteur de Schönbrun" bezug und erwähnt die Fernsicht, die man schon früher von hier heroben genießen konnte, „decouvrant à perte de vue la ville de Vienne avec les frontières de l'Hongrie": weil man dort, wo der Blick sich verliert, die Stadt Wien mit dem ungarischen Grenzsaum entdeckt. Grotesk mutet allerdings an, daß die Bildunterschrift dieses Über-Versailles mit einer verbauten Fläche von

rund vierundzwanzig Hektar (Schloß, Pavillons, Terrassen, Rampen, Turnierplatz) im Sinne des Auftrags eine „vénerie imperiale", ein kaiserliches Jagdhaus, nennt. Welche Unsummen es gekostet haben würde, dieses Gebäude zu möblieren, zu beheizen und das Personal für Haus und Garten zu versorgen, hat noch niemand berechnet.

Vom pompösen Ensemble auf der Höhe gelangt man über vier durch Rampen miteinander verbundene Terrassen, die das Schloß an Breite und Weite übertreffen, zum Teil von Balustraden umgeben und durch Statuen akzentuiert sind, auf die Ebene am Wienfluß hinab. Hier, an der Stelle des heutigen Gartenparterres und seiner benachbarten französischen Parkteile, dehnt sich ein gigantischer, vornehmlich für Turniere bestimmter Festplatz aus, im Süden, gegen den Berg zu, abgegrenzt durch eine felsige Steilstufe mit einem Halbdutzend rauschender, sprühender Wasserfälle im

13

einschwingenden Mittelteil, dem ein mächtiges Bassin vorgelagert ist. Heute erhebt sich dort, gleichsam als kümmerliches Überbleibsel, der Neptunbrunnen. Zu beiden Seiten des Turnierplatzes sind zwei Brunnen mit Statuengruppen errichtet: im Osten Apollo als Töter der Pythonschlange, im Westen ein Herkules, den Zerberus überwindend – dort der Sieg des Lichtes über die Finsternis, hier der Sieg des Imperium Romanum über die Reiche der Welt. Mit dem Prospekt des aufsteigenden Schlosses im Hintergrund erinnern die Brunnen unwillkürlich an den Petersplatz.

Im Vordergrund des Bildes, und das macht die ganze Konzeption für den Betrachter mit einem Schlag vertraut, stehen, den Haupteingang flankierend, zwei hochragende Triumphsäulen, mit Spiralreliefs geschmückt wie ihre antiken Vorbilder in Rom oder ihre barocken Verwandten vor der Wiener Karlskirche und mit Kaiseradlern an der Spitze – unverkennbare Vorläufer der Obelisken. Auch die anschließenden Torbauten gemahnen schon auf den ersten Blick an die von heute.

Auf der eigentlichen Kampffläche geht es sehr ritterlich zu. Im Zentrum steht das geräumige, schattige Prunkzelt für den König, vor diesem sind die Schranken für die Kämpfenden aufgestellt, und es wimmelt von Bewaffneten in Reih und Glied, die den Platz abschirmen, und noch mehr von zivilen Schaulustigen, die zu Fuß, zu Pferde oder in Kutschen herbeiströmen.

Fischer von Erlachs erster Schönbrunn-Entwurf ist und wäre auch nie Wirklichkeit geworden. Gleichwohl gebührt ihm der unbedingte Rang einer Realität neben allen ausgeführten Objekten großer Baukunst. Für den Betrachter des Delsenbach-Stichs eröffnet sich dazu noch die reizvolle Möglichkeit, dieses Traum-Schönbrunn mit den Augen der Phantasie zu durchwandern, sich in Gedanken, etwa mit der Equipage eines beim König oder Kaiser zur Audienz Angemeldeten, über den riesigen Turnierplatz zu bewegen, seitlich um die „Steilküste" mit den Wasserfällen herum und immer weiter zu fahren, bis auf das Rondeau vor dem Mittelpunkt des Schlosses hinauf, wo sich auf einem großen kreisrunden Teich mehrere Boote tummeln. Und jedesmal – die raffinierte Gesamtanlage ist vom Aufweg nirgends voll zu überblicken –, wenn der sich Nähernde auf einer der Terrassen anlangt, ist für ihn das Schloß auf der Höhe versunken; doch sobald er die nächste Rampe überwunden hat, taucht es plötzlich wieder vor ihm auf wie die Gralsburg vor den Blicken Parzivals. Langt er endlich oben am Teich an und

steigt aus, dann merkt er, daß Schönbrunn Versailles übertroffen hat. Dort gibt es keinen inspirierenden Berg, keine nach oben zielende Dynamik, keinen Aufstieg, dort muß sich alles in der Horizontalen abspielen. Schon deshalb hätte Versailles, trotz seiner Abundanz, Schönbrunn I nicht das Wasser reichen können. – Hier, auch für spätere Vergleiche, einige Daten über das französische Lustschloß: Gesamte Anlage 250 Hektar (Schönbrunn 160), gesamte verbaute Fläche, „bâtiments sous les tois", 11 Hektar (Schönbrunn 6,7), parkseitige Schloßfassade mit ausgemessenen Risaliten 670 Meter (Schönbrunn 180).

Der Feind im Osten war zurückgedrängt, der feindliche Konkurrent im Westen, Frankreich, war nach wie vor gegenwärtig, ihm galt es Paroli zu bieten. Daraus ergibt sich die eigentliche, geistige Aussage des ersten Entwurfes als eines Sonnenkönigsschlosses für Habsburg. Er wird Kaiser Leopold gefallen haben, aber wer sollte das bezahlen? Fischer mußte einen zweiten Entwurf liefern: Leopolds Sohn Joseph brauchte eine Residenz, würdig einer großen Zukunft, aber sie sollte erschwinglich sein und damit auch alles Überdimensionale, Kolossalische vermeiden; solches liegt österreichischem Wesen nicht einmal dann, wenn man es sich leisten könnte.

Vielleicht ist Schönbrunn I wirklich nur eine Fleißaufgabe gewesen, die überwältigende Talentprobe eines begnadeten Baumeisters. Schönbrunn II aber, ungleich bescheidener, war zum Bau bestimmt, wurde gebaut und ist darum weit interessanter als das Traumprojekt von 1690. Es wurde um nichts weniger ein Sonnenkönigsschloß, und Joseph I. war entschlossen, ihm gerecht zu werden.

Die Absicht, Schönbrunn neu zu errichten, kam spätestens 1693 zum Ausdruck, als Leopold I. durch einen Vermerk die notwendigen Wassermengen für die „zu negst bevorstehende auferbauung des Schloß" sicherstellen ließ. Die Bauführung lag in den Händen des Fürsten Salm, Obersthofmeister, Erzieher des Kronprinzen und persönlicher Freund Fischers von Erlach, dem er jede Förderung angedeihen ließ, die Herren Bürokraten hatten zu schweigen. Auch der mit der unmittelbaren Bauaufsicht betraute Graf Leopold Ignaz Dietrichstein, dem das Finanzielle oblag, war Fischer zugetan und ließ ihm freie Hand. Man wollte rasch vorankommen.

Fischers zweiter Entwurf war 1695 fertiggestellt. Er holte, wie man gerne sagt, den Hauptbau von der Höhe herunter und stellte ihn an den Rand des Turnierplatzes von Schönbrunn I, dessen gewaltige Tiefe dem zu Bewußtsein kommt, der gartenseitig vom Schloß zum Neptunbrunnen blickt: mitten im heutigen Gartenparterre wäre das Königszelt zu stehen gekommen, „vor dem die Fürsten des Reiches ihre Reiter- und Kampfspiele abhalten sollten". Der Ehrenhof zwischen Obeliskentor und Schloß, auf welchem man dann wirklich turniert hat, mißt nur 1600 Quadratmeter.

Das neue Schloß, dessen Gestalt uns ein Stich von J. U. Kraus aus dem Jahre 1696 überliefert, war klein, der Mitteltrakt, das „Corps de logis", hatte nur siebzehn Fensterachsen, die beiden flankierenden, seichten Eckrisalite je vier. Es hatte ein gequadertes Sockelgeschoß, eine Nobeletage und ein Obergeschoß. Dem Mittelrisalit war ein Peristyl aus sechs Rundsäulen vorgebaut, zu dem eine prunkvolle, im Verhältnis zum Gesamtbild etwas zu pompöse Auffahrt mit einer Empfangsstiege hinaufführte. In ihrer Mitte war ein Springbrunnen eingeplant. Dieser Eingang ins Schloß war dem Kaiser vorbehalten, die Kaiserin mußte die dreiarmige Zwillingsstiege benützen, zu der man durch das ebenerdige Tor im bald hinzugekommenen Westflügel gelangte. Der Park hinter dem Schloß war französisch anzulegen, also mit geometrisch geordneten und beschnittenen Laubwänden und -gängen; er sollte zwei Pavillons haben, die er jedoch nie bekam, und im

Gartenparterre eine Zentralfontäne, die man erst zur Zeit Maria Theresias dort errichtet hat. Nach dem Stich des Entwurfs zu schließen, hätte sich auch dieser Park von der Höhe des Schönbrunner Berges in französischem Stil bis gegen das Schloß Hetzendorf erstreckt. Auf dem höchsten Punkt sollte ein Belvedere mit Mittelrisalit und Seitenflügeln stehen; es läßt bereits die spätere Gloriette ahnen. Am Fuß des Abhangs war eine Kolonnade geplant.

Schönbrunn II wirkte mit seinen 25 Fensterachsen und den schmalen, seichten Risaliten leicht und verhältnismäßig hoch. Das blieb jedoch nicht so. In „Joseph des Sieghaften Römischen Kaysers Leben und Thaten" von Eucharius Gottlieb Rink (1712) liest man: „Das prächtige Lustschloß war anfangs viel kleiner angelegt, doch wurden auff Kayser Leopolds einrathen an das corp de logis noch zwey höfe (Trakte) angehänget, wodurch es geschickt (geeignet) war, die gantze Kayserlich hof-stadt zu behalten (aufzunehmen)." Das Gebäude bekam also seine zwei großen fünfachsigen Seitenflügel, die sich an den beiden bescheidenen Eckrisaliten vorbei weit nach vorne drängen und so der Ehrenhoffront ihren gleichsam einsaugenden Charakter verleihen. Außerdem bekamen sie, zum Unterschied vom „Corps de logis", dessen Fassadenschmuck aus einfachen Säulen und Pilastern bestand,

Der zweite Schönbrunn-Entwurf Fischers von Erlach. Stich von J. U. Kraus, 1696.

schwere Doppelpilaster vorgesetzt. Das Schloß war in die Breite gegangen, war ein ausgesprochener Horizontalbau mit 35 Fensterachsen geworden. Doch waren das immer noch um die Hälfte weniger, als Schönbrunn I oben auf der Höhe gehabt hätte.

Dieses Horizontalgefühl wurde noch zusätzlich betont durch das flache Dach des Schlosses, das wie von jenseits der Alpen wirkte. Auf seinen Balustraden standen in harmonischen Abständen Statuen, entlang der Seitenflügel waren sie paarweise aufgestellt. Über dem Peristyl, hinter dem der sehr hohe, nord-südgerichtete Große Saal lag, thronte auf dem Dach eine fünfbogige Attika, in deren mittlerer Arkade auf Fischers Zeichnung das erwähnte Reiterstandbild Josephs I. angedeutet ist.

Auch die gequaderten Nebengebäude und Torbauten haben Flachdächer. An der Stelle der Triumphsäulen von Schönbrunn I erheben sich jetzt die zwei glatten Obelisken. Sie kamen weniger teuer und paßten, als später die Brücken-Sphinxe vor sie hingelagert wurden und man damit, gewollt oder ungewollt, den Epochenschritt von Ägypten nach Rom unterstrich, gut zu diesen. Doch dürfen solche Akzente nicht überbewertet werden, Sphinxe gehörten nun einmal zum Schmuck barocker Anlagen, man denke an den Belvederegarten oder an Schloßhof.

Das nach seiner Attitüde immer noch sonnenkönigshafte Schloß war nicht nur Residenz, sondern zugleich ein Monument für einen bestimmten Herrscher, der die Weltgeltung Österreichs im Herzen trug und im Spanischen Erbfolgekrieg energisch für sie einstand. Leopold war es bei aller zur Schau getragenen Würde und allem Aufwand doch immer um sein Haus, um Habsburg gegangen; mit Joseph setzte eine Zeit des Personenkultes ein.

Die Legende zu Schönbrunn II aber bezeichnet auch diese imposante Residenz schlicht und einfach als „königliches Jachthaus". Ein Jagdhaus! Die alte Katterburg schlug immer noch durch.

Ernsthaft in Angriff genommen wurde der Bau 1696. Im Jahr vorher hatten die steirischen Landstände einen Kostenzuschuß von 10.000 Gulden flüssig gemacht. Der Kronprinz besuchte die Baustelle, sooft er konnte, und freute sich über den Fortgang der Arbeiten. 1698 kam es dann zu jenem „einrathen" des Kaisers, dem das Schloß seine hypertrophen Seitenflügel verdankt; Leopold argwöhnte, das Gebäude werde für die Bedürfnisse eines Herrschers nicht geräumig genug ausfallen, womit er wahrscheinlich recht hatte, er sah Schönbrunn schon als Regierungssitz.

Vorläufig aber war das noch allein die Hofburg in Wien. Dort feierte man im Winter von 1699 auf 1700 den „delizioso Palazzo e Giardino di Schönbrunn" durch ein Fest mit vielen Gästen. Zweimal lud man sogar den türkischen Botschafter zu einer Besichtigung des „Jagdhauses" ein. Im darauffolgenden Frühjahr waren die Seitenflügel bis zur Dachgleiche fertig, aber noch nicht eingedeckt. Der Mitteltrakt war unter Dach, man konnte im „Corps de logis" bereits logieren; Hunderttausende Schindeln und Hunderte Klafter Dachrinnen waren dafür verarbeitet worden. Dann trat eine Pause ein, das Geld war ausgegangen. Fünfdreiviertel Millionen Gulden hatte der Bau bis dahin verschlungen, ein Betrag, der ausschließlich durch „Anticipation" aufgebracht worden war und zurückgezahlt werden mußte. Auch von Privatpersonen hatte man Geld geliehen. Erst 1716, zehn Jahre nach Baubeginn, zwei Jahre nach Beendigung des Spanischen Erbfolgekrieges und fünf Jahre nach Josephs I. Tod, waren die Konten ausgeglichen.

Am 21. April 1700 sah die Hofburg aus Anlaß der „Vollendung" Schönbrunns ein großes Fest zu Ehren der Gattin König Josephs, Wilhelmina Amalia von Braunschweig-Lüneburg-Hannover. Sie war um fünf Jahre älter als ihr Gemahl, eine strenggläubige Konvertitin und hatte ihm ein halbes Jahr zuvor das erste Kind geboren, eine Tochter. Innerhalb der nächsten zwei Jahre folgten ein Sohn, der im Säuglingsalter starb, und eine zweite Tochter.

Höhepunkt der für die Königin und Mutter im Hinblick auf die eigene Residenz veranstalteten Festivität war eine Komödienaufführung. Fünf Tage später lud Joseph zu einer „Sedienfahrt" von Wien nach Schönbrunn ein. Kaiser und Kaiserin, König und Königin, geladene Gäste, Kavaliere und Damen bestiegen zweisitzige Sänften und ließen sich unter geselligem Plaudern hinaus zu dem noch mangelhaft möblierten Schloß tragen. Angehörige der Arcieren-Leibgarde, Pagen und anderes Personal bildeten das Geleit. Es war die offizielle Housewarming-Party Schönbrunns.

Auch der Park befand sich noch in statu nascendi, obwohl der Pariser Gartenarchitekt Jean Trehet sein möglichstes getan hatte. Er war seit 1686 als „Spaliermacher (Wandverkleider) und Tapissier" angestellt und hatte zum Beispiel in den Jahren 1695/97 allein für „Anleg-, Aussteck- und Verfertigungsarbeiten" im Park 825 Tage aufgewendet, was er sicherlich als einen beachtlichen Aufwand ansah.

Die Empfindungen und Meinungen der Teilnehmer an der denkwürdigen „Sedienfahrt" dürften mit einem

Passus aus der oben erwähnten Josephs-Biographie übereinstimmen, dessen Emphase zugleich den Geist der Epoche kennzeichnet. „Der kayserliche Oberlandbaumeister Johann Bernhard Fischer von Erlach", heißt es da, „hat die Kräffte seiner reichen erfindung hier angewendet und unserem Teutschland so viel ehre damit zu wege gebracht, daß dessen prächtiger Prospekt vielen vollkommener vorkommt als Versailles selbst, mit welchem es dieses gemein hat, daß es auf einem sandigen und unfruchtbaren Boden gelegen. Wiewohl einige betauren, daß es nicht auf der hinten an den garten stossenden höhe liegen soll . . ."

Der „sandige, unfruchtbare Boden" besteht aus Geschiebeschichten des Wienflusses, „Plattlschotter" in der Sprache der Baumeister, ein durchaus tragfähiger, verläßlicher Baugrund. Ohne Keller, und Schönbrunn hat keine, bietet er freilich nur geringen Schutz gegen aufsteigende Feuchtigkeit; das hat der im Jahre 1700 gegründeten, für die Instandhaltung des Gebäudes verantwortlichen Schloßhauptmannschaft schon viel Sorge bereitet, bis zum heutigen Tag.

In diesem festesfrohen Jahr 1700 schlug ein Medailleur, von dem nur der in der Signatur aufscheinende Name Wolfgang bekannt ist, eine Erinnerungsmünze mit dem Brustbild des Bauherrn König Joseph. Auf der Reversseite ist das Schloß zu sehen, nebst einer Inschrift in lateinischer Sprache:

Sol Ubi Romanus Curis Percurrerit Orbem
Hoc Pulchro Fessos Fonte Relaxat Eqos.
Frei übersetzt, lautet dieser Text:
Römische Sonne, im Wagen den Erdkreis
                    durchlaufend, am schönen
Brunnen, wie zügelt sie gern dort ihr ermattet Gespann.

Die „römische Sonne" ist natürlich der künftige Kaiser, dem nach dem Urteil seiner zeitgenössischen wie späterer Biographen tatsächlich etwas Apollinisches anhaftete, sehr im Gegensatz zu seinem Vater Leopold, der laut Rink „mehr klein als mittelmäßig" war und eine „große vorhangende Lippe" hatte. Diese Lippe hinderte ihn am deutlichen Sprechen, zumal er sie wegen seiner durch den Scharbock (Skorbut) arg verdorbenen Zähne nur wenig öffnete. Außerdem war er so kurzsichtig, daß er auch aus der Nähe nichts ohne Lorgnon sehen konnte, er führte es ständig ans Auge. Sein kniendes Standbild am Fuß der Pestsäule in Wien gibt ihn völlig ungeschmeichelt wieder.

Ganz anders der Sohn, der sich nicht nur als Exponent des Hauses Habsburg, sondern ad personam als Sonnenkönig fühlte, sich auch so benahm und so handelte. Er war von Natur furchtlos und tapfer, hatte mit zehn Jahren ein Gespenst, das ihm kirchliche Kreise in den Weg schickten, damit es ihm durch Drohen und Beschwören seinen geliebten, liberal gesinnten Lehrer Rummel vergrause, mit ein paar Püffen in den Burggraben befördert. Als junger König, er wurde schon mit siebzehn zu den Regierungsgeschäften herangezogen, brachte er die von seinem musisch veranlagten, lässigen Vater heruntergewirtschafteten Finanzen in Ordnung, regelte das Steuerwesen der Stände und Länder, gründete zwei Banken, das Versatzamt, die nach ihm benannte Josefstadt (den heutigen achten Wiener Gemeindebezirk) und 1705, im Jahr seiner Thronbesteigung als Kaiser, die Akademie der bildenden Künste.

Joseph war schön, er hatte keine Habsburgerlippe, sein Teint war zart und blühend, er hatte Humor, haßte alles Dogmatische, hielt aber trotzdem streng auf Etikette, wenngleich er spanische Tracht und spanisches Zeremoniell von sich wies. Als typischer Sanguiniker konnte der nach Hormayrs Urteil „mit allen Donnerkeilen der Majestät" bewaffnete Mann überaus zornig, aber gleich wieder sanft, gütig und hilfsbereit sein. Schönen Frauen war er leidenschaftlich zugetan, eine ansehnliche Schar von außerehelichen Kindern bezeugte es.

Aufgestachelt vom Prinzen Eugen, den er liebte, kämpfte Joseph im Spanischen Erbfolgekrieg hartnäckig gegen Ludwig XIV., der nach dem Einmarsch der Österreicher in Neapel, nach der Niederlage von Oudenaarde, die ihm Eugen und Marlborough zugefügt hatten, und nach dem Verlust von Gent, Lille und Brügge Straßburg zurückgeben und über das Elsaß verhandeln mußte. 1709 traf ihn, nach kurzem militärischem Aufbäumen, auch noch das Debakel von Malplaquet. Frankreichs Sonne begann zu sinken, die Sonne Österreichs stieg.

Auf die Finanzen wirkte sich dies nicht in gleichem Grade aus. Von 1701 bis 1703 hatte man in Schönbrunn eine Reihe von Innenräumen adaptiert, Hausrat und „ameublement" einigermaßen vervollständigt, doch dann drehte das Hofrechnungsamt mit Hinweis auf den „dazwischen kommenden Krieg" den Geldhahn zu. Auch der gleichzeitige Aufstand in Ungarn unter der Führung Rákóczis, der den Kaiser vorübergehend die ungarische Königskrone kostete (1707), ihre Wiedererlangung hat Joseph nicht mehr erlebt, schwächte die Wirtschaftslage spürbar.

Schönbrunn blieb Fragment. Fertiggestellt waren

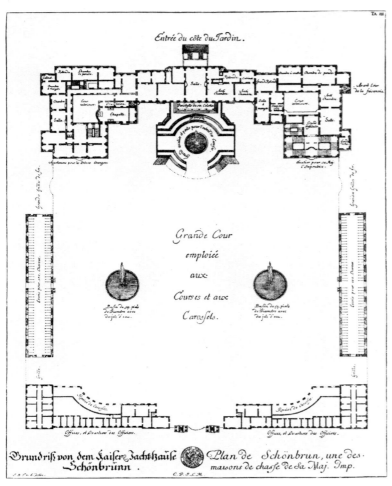

Grundriß des Schlosses Schönbrunn nach dem zweiten Entwurf Fischers von Erlach.
Links und rechts Stallungen, im Vordergrund Remisen und Dienstwohnungen.

von den Repräsentationsräumen lediglich die Schloßkapelle mit dem Altarblatt von Johann Michael Rottmayr („Die Vision der hl. Maria Magdalena", heute in der Augustinerkirche in Wien), der Große Saal im „Corps de logis" mit dem auf Leinwand gemalten Deckenbild vom selben Künstler und der Kleine Saal, ein festlicher Speiseraum im Westflügel, der unter Maria Theresia zur Blauen Stiege umgestaltet wurde. Rottmayr hat auch für ihn Entwürfe eines Deckengemäldes geliefert; sie dürften das gleiche Thema behandelt haben wie das nach der Eroberung der Feste Landau 1702 von Sebastiano Ricci ausgeführte, noch heute vorhandene Fresko: Ein junger Held wendet sich von Venus und Bacchus ab und begibt sich in den Kampf (gegen Spanien), während ihm – über einem Dämonensturz – die himmlische Lichtgöttin bereits den Lorbeer reicht. Der Held ist natürlich niemand anders als der tapfere junge König. Ein ähnliches Huldigungsprogramm dürfte übrigens auch das Deckenbild Rottmayrs im Großen Saal zum Gegenstand gehabt haben.

Fertiggestellt waren auch die gegen Hietzing gelegenen Wohnräume des Königspaares; die Innenräume des gegen Meidling gelegenen Ostflügels befanden sich im Rohzustand. Die wuchtige Auffahrt vor dem Mitteltrakt war wohl noch als Provisorium anzusehen. Die Seitenflügel, auch der bereits eingerichtete, hatten noch kein reguläres Dach, erst drei Jahre nach Josephs Tod konnte Wilhelmina Amalia sie eindecken lassen.

Der Kaiser starb am 17. April 1711 an den schwarzen Blattern. Sein Hingang löste politische Veränderungen aus, durch die Frankreich sich aufraffen konnte; die Sonne des „roi soleil" begann wieder zu steigen. Joseph hatte sechs Jahre regiert. Während dieser kurzen Zeit konnte er Mailand, Sardinien und die spanischen Niederlande mit Habsburg vereinigen – Schönbrunn hätte es, politisch gesehen, verdient, in vollem Glanz dazustehen, ausgebaut und komplett eingerichtet.

Aber Joseph I. hat sein Schloß auch so geliebt und es immer wieder zum Schauplatz großartiger Feste gemacht. Er gab im Ehrenhof Turniere, im Garten Karussells, im Großen Saal Bälle, er veranstaltete Theateraufführungen und Konzerte. Besonders glanzvoll feierte er die Trauung seines jüngeren Bruders Karl, des späteren sechsten Kaisers dieses Namens, mit der schönen Elisabeth von Braunschweig-Wolfenbüttel (1707).

Doch keine von allen Veranstaltungen blieb so nachhaltig im Gedächtnis der Zeitgenossen haften wie das im Jahr vorher abgehaltene Turnier, bei dem sich der achtundzwanzigjährige Joseph als unvergleichlich gewandter Sportler erwies.

Eine „gleichzeitige Relation" (lies: zeitgenössischer genauer Bericht) hat das Ereignis für die Mit- und Nachwelt beschrieben, und es lohnt sich, den bildfrohen, protokollfreudigen Text der Vergessenheit zu entreißen. Der Verfasser beginnt mit einer Verbeugung vor Joseph I., der die Bürde der Krone des Heiligen Römischen Reiches erst seit kurzem trug, Vater Leopold war vor einem Jahr und zwei Monaten gestorben. „Bei der schweren Regierungslast, welcher sich Kaiser Joseph I. niemals entzog, hatte er sich bisweilen einige Zeit zur Freude des ganzen Wiens zu einem beliebigen Divertissement ausgesetzt. Denn es wurde nach abgelegter Trauer bei Hof den 4. und 8. Juli 1706 im kaiserlichen Lustschloß Schönbrunn ein herrliches Turnierspiel unter Anführung des Kaisers und des Prinzen Maximilian von Hannover bei Gegenwart der regierenden und verwitweten Kaiserinnen wie auch sämtlicher Erzherzoginnen, vieler Prinzen, Cavalieren und Damen öffentlich gehalten. Die zu solcher Lustbarkeit ausersehenen Cavaliers theilten sich in 2 Squadronen, deren eine unter dem Kommando des Kaisers, die andere unter der Anführung des Prinzen von Hannover stand.

In der ersten Squadron kam 1. der Unterbereiter zu Pferd, welcher den Anfang zum Aufzuge machte. 2. Acht mit köstlichem Aufputz gezierte kaiserliche Pferde, jedes von zwei Reitknechten – deren jeder eine schwarz sammtene mit Gold bordirte, mit dem kaiserlichen Adler und auch mit anderen Wappen gestickte Handdecke über die Achsel herabhängend trug – geführt. 3. Ein doppelter Chor Trompeter, davon zwölf zu Pferd, zwischen welchen gleich aufgetheilten Gliedern zwei Pauker zu Pferd sich befanden. 4. Zehn kaiserliche Laufer in 1 Reihe. 5. Zwölf kaiserliche Leiblaqueyen. 6. Der Graf Guido Starhemberg, welcher die 1. Squadron in roth und mit Gold reich gestickten und mit wertvollen Kleinodien geschmückten Kleidern auch durchgehends mit weissen Straussen und einer blauen hervorreichenden Feder in der Mitte auf dem Helme, die Cavaliers aber mit köstlich geschmückten Federbüschen von gleicher Farbe, anführte. 7. Sechs kaiserliche Edelknaben mit vergoldeten Lanzen und Hellebarden zu Fuß. 8. Der Kaiser selbst, welchem zur Seite der Oberbereiter ebenfalls zu Fuß aufwartete. Nachdem folgten 4 Offiziers mit Lanzen und Barden (Hellebarden) im stattlichen Aufzug, denen jedesmal zwei Cavaliers zu Pferde folgten, so daß 5 Paar nach einander, alle in kostbaren rothen, mit Gold gestickten Kleidern und anderem Schmuck, auf den Plan ritten, als nämlich 1. Graf Maximilian Guido von Martinitz und Carl Graf von Serini, 2. Gundacker Graf von Dietrichstein und Leopold Matthias Graf von Lamberg, 3. Graf Hieronymus Coloredo und Johann Franz Ferdinand Graf Kinsky, 4. Graf Ferdinand von Althan und Franz Graf von Hatzfeld und Gleichen, 5. Graf Gundermayr von Starhemberg und Graf Franz Leopold von Sternberg." Die zweite „Squadron" ist um keinen Faden und keine Feder weniger prächtig adjustiert als die erste, „Officiers mit vergoldeten Lanzen und Barden in Händen und mit weissen Federn geziert" ziehen auf, und die „Cavaliers" heißen jetzt Graf Franz Wilhelm von Salm, Graf Gundacker Popo von Dietrichstein, Graf Herberstein, Graf Zierstein, Graf Trautmanstorff, Graf von der Wall, Graf Colalto, Graf Paar, Graf Lengheim, Graf Rosenberg – der ganze „Ehrenspiegel Österreichs".

„Nachdem sie auf dem Turnierplatz einige mal in besagter Ordnung herum geritten, marschirte jede Squadron an ihren bestimmten Ort. Den Anfang zu turnieren machte der Kaiser mit dem Prinzen von Hannover als beide Anführer, denen dann nach und nach zwei Cavaliers, nämlich allzeit einer von der 1. und 2. Squadron, folgten. Des anderen Tages waren gleichmäßige (ganz gleiche) Feierlichkeiten zu sehen, und die Menge der anwesenden Cavaliers konnten die Geschicklichkeit des Kaisers nicht genug bewundern. Nach vollbrachtem dritten Rennen verrichteten die Planrichter, nämlich der venetianische Botschafter Delfino, der kaiserliche Ober-Hofmeister Fürst von Salm, der Obristkämmerer Graf Trautmanstorff und der Ober-Hofmarschall Graf von Waldstein, ihr Amt und teilten die Gaben (die „faveurs") folgendermaßen aus." Und nun bekommt jeder, der eine „wegen der Lanzen", der andere „wegen der Pistolen", der dritte „wegen der Barde", der vierte „wegen des Degens" usw., sein Preisgeschenk zuerkannt. Diese Turniere waren ja keine Reiterkämpfe mehr, Mann gegen Mann im Harnisch, sondern bestanden in einem Wettstreit, bei dem es um die größere Schnelligkeit und Geschicklichkeit im Degenfechten, Zielschießen, Lanzenwerfen, Hellebardenschwingen, Ringstechen zu Fuß oder zu Pferde ging. Zu gewinnen waren 1706 in Schönbrunn „ein großer silberner Leuchter, eine große kostbare Uhr, zwei silberne Wandleuchter mit Spiegeln, ein silbernes Lavoir" und noch einiges mehr. Das Lavoir erkämpfte sich der Kaiser, dem zuletzt „wegen der Menge der Köpfe" noch ein Sonderpreis zuerkannt wurde: ein „kostbares Nachtzeug". Das Nachtzeug dürfte ein gold- und silberdurchwirktes Schlafgewand gewesen sein, eine Art Paradenachthemd, vielleicht auch ein bequemes, besticktes Hauskleid. Mit den „vielen Köpfen" aber waren die aufgesteckten Türkenköpfe aus Holz oder Ton gemeint, die man im Vorbeireiten abschlagen mußte. (Ob der türkische Botschafter auch zu diesem Fest geladen war, verschweigt die Chronik.)

Wilhelmina Amalia verwand den frühen Tod des Gatten sehr schwer. Sie verbrachte Sommer für Sommer in Schönbrunn, versuchte das Schloß zu pflegen und es einzurichten, so gut sie konnte. Aber die Jahressumme von 1200 Gulden, die man ihr dafür zuerkannt hatte und nicht immer pünktlich beziehungsweise voll ausbezahlte, reichte kaum für das Nötigste. Sie ließ die Seitenflügel decken, betreute den Park, ließ in dem zwischen dem Zeremoniensaal und dem Ovalen Chinesischen Kabinett gelegenen Rösselzimmer in den Jahren 1719 bis 1722 die von dem Brüsseler Johann Georg Hamilton auf Kupferblech gemalten Pferdebildnisse anbringen und komplettierte mit Eifer die Ahnengalerie. Im großen ganzen aber blieb das Schloß, wie es war. Die von Joseph I. gepflegte Tradition großer Empfänge, Feste und Jagden nahm sie nach Ablauf einer schicklichen Frist wieder auf. 1722 zog sie

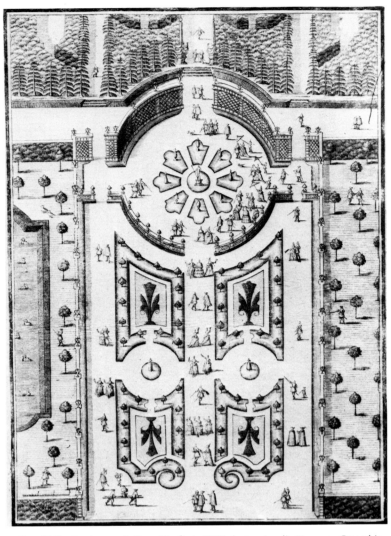

„Ihro Maijestätt der verwittibten Kayßerin Wilhelmina Amalia Kammer-Gärttel in Schönbrunn." Anonymer Stich vom Anfang des 18. Jahrhunderts.

sich in das Kloster der Salesianerinnen am Rennweg in Wien zurück, dessen Bau sie finanziert hatte. 1728 verkaufte sie Schönbrunn für 240.000 Gulden an ihren Schwager Karl VI. Das dabei aufgestellte Inventar verzeichnet „Mundtafeln, Tischln, Bettstattln, Bänkh, Herren und Frauen Stückh (Gemälde) in Lebens Grös oder als Bruststückl", dazu Spanische Wände, Kanapees, Schlafsessel, Tische – alles, was der Kaiser übernahm, wird aufgeführt und vermittelt ein recht lebendiges Innenbild des Schlosses von damals, dessen Mobiliar gegen spätere Einrichtungen ziemlich schlicht gewesen sein dürfte.

Man kann nicht sagen, daß Karl VI. Schönbrunn vernachlässigt hätte. Haus und Garten wurden gewartet, die Nebengebäude endlich in ihrer ganzen Ausdehnung zwischen Hietzing und Meidling fertiggestellt, das Dach saniert. Aber Karls Herz hing nicht an dem Ort. Als Lustschloß sagte ihm die prächtige, intakte Favorita ungleich mehr zu, und was er an Geldern für Neubauten aufwenden konnte, floß in die Karlskirche

oder nach Klosterneuburg. Noch 1704 hatte ein Reisender über die Wiener Hofburg gespöttelt, sie gleiche einer Residenz für Mönche. Das sollte bald niemand mehr vom Regierungssitz der Habsburger sagen können. Schönbrunn war ein Anfang, war der Versuch einer neuen Repräsentation gewesen, Klosterneuburg sollte die Erfüllung bringen. Aber nicht im Geist eines Lustschlosses, sondern als weithin sichtbares Bollwerk sakralen Sendungs- und Staatsbewußtseins inmitten der spürbar keimenden Saat der Aufklärung in Europa.

Gewohnt hat Karl in Schönbrunn nie. Er jagte höchstens in den Hietzinger Wäldern, und möglicherweise hat sich dort der bezeichnende Zwischenfall mit den beiden Hofkavalieren ereignet, die gemeinsam mit ihm während einer Jagd rasteten. Als plötzlich ein Keiler aus dem Dickicht brach und den im Augenblick gerade waffenlosen Kaiser anfiel, zogen die Kavaliere ihre Hirschfänger und erlegten das Tier. Karl VI. war gerettet, doch ließ er trotzdem beiden Männern einen scharfen Verweis erteilen, weil sie entgegen strengem Verbot es gewagt hatten, in Gegenwart der Majestät die Klinge zu entblößen.

Karl war durch und durch Barockmensch, und er kam aus Spanien. Er hat dieses Land zeitlebens als seine eigentliche Heimat empfunden. Also wollte er auf der Geländestufe der alten Babenbergerstadt im Norden Wiens einen zweiten Escorial haben. Wie sich am Südhang des Guadarrama-Gebirges der Kolossalbau Philipps II. erhebt, mit mächtigem Kloster und ragender Kirche, mit der Totengruft von sechsundzwanzig spanischen Königen und dem Pantheon der Infanten, mit riesiger Bibliothek und Gemäldesammlung, so sollte sich ein gleich umfangreiches Bauwerk (das zustandegekommene ist ja nur ein Viertel des geplanten) hoch über den Auwäldern der nahen Donau erheben, zum Zeugnis der unauflöslichen Verbundenheit von Kirche und Herrscherhaus. Der Herzogshut und sämtliche Kronen Habsburgs sollten den Schmuck der Kuppeln Klosterneuburgs bilden.

Eine Dokumentation von solcher Wucht konnte das kleine Schloß im Wiental dem Denken, Fühlen und Wollen dieses Kaisers nicht einmal in Ansätzen bieten, es war und blieb bei allen sonnenkönighaften Ambitionen ein Sommersitz, nicht mehr. Wie anmutig, ja duftig die Architektur Schönbrunns damals gewirkt haben muß, besonders aus einiger Entfernung, davon kann man dank einem glücklichen Einfall Johann Georg Hamiltons noch heute einen Begriff bekommen. Er malte 1732 eine Gruppe Rebhühner, das Bild

Ausschnitt aus einem Gemälde von Johann Georg Hamilton, 1732. Im Hintergrund eine Ansicht des Schlosses Schönbrunn in seinem damaligen Zustand. Kunsthistorisches Museum, Wien.

ist im Besitz des Kunsthistorischen Museums in Wien. Da sind im Vordergrund, inmitten kräftiger Vegetation, die teils braungescheckten, teils merkwürdig taubengrauen oder bläulich-weißlichen Hühner zu sehen, eines fliegt gerade auf, und dahinter, geisterhaft wie eine Vision, das Schloß Schönbrunn in fahlen Valeurs – vom späteren warmen Gelb keine Spur! – vor einem hingehauchten Stückchen Wienerwald. Man sieht den menschenleeren Ehrenhof mit drei Springbrunnen – der mittlere nimmt die Stelle der großen Auffahrt ein, von der kein Strich mehr zu sehen ist –, man sieht die Obelisken, sieht das südlich flache Dach mit der Balustrade und den zierlichen Statuen, die im Gemälde noch leichter wirken als sonst (wer hat schon bedacht, daß jede von ihnen fünf Meter hoch und dementsprechend schwer ist?), und auch die krönende Attika ist deutlich abgebildet. Sie ist leer, Hamilton hat nicht liebedienerisch ein antikisierendes Reiterstandbild hineingeschmuggelt: seine Vision ist ehrlich, ist realistisch, er malt ein verlassenes Kaiserschloß.

Zwei Jahre vor Entstehung dieses Kabinettstücks hat ein Mann namens Johann Basilius Küchelbecker eine „Allerneueste Nachricht vom Römisch-Kayserlichen Hof aus dem Jahre 1730" veröffentlicht. Darin faßt er das Endergebnis von Schönbrunn II als unterhaltlicher Fremdenführer zusammen, doch liest es sich stellenweise wie ein versteckter Nekrolog: „Unter allen Kayserlichen Lust-Schlössern ist das schönste und magnifiqueste das von Kayser Joseph zu bauen angefangene Schönbrunn, welches, wenn es wäre zu Stande kommen, gewißlich ein anderes Versailles geworden wäre. Nachdem aber dieser grosse Kayser so frühzeitig verstorben, so ist auch dieser prächtige Bau liegen blieben. Es ist dasselbe eine Stunde von Wien in einer lustigen Aue gelegen, fast zur Helffte mit Holtz (Wald) umgeben und auf folgende Art ohngefehr gebauet: Bey dem Eingang des Schloß-Hofs stehen zwei grosse und hohe Pyramiden (er meint die Obelisken) aus Stein gehauen, auf welchen zwey vergoldete Adler zu sehen. Zu beyden Seiten derselben stehen im

21

halben Circul niedrige Gebäude ohne Dach, so theils Ställe, theils Remisen und Wohnungen vor die Stall-Bedienten abgeben. Mitten im Schloß-Hof, welcher sehr gross und weitläufftig, sollen zwey grosse Bassins mit Jets d'eau kommen, wovon aber nur das eine fertig worden. Die Entrée in das Schloß selber ist sehr magnifique, viele Stufen hoch, welche rund um die Facade des Schlosses gehen, und unter einer prächtigen Colonnade und Fronton nach Jonischer Ordnung (Fischers halbfertige, ausschweifend angelegte Auffahrt mit dem Peristyl darüber hat ihn also beeindruckt). Man kommt bey dem Eintritt gleich in einen grossen Saal, so sehr geräumig, hoch, und dessen Plafond überaus künstlich gemahlet ist (er hat das nach 1772 aus dem Depot der kaiserlichen Gemäldegalerie spurlos verschwundene Deckenbild Rottmayrs noch gesehen), und verdienet solcher wohl betrachtet zu werden. In denen Zimmern zur rechten Hand siehet man meistentheils Portraits von der Kayserlichen und ehemaligen Spanischen Familie sowohl aus deren alten als neuen Zeiten. In dem gantz letzten Zimmer sind unter anderem zwey Tableaux zu sehen, wovon das erste ein sehr schönes und künstliches Perspektivisches Stück ist, so sehr hoch aestimiret wird. Das andere aber stellet eine Holländi-

Kaiser Karl VI. mit dem Orden vom Goldenen Vlies. Stich vom Anfang des 18. Jahrhunderts.

sche Lustbarkeit auf dem Lande vor, in welchem ungemein viel kleine Figuren zu sehen, weswegen (!) es auch 30.000 fl. (Gulden) soll gekostet haben. Auf der linken Seite (also im Osten) des Schlosses sind nur noch einige meublirte Zimmer zu sehen, in welchen gantz ungemein schöne Jagd-Stücke anzutreffen sind. Die Schloß-Capelle ist auch auf dieser Seite, in welcher aber nichts Merckwürdiges zu observiren (Rottmayrs Altarblatt hat ihm scheint's keinen Eindruck gemacht). Aus dem grossen Saal gehet man unvermittelt vermittelst einer schönen Treppe (genau wie heute) hinunter in den Garten, welcher sehr angenehm und ziemlich groß ist. Das Bosquet, die schönen Allees und der dabey gelegene Wald geben nicht nur die schönste Promenade, sondern auch den vollkommensten Prospect und das größte Vergnügen. Nach dem Riß dieses Lust-Schlosses, welchen man unter anderem in einem Zimmer siehet (Fischer von Erlachs zweiter Entwurf), hat auf der Höhe des Waldes (auf dem Schönbrunner Berg) ein Pavillon sollen zu stehen kommen, so aber nunmehro nicht leicht geschehen wird. Uebrigens ist das gantze Gebäude à l'Italienne, ohne Dach, und mit vielen schönen Statuen oben herum besetzet, welches demselben ein ungemeines Ansehen giebt."

Anschaulicher und lebendiger kann man Hamiltons Schloß auf dem Rebhuhnbild nicht ergänzen. An die Stelle des stummen Visionären dort tritt hier die ausgesprochene Wehmut über den halbfertigen Zustand, und auch das glorreiche Vorbild Versailles geistert noch durch den Beginn. Und obwohl das Lustschloß Ludwigs XIV. dem Kunsthistoriker seit jeher als das unerreichbare Paradigma aller Schlösser gilt, die „nach Seinem Bilde" errichtet worden sind, trifft man in Österreich immer wieder Enthusiasten, die das kleine Schönbrunn über das große Versailles stellen. Sie entdecken seine überschaubare Geschlossenheit und preisen den Umstand, daß es mit seinen 6300 Quadratmetern Grundfläche (Versailles 60.500) rasch zu umschreiten und der „ziemlich große Garten" mit dem „dabey gelegenen Wald" als „schönste Promenade" bei gemächlichem Schritt in etwa drei Stunden bequem zu bewältigen ist. Man hat dann alle wesentlichen Durchblicke und Ausblicke der barocken Anlage genossen, wie auch sämtliche bildhauerischen und architektonischen Objekte betrachtend in sich aufgenommen. In Versailles erfordert der gleiche Spaziergang bei gleichem Tempo mindestens einen halben Tag. Zur „gloire" von Schönbrunn gehört eben auch dies: es hat ein menschliches Maß.

In den Jahren 1735/37 war es mit dem „à l'Italien-

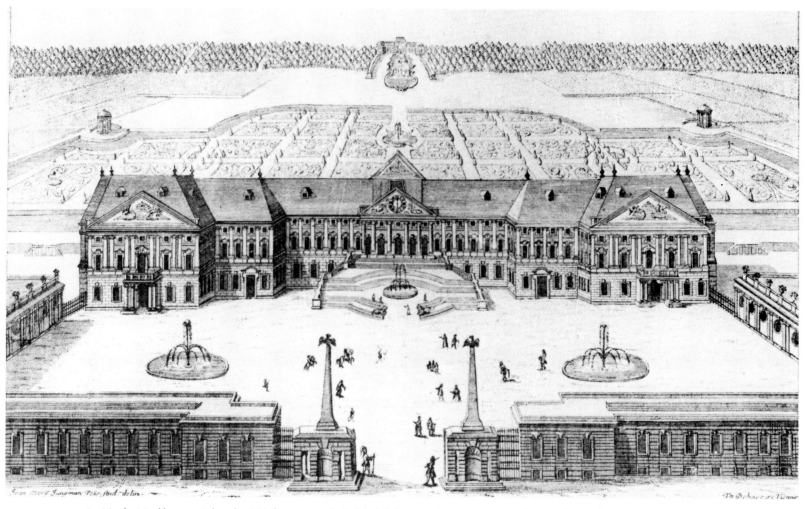

Ansicht der Nordfront, nachdem das Schloß 1735–37 ein Steildach bekommen hat, um Regen und Schnee besser abzuhalten. Zeichnung von Johann Georg Jungmann, Stich von Thomas Bohacz, 1744.

ne" vorbei, das Schloß bekam ein Steildach. Vom Standpunkt der Notwendigkeit war nichts dagegen einzuwenden, vom Standpunkt der Schönheit sehr viel. Die durch die flache Eindeckung entstandenen Schäden waren gewaltig, 560 Kubikklafter Dippelbäume mußten ausgewechselt werden (2100 Quadratmeter). Die weißen Statuen verschwanden, mit ihnen die Balustrade, und über das Krönchen der Attika kam ein turmartiger Aufbau wie bei einem Denkmal zur Winterszeit. Man setzte einen hohen Dachstuhl auf, bedeckte ihn mit Ziegeln, Portikus und Seitentrakte bekamen Dreieckgiebel mit bedeutungslosen Reliefs, der mittlere auch eine Uhr – es war, wie wenn man sämtlichen Trakten und Risaliten massive, hausbackene Mützen übergestülpt hätte. Der durch Hamilton überlieferte mediterrane Zauber des Bauwerks – es glich einem Miramare, das an jeder Adriaküste Entzücken erregt hätte – war dahin. Ein braver Stich aus 1744 hat den Zustand, knapp vor dessen Beendigung durch Pacassi, festgehalten. Aber nun, Decken, Wände und Fußböden waren trocken, Fresken, Tapisserien, Möbel, Gemälde nicht mehr regengefährdet.

Fischer von Erlach der Jüngere, der zu jener Zeit das Hofbauamt führte, war für das Notdach nicht verantwortlich, eher Gundacker Graf Althan, der schon seit 1716 als Generalhofbaudirektor sämtliche Bauvorhaben zu überwachen und jeden einzelnen Plan zu genehmigen hatte. Entworfen aber und ausgeführt hat dieses denkwürdige Gebilde ein Maurer mit Namen Erhard Anton Martinelli. Nichts gegen ihn, aber doch einiges gegen die Kunstbeamten, die seit Karls VI. Regierungsantritt wieder Oberwasser bekommen hatten.

Schönbrunn erlebte in den Jahrzehnten zwischen 1711 und 1740 nicht de jure, wohl aber de facto „die schreckliche, die kaiserlose Zeit". Erst mit Maria Theresia kam wieder Leben in das entseelte Gebäude. Je mehr Zeit seit Josephs I. Tod verstrich, desto allgemeiner galt das Schloß bei der Mitwelt als Torso. Nüchtern und für Ortskundige nicht ohne Komik berichtete Anselmus Desing in seinen „Auxilia Historica oder historischer Behülff" (Hof bei Regensburg 1741): „Schönbrunn ist hinter der Laimb-Gruben hinaus von Kaiser Joseph recht artig und zumahl herrlich erbaut, aber gar nicht vollendet."

23

Die große Hausfrau

Maria Theresia, Franz Stephan und Joseph II.

Trotz der Veränderungen, denen Schönbrunn durch die intensive Benützung während des neunzehnten und in den ersten beiden Jahrzehnten des zwanzigsten Jahrhunderts unterworfen war, vermochte es das Antlitz und die Atmosphäre seiner großen Zeit, der Jahre 1750 bis 1780, zu bewahren. Wer immer seit damals die fünfundvierzig, heute als Schauräume dem Publikum geöffneten, jährlich von über einer Million Menschen besuchten Zimmer und Säle bewohnt beziehungsweise in ihnen residiert hat, die bestimmende, alles beseelende Bauherrin und Hausfrau blieb Maria Theresia, bis auf den heutigen Tag. Dies gilt besonders für den östlichen Trakt des Schlosses, dessen rasche Neugestaltung und in mäßigem Prunk gehaltene Ausstattung ihr ganz persönliches Anliegen war, und es gibt feinfühlige Naturen, wie zum Beispiel den Burgschauspieler und Lokalhistoriker Fred Hennings, die gestehen: „Immer wenn ich mich aus dem von Joseph II. und Franz Joseph I. bevorzugten Norden und Westen des Gebäudes über die gartenseitigen Räumlichkeiten hinüber zum Ostflügel begebe, wird mir bei jedem Schritt wärmer ums Herz."

Solche Urteile passen zur landläufigen Meinung, die Kaiserin habe sich von allem Anfang an auf das im Inneren teilweise unfertige Bauwerk gestürzt und es ohne Umschweife zu ihrem Lieblingssitz gemacht, der ihr vom Schicksal förmlich vorausbestimmt gewesen sei. Dem war aber nicht so.

Maria Theresia heiratete 1736, sie war neunzehn Jahre alt, den Herzog Franz Stephan von Lothringen, und es scheint, daß man schon damals Schönbrunn als Residenz für die junge Thronfolgerin und ihren Gemahl in Aussicht genommen hat, die Summe von 5000 Gulden „zur Reparation des Baufähigen Schlosses dermahlen auf Verrechnung" (Hofstabsabrechnung vom 10. September 1735) weist darauf hin. Doch drückte sich darin noch keineswegs der Wille der künftigen Ehegattin und Monarchin aus.

Vier Jahre später, nach Karls VI. Tod, bestieg sie den Habsburgerthron und mußte im selben Augenblick erfahren, daß die Pragmatische Sanktion, auf welche ihr Vater die Kurfürsten des Heiligen Römischen Reiches vergattert hatte, weder für diese noch für das als Garantiemacht gewonnene Frankreich mehr waren als ein Stück Papier. „Es gibt kein Haus Habsburg mehr", verkündete in Versailles der Kardinal Fleury, der in den „affaires étrangères" den Ton angab. Franz Stephans Kaiserwahl wurde zunächst verhindert, Sachsen und Preußen rüsteten unverzüglich zur Aufteilung der habsburgischen Erblande, Friedrich II. überschritt acht Tage vor dem Heiligen Abend 1740 die Grenze Schlesiens, Karl Albert von Wittelsbach fiel mit einem bayerisch-französischen Heer in Oberösterreich ein, gebärdete sich als Thronwerber, ließ sich in Linz entsprechend huldigen und in Prag zum König von Böhmen krönen. In Italien hatten die spanischen Bourbonen Parma und Piacenza an sich gerissen.

Daß sich Maria Theresia in ihrer Not an die Ungarn wandte, sich am 25. Juni 1741 in Preßburg krönen ließ, daß sie in harten Verhandlungen die Anerkennung ihres Gatten als Mitregenten durchsetzte, daß der ungarische Reichstag im Juli von Hiobsbotschaften aus

Kaiserin Maria Theresia. Gemälde von Jean-Etienne Liotard im Chinesischen Rundkabinett.

Frankreich, Bayern, Preußen und Sachsen aufs höchste beunruhigt wurde, daß die Königin im September für drei Tage nach Wien eilte, um an Bittprozessionen zur Abwendung des Unheils teilzunehmen, daß die ritterlichen Magnaten der schönen jungen Frau zujubelten, ihr „vitam et sanguinem" zu opfern und 30.000 Mann Fußvolk zu senden versprachen, mit deren Hilfe Feldmarschall Graf Khevenhüller die Eindringlinge aus Linz hinausjagte und am 12. Mai 1742, dem Tag der Frankfurter Kaiserkrönung des Bayernfürsten, der sich jetzt Karl VII. nannte, München einnahm, ist bekannt. Ebenso, daß Maria Theresia im Juni desselben Jahres nach der Niederlage ihres „liebsten Herrn Schwagers" Karl von Lothringen bei Chotusitz den schmerzlichen Frieden von Breslau schließen mußte, mit dem fast ganz Schlesien an Friedrich von Preußen verlorenging.

Weniger bekannt ist, daß während dieser dunklen Jahre in Maria Theresia der Wunsch nach einer nicht allzu entlegenen sonnigen Sommerresidenz im Grünen immer lebhafter wurde, ungeachtet der fast unerträglich angespannten Finanzlage ihrer Länder.

Schon 1740 hatte die Kaiserin unter dem starken Einfluß des Grafen Sylva-Tarouca mit einem Projekt gespielt, das ihren Wunsch erfüllen und nicht allzu hohe Kosten verursachen sollte. Sie plante, längst vorhandene, fertig eingerichtete Gebäude außerhalb der Stadtbefestigungen und jenseits des Wienflusses, wo ihr Vater die im Pestjahr 1713 gelobte Karlskirche hatte errichten lassen, zu einer „Espèce de Serrail zu conjugieren", wie sich Obersthofmeister Johann Josef Fürst Khevenhüller-Metsch in seinen berühmten Aufzeichnungen ausdrückt. Als Bestandteile dieser Gründung waren das Untere und Obere Belvedere ausersehen, dazu das Palais Schwarzenberg mit Park, das Kloster der Salesianerinnen am Rennweg und das Lustschloß Karls VI., die Favorita, an der heute nach ihr benannten Straße. „Mittelst einiger nicht sehr considerabler Zubauung und Embellissments" wäre eine gigantische Anlage entstanden, ein pompöses, mauerumgürtetes Kollektiv, in welchem nicht nur der Hof, sondern auch sämtliche Staatskanzleien samt Dienstwohnungen etc. Platz gehabt hätten, und nur der Geldgier der Herzogin von Sachsen-Hildburghausen ist es zu danken, daß Wien vor dieser sultanesken Konkurrenz der altehrwürdigen, bescheidenen Hofburg verschont blieb und die bedrohten Bauten und Gärten ihre Individualität bewahrten. Die genannte, jedem Lokalhistoriker sattsam bekannte Herzogin, Universalerbin nach dem im Hochzeitsjahr der Kaiserin verstorbenen Prinzen Eugen, wollte nämlich „die

damahligen angebottenen 250.000 fl (Gulden) nicht accepriren", sondern noch 50.000 dazugelegt bekommen. Dadurch „zerschluege sich die Sach", notiert Khevenhüller, und Maria Theresia wandte sich westwärts, dem am Wienfluß liegenden „kaiserlichen Jagdhaus" zwischen den Ortschaften Meidling und Hietzing zu. Sein Ausbau kostete sie freilich „noch so villes Geld", aber dafür wurde auch Schönbrunn daraus. Als ob sie es nicht erwarten könnte, dort zu wohnen, verbrachte sie schon den Sommer 1742 in dem so lange Zeit unbenützten, frostig wirkenden Schloß ihres verstorbenen Onkels.

Im Jahr darauf, 1743, als sich die Dinge in Böhmen vorübergehend zum Besseren gewendet hatten und Maria Theresia in Prag rechtmäßig gekrönt werden konnte, nahm der aus der „Wienerischen Neustadt" gebürtige Hofarchitekt Nikolaus Pacassi die nunmehr von seiner Herrscherin temperamentvoll betriebene, in der Hauptsache innenarchitektonische Umgestaltung in Angriff, „zur bequemen Unterbringung der Hof Statt", wie der Auftrag lautete. 1749 war die Neugestaltung in ihren wichtigsten Teilen abgeschlossen, doch wurde an den weniger prominenten Vorhaben noch volle zwanzig Jahre hindurch gebaut. Während Maria Theresias Regierungszeit war fast immer irgend etwas eingerüstet oder aufgegraben, Handwerker gehörten zum ständigen Bild der Schönbrunner Hofhaltung.

Was Pacassi vorgefunden hatte, lag in Ausdehnung und Höhe fest: es war der realisierte zweite Entwurf Fischers von Erlach, der die wesentliche Silhouette Schönbrunns noch heute bestimmt. Womit sich die gern kolportierte Legende, Maria Theresia habe erst angesichts des beginnenden und noch zu erwartenden Kindersegens den Bau auf seine heutige Breite und Höhe erweitern lassen, als solche entlarvt. Wohl aber hat sie aus analogen Erwägungen an den Schmalseiten wie an der Südfront der Seitenflügel ein Zwischengeschoß einziehen lassen. Normalerweise standen jedem ihrer Kinder ein Vorzimmer (Anticamera), ein Wohnzimmer (Retirada) und eine „Schlafkammer" zu; dem Kronprinzen ein Audienzzimmer extra. „Hofstaatführende Mitglieder" brauchten gemäß spanischem Protokoll fünf Räumlichkeiten: zwei Vorzimmer, ein Audienzzimmer, eine Retirada und den Schlafraum. Beim Elternpaar in Schönbrunn, er Kaiser, sie Königin, erhöhte sich der Gesamtbestand auf zehn Gemächer, die in der östlichen Nobeletage eingerichtet wurden. Kinder, für die hier unten kein Platz mehr war, wurden in besagtem Zwischengeschoß und im

Oberstock untergebracht. Ein ausländischer Gesandter mußte also bei der Antrittsvisite, die er dem Herrscherpaar, dem Kronprinzen, der Kronprinzessin und gegebenenfalls noch weiteren erlauchten Sprößlingen des Hauses Habsburg-Lothringen abzustatten hatte, eine erschöpfende Strecke zurücklegen.

Im Zwischengeschoß konnte man außer diversen Hofämtern den Obersthofmeister, Hofdamen, Erzieher, Erzieherinnen, Ammen und jenen Teil der Kavaliere unterbringen, für den in den Kavalierstrakten am Ehrenhof kein Raum mehr war; dort stand ja nur das Stockwerk zur Verfügung, ebenerdig waren Pferdeställe: Auch das Gesinde, Kammerjungfern, Kammermenscher (für niedrigere Arbeiten), Lakaien, Laufer, Barbiere, Perückenmacher usw., fand jetzt größtenteils im Zwischengeschoß und im Oberstock Platz; bis dahin waren diese Bediensteten durch ein Dekret dazu verhalten gewesen, in den nahe bei Schönbrunn gelegenen Dörfern Quartier zu nehmen. Sänftenträger, Laternenträger, Ofenheizer, Strapaziermenscher (für schwere und schwerste Verrichtungen), Schneider, Musikanten usw. hatten ihre Wohnstuben seit jeher in den Nebengebäuden des Schlosses.

Pacassi senkte also die Decke der Nobeletage, hob den Fußboden des Oberstocks und schuf aus schweren, mit Mörtel verputzten Eichenbohlen das zusätzliche neue Geschoß, dessen Wohnhöhe nur 1,90 m bis 2 m beträgt. Sein Plafond ist durch eine 1,40 m hohe, begehbare Konstruktion aus Fachwerkbindern an den Oberstock angeschlossen, über der Kapelle, den Galerien und der Blauen Stiege gibt es kein Zwischengeschoß, nur einen sehr niederen Zwischenboden, an welchem die späteren flachen Deckengewölbe der Prunkräume mittels Binderkonstruktion aufgehängt sind. Von außen ist das so lebenswichtige Zwischengeschoß Maria Theresias an den liegenden Rechteckfenstern mit den zum Zweck optischer Streckung angestückelten unteren Blindjalousien zu erkennen; der einstige erste Stock darüber hat seine stehenden Rechteckfenster behalten, wenn auch etwas verkürzt.

Der Mitteltrakt, das „Corps de logis", blieb Festlichkeiten und Empfängen vorbehalten, in den Seitenflügeln wohnte man, links, im Osten, die Töchter, rechts, im Westtrakt, die Herren Söhne. Auch Erzherzog Joseph „domizilierte" nach seiner Eheschließung mit Isabella von Parma hier.

Die Fensterscheiben Schönbrunns waren dazumal noch um vieles kleiner, somit zahlreicher, und sie waren auch nicht so glatt ausgewalzt wie die heutigen aus dem zwanzigsten Jahrhundert. Diese Facetten gaben den Fronten ein heiteres, funkelndes Aussehen, zumal die dunkelgrünen Jalousien – ein Jagdhaus-Element! – fast immer einladend geöffnet blieben, zumindest im Sommer und großteils auch bei Nacht. Jetzt sind sie meistens abweisend geschlossen. –

Am 12. Februar 1750 hielt der deutsche Poetenpapst Johann Christoph Gottsched an der Universität Leipzig eine Lobrede auf Wien. Sie erschien noch im selben Jahr gedruckt, mit einem Kupferstich als Beigabe. Der Stich zeigt das Schloß mit dem Ehrenhof zwischen den weit auseinandergestellten Obelisken. Auf dem Dach thront zwar noch die luftige Arkaden-Attika mit dem (niemals vorhanden gewesenen) Reiterstandbild Josephs I. unter dem Mittelbogen, aber die von Fischer vorgesehene imposante Auffahrt zur Nobeletage des Mitteltraktes, mit dem zentralen Brunnen und dem wuchtigen Portikus am oberen Ende, einem Sechs-Säulen-Peristyl, ist bereits verschwunden, sofern sie überhaupt je vollständig ausgebaut worden ist und wir sie nicht nur in der Zeichnung überliefert bekommen haben. An ihrer Stelle steht schon die Freitreppe von heute, mit den zwei gebrochenen Treppenläufen, mit dem unaufdringlichen, grazilen Balkon und der Durchfahrthalle darunter. Die Terrassenkabinette der Seitenflügel mit den anschließenden Galerien zu den Kavalierstrakten sind jedoch nicht vorhanden, obwohl zumindest die Kabinette damals schon eingefügt waren. Merkwürdigerweise zeigt der um ein Jahr ältere Stich von G. Nicolai (1749) – „Prospect des Kaysl. Königl. Sommer- und Lust-Schloss Schönbrunn, wie solches gegen Mitternacht anzusehen" – außer den Terrassenkabinetten auch schon die Verbindungsgalerien und das Schloßtheater; dafür fehlt hier wieder die Attika Josephs I., an deren Stelle sich bereits das jedem Schönbrunnbesucher vertraute Giebelgeschoß befindet. Also hinkt der Stich von 1750 nach (möglicherweise hielt sich der Zeichner an den längst überholten Kraus-Stich von 1696), oder der Stich von 1749 nimmt etwas vorweg, vielleicht stand die Attika damals wirklich noch für eine Weile an ihrem Platz. Der ältere Stich zeigt auch einige Objekte, die so nie realisiert worden sind: den gigantischen, äußerst simpel gegliederten „Waldpark" hinter dem Schloß, das Belvedere auf dem Schönbrunner Berg, die viel zu langen Laubtunnel des Kronprinzen- und des Kammergartens. Wahrscheinlich sollte diese für das Publikum bestimmte Graphik Schönbrunn immer noch ein bißchen à la Versailles erscheinen lassen. Deshalb wohl auch die viel zu groß, viel zu weitläufig geratenen Nebengebäude mit den enorm ausgeweiteten „Viereckln",

26

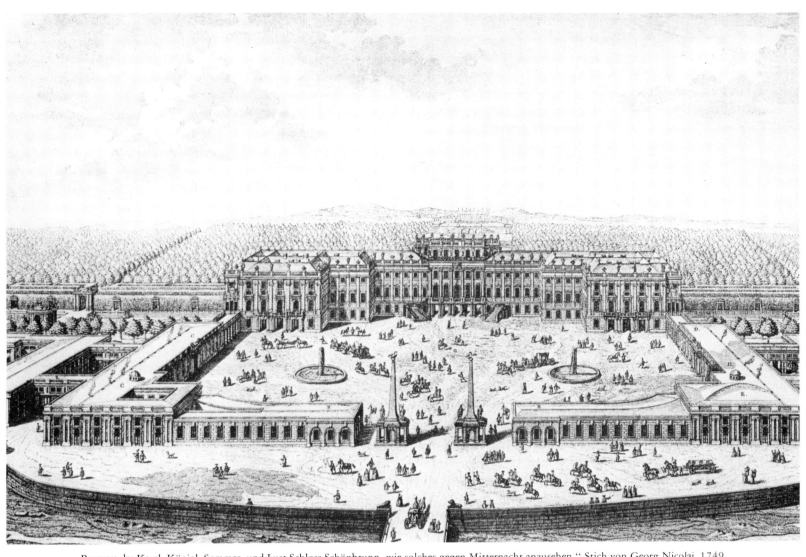

„Prospect des Kaysl. Königl. Sommer- und Lust-Schloss Schönbrunn, wie solches gegen Mitternacht anzusehen." Stich von Georg Nicolai, 1749.

deren Höfe leer gelassen sind; es fehlen die würfelförmigen Mittelbauten, wodurch sie viel großartiger wirken, als sie uns heute erscheinen. Auch die vor dem Schloß elegant ausschwingende, einige hundert Meter lange, zehn Meter hohe Deichmauer mit der Steinbrücke über die Wien ist suspekt. Man hat zwar gerade damals, wie schon öfter, versucht, den Fluß zu regulieren, nicht zuletzt deshalb, weil er Gästen, Familienmitgliedern, Ministern, Diplomaten und anderen „Personen vom Stand", die am Morgen aus der Stadt gekommen waren, durch plötzliche Überschwemmungen immer wieder die abendliche Rückkehr nach Wien verwehrte; aber der Schutzbau auf diesem Stich war Wunschtraum, erst im neunzehnten Jahrhundert ging er in Erfüllung.

Die zweiarmige Nordtreppe im Ehrenhof mit dem bescheidenen Balkon hatte den einstigen Mittelakzent der pompösen Auffahrt übernommen, so daß man die Veränderung als geringfügig empfinden könnte. Im Gebäudeinneren allerdings hatte Pacassi eine mit dem

Naturell seiner Bauherrin innig zusammenhängende Schwenkung um neunzig Grad bewerkstelligt. Zwar konnte man bei besonderen Anlässen das „Corps de logis" nach wie vor in der Mittelachse betreten beziehungsweise von der Nordtreppe zur gartenseitigen Freitreppe durchschreiten, aber nun wurde an der Stelle des Speisesaales aus den Zeiten Josephs I. im Osten ein neuer, im Inneren des Gebäudes versteckter Haupteingang geschaffen, die Blaue Stiege, über die man die Nobeletage ab nun zu betreten hatte. Dadurch wurde die Längsachse – eigentlich Breitenachse – zur Dominante des Schlosses, und die einstige sehr hohe, wegen ihrer Lage zur West-Ost-Achse auch als Quersaal bezeichnete prächtige Empfangshalle mußte den beiden Galerien weichen.

Im Lauf der Zeit wurde die Ehrenhof-Freitreppe funktionslos, und heute geht außer Handwerkern oder Putzfrauen niemand mehr dort hinauf und schon gar nicht in die Große Galerie hinein, deren Fenstertüren nur noch selten geöffnet werden. Joseph I. freilich, für den Fischer von Erlach die prunkvolle Auffahrt mit dem Saal dahinter geschaffen hatte, war wie sein Bruder Karl VI. durch und durch Barockmensch, und man kann sich vorstellen, wie man dazumal am Ende der Auffahrt oder an der Schwelle des die ganze Tiefe einnehmenden Saales einander begegnete, der Hausherr von innen, der Besucher von außen nach genau festgelegtem und zur zweiten Natur gewordenem Ritual aufeinander zuschreitend, mit gnädigem oder ehrfürchtigem Kopfneigen, je nach Rang oder Anlaß, mit Kratzfuß und Hutschwenken, gewähltem Wort und nicht weniger gewählter Miene.

Maria Theresia legte auf solches Theater keinen Wert, mochte das in Versailles der Brauch bleiben, sie wollte nicht nur als Herrscherin von Gottes Gnaden residieren und repräsentieren, sie wollte auch *wohnen*. An die Stelle des Zusammen-*Treffens* trat in familiären wie politischen Belangen das Beisammen-*Sein,* wie Hennings trefflich formuliert. Also betonte Pacassi im äußeren Erscheinungsbild des Schlosses durch die Ehrenhof-Freitreppe und die Durchfahrt noch immer die klassische Nord-Süd-Richtung (er hätte ja die barocke Auffahrt auch ersatzlos abtragen und das Gebäude nur von den Seitentrakten her betretbar machen können). Im Hausinneren aber dominierte ab nun die von Westen nach Osten durchgehende Zimmerflucht einer Wohnung.

Allerdings hat Pacassi auch hier den alten Duktus nicht ganz verleugnet. Aus der zentralen Querhalle, von der aus die Eintretenden sich nach links oder rechts ins „Corps de logis" und in die Seitenflügel begaben, hatte er die Große und die Kleine Galerie gemacht, zwei Längsräume mit stark gesenktem Deckengewölbe, doch groß und prunkvoll genug, um darin zu repräsentieren. Die Kleine Galerie, nur durch eine offene, leichte Arkadenwand von der Großen abgegrenzt, liegt hinter dieser. Dadurch wird der gesamte vorhandene Raum an dieser Stelle eingeengt und die Kleine Galerie zur Loge, die den Blick südwärts lenkt, zum Schönbrunner Berg hin.

In Pacassis Galerien sind noch andere Aspekte verborgen. So sieht Geza Hajos sie „nicht als in sich geschlossene Raumzentren, sondern wie fluktuierende Achsen behandelt . . . Sie waren für mehrere Funktionen geschaffen: Die Große Galerie, auch Rittersaal genannt, diente zum Antichambrieren, also als Warteraum vor den beiden kleineren ‚Antikammern' im Osten und Westen, dem ‚Laternenzimmer' und ‚Karussellzimmer', war aber auch für große Bälle und Empfänge bestimmt. Die Kleine Galerie stand für kleine Festivitäten und Gesellschaftsspiele zur Verfügung. Beide Galerien miteinander verbunden, wie Bühne und Zuschauerraum, konnten im Bedarfsfall zu einem großartigen Ensemble zusammengezogen werden, das Festgefühl durch die Steigerung des Raumreichtums erhöhend. Die neue Anordnung entsprach der Denkweise des theresianischen Pragmatismus, der stets Repräsentatives und Funktionelles im Gleichgewicht zu halten suchte." Die praktische Hausfrau! Mit dem voluminösen, überhöhten Quersaal von einst war ungleich weniger anzufangen gewesen.

Wer die Blaue Stiege betritt und durch das Treppenhaus nach oben schaut, begegnet nicht nur dem Deckenfresko des Venezianers Sebastiano Ricci, mit seiner Verherrlichung Josephs I. als Kriegshelden, und den Kriegsgreuel-Wandbildern von Pieter Bredal, sondern auch Architekturresten des einstigen Speisesaales: Türgewänden, Türverdachungen, Muschelverzierungen in den Fensterstürzen, Pilastern mit ionischen Kapitellen. Mit ein wenig Phantasie kann man den Fußboden von einst unterhalb der Türpfosten wieder einsetzen und sich den Saal in der Höhe rekonstruieren, dessen Niveau man nach Überwindung der Treppe betritt.

Die übrigen Relikte aus der ersten Ausbaustufe sind rasch aufgezählt: die Schloßkapelle (als Raumanlage) und die marmornen Türgewände im Laternenzimmer, dem Vorsaal zur Großen Galerie. (Hier hielten sich in späterer Zeit die Laternenträger auf für den Fall, daß jemand nachts entlegenere Schloßbereiche aufsuchen mußte, ein Besucher heimzubegleiten oder der Arzt zu holen war.) – Ansonsten kennt man noch von einigen Zimmern deren Funktion zu Josephs I. Zeit, oder sie enthalten Erinnerungsstücke, so etwa das Rösselzimmer zwischen Chinesischem Kabinett und Zeremoniensaal. Dort ist in die Täfelung ein Gemälde eingelassen, auf welchem man eine Parforcejagd des Kaisers sieht, gemalt 1752 von Philipp F. Hamilton als eine Art In-Memoriam für Maria Theresias frühverstorbenen Oheim. Es stellt die Gegend von Marchegg dar. Hamilton – er war der ältere Bruder des Brüsseler Malers, der das Schönbrunnbild mit den Rebhühnern schuf – war um möglichste Porträtähnlichkeit der Jagdgesellschaft bemüht, es standen ihm ja noch Lebende von damals als Modelle und Kritiker zur Verfügung; dazu ihre Jugendbildnisse.

Die beiden parkseitigen Rosa-Zimmer, so genannt nach dem Maler, der sie ausschmückte, gehörten zu Josephs Privatgemächern. In die weiße Holztäfelung sind Gemälde mit idealisierten Landschaften aus Oberitalien und der Schweiz eingelassen, darunter eine

Ansicht der Ruine Habsburg im Aargau. Sie wurden lang nach des Kaisers Tod hier angebracht, Maria Theresia hat die Räume für sich neu adaptieren lassen, auch das anschließende Chinesische Rundkabinett, das ebenfalls zu den intimen Gemächern Josephs I. gehört hatte. Hier richtete die Kaiserin 1760 ihre „Konspirationstafelstube" ein: das Geheimkabinett mit einer hinter einer Tapetentür verborgenen Wendeltreppe ins Zwischengeschoß, wo sich Staatskanzler Wenzel Anton Fürst Kaunitz-Rietberg zur Verfügung hielt, wenn unten beraten wurde und man ihn etwa brauchen sollte. Den auch damals zweideutigen Ausdruck table de couspiration, Konspirationstafel, verbot Maria Theresia nach einiger Zeit, weil sich Regierende nicht als Verschwörer fühlen oder gar wie solche betrachtet werden dürfen. Sie wählte die Bezeichnung table d'union, Einigkeits- oder Einigungstafel. Aber der erste Name war nun einmal der anschaulichere, und so erhielt er sich bis heute.

Schon im Sommer 1743 installierte Pacassi in diesem Rundkabinett ein Tischleindeckdich, eine „Maschintafel, die durch dazu gewidmete und präparate Winden von unten heraufgeschoben" werden konnte, „damit die Gäste umso freier unter sich sprechen können". Später hat die Kaiserin der servierenden Dienerschaft kurzerhand vertraut und die Vorrichtung entfernen lassen. Der Ausschnitt für den Speiseaufzug ist in einer Rosette des intarsierten Fußbodens noch erkennbar.

Im übrigen erhält der runde Raum sein Gepräge durch die ostasiatischen Lackfüllungen aus Paraventtafeln mit idealisierten Landschaften und Blumenmotiven, durch die auf Konsolen stehenden blau-weißen chinesischen Vasen, Flaschen und Dosen, durch seine Stuckdekorkuppel mit dem bunt emaillierten Luster, durch ein vergoldetes Wandtischchen mit einem darunter hockenden Affen und durch zwei chinesische Bodenvasen mit Fo-Hunden auf dem Deckel.

Der Name Kaunitz erinnert daran, was dieser Mann, der als Außenminister seine Sommerwohnung im Kaiserstöckel gegenüber dem heutigen Park-Hotel hatte, für Maria Theresia geleistet hat in Jahren, deren Ereignisse ihr die Lust am geliebten Schönbrunn mehr als einmal zu vergällen geeignet waren.

Das Chinesische Rundkabinett, die „Konspirationstafelstube" der Kaiserin, in der sie ihre geheimen Besprechungen abzuhalten pflegte.

Wenzel Anton Graf von Kaunitz im Ornat eines Ritters vom Goldenen Vlies. Gemälde von Johann Baptist Langer d. Ä.

Nachdem der Zweite Schlesische Krieg 1749 mit der Abtretung des umkämpften Landes an Preußen geendet und Staatskanzler Kaunitz das demütigende Dokument, den Frieden von Aachen, unterzeichnet hatte, galt sein ganzes Dichten und Trachten einer Umkehr der bisherigen europäischen Bündnisse: anstatt mit den Seemächten England und Holland sollte sich Österreich lieber mit seinem traditionellen Gegner Frankreich zusammentun. Der Plan gedieh während der Jahre, die Kaunitz als Botschafter in Paris zubrachte (1750–1753). Gefördert durch sein freundschaftliches Verhältnis zur allmächtigen Madame Pompadour, kam am 1. Mai 1756 das „Neutralitäts-Bündnis" tatsächlich zustande. Daß Friedrich der Große im Januar die „Westminster-Konvention" mit England abgeschlossen hatte, wertete Kaunitz geschickt als Verrat gegenüber Frankreich. Das erstrebte „renversement des alliances" wurde Wirklichkeit, man rüstete zum Krieg gegen Preußen, der sieben Jahre dauern sollte. Eine noch kindlich zarte Prinzessin namens Maria Antonia, die ein Jahr vor seinem Ausbruch zur Welt gekommen war, wurde sieben Jahre nach seinem Ende als letzte Figur im Schachspiel der Neuordnungen als Königsbraut nach Versailles und in den Tod geschickt.

Mitten hinein in die schweren Kriegsjahre (1756 bis 1763) führen zwei berühmte Gemälde. Das erste stammt von dem Hofmaler Martin van Meytens

(1695–1770) und hängt in dem als Billardzimmer bekannten Vorsaal des Kaisers Franz Joseph. Es stellt die Verleihung der ersten beiden Maria-Theresien-Orden an Prinz Karl von Lothringen und an Feldmarschall Graf Daun dar, den Sieger in der Schlacht von Kolin (1757), unter deren Eindruck die Herrscherin den Orden gestiftet hatte. Der Jubel der Bevölkerung über die Niederlage Preußens war grenzenlos. Das zweite Gemälde hängt nicht im Schloß, sondern im Kunsthistorischen Museum in Wien. Es zeigt Schönbrunn von Norden her, und zwar in jenem Augenblick, als der mit reicher „cortège" reisende Kurier in seiner Kutsche den Ehrenhof durchquert, um der Kaiserin die Nachricht von der Niederlage Friedrichs bei Kunersdorf (1759) zu überbringen. Maria Theresia erwartet ihn oben auf dem Balkon der Freitreppe; Auffahrt und barocker Empfangssaal gehörten längst der Vergangenheit an, „die Majestät empfängt auf der Stiegen", sagte man. Reporter des denkwürdigen Ereignisses war der Venezianer Bernardo Bellotto, als Maler unter dem Namen Canaletto bekannt.

Canaletto malte mit fotografischer Treue. So kann man auf seinen Schönbrunnbildern – er malte 1759 auch die Gartenseite – ablesen, was Pacassis Kunst an der Außenseite geleistet hatte. Die Seitenflügel haben anstelle der schwerfälligen doppelten jetzt einfache Pilaster, die Mittelfront hinter dem leichten Balkon Halbsäulen als Fassadenschmuck, die Fenster haben

Die Nordfront und der Ehrenhof des Schlosses Schönbrunn. In der Mitte die Kutsche des Kuriers, der die Nachricht vom Sieg bei Kunersdorf (1759) überbringt. Gemälde von Bernardo Bellotto, genannt Canaletto. Kunsthistorisches Museum, Wien.

Kartuschen, das Gesims Konsolen, die auf den eleganten Kapitellen der Pilaster aufruhten und so von diesen getragen erscheinen. Unterhalb des Giebelgeschosses laufen Fries und Architrav hin, und auf dem nordseitigen Gemälde sind die beiden Terrassenkabinette zu sehen, die den Seitenflügeln gleichsam auf der Schulter sitzen. Die strengen, langen Außenkanten der Seitenflügel wurden durch sie verkürzt und zugleich belebt, ein genialer Einfall, der aber nicht ästhetischen Überlegungen allein entsprang, sondern dem Auftrag, die Kronprinzen-Suite im Nordwesten um einen Raum zu vergrößern. Mit ihren verspielten Patinadächern wirken diese Kabinette wie Pavillons, mit den vier Säulchen fungiert ein jedes als zierlicher Portikus vor den Verbindungsgalerien zu den Kavalierstrakten.

An die Stelle der flachen Bedachung des Schlosses sind Steildächer getreten, aber keine so plumpen wie Anno 1735. Die wohnlich wirkenden, witterungsgerechten Pultdächer, die Pacassi wählte, geben dem ganzen Komplex mehr Ansehen als die Eindeckung „à l'Italienne" von 1700. Die Balustraden allerdings sind wieder zu Ehren gekommen, mit ihnen die hellen Steinfiguren, die jetzt vor dem dunklen Hintergrund der neuen Bedachung viel markanter hervortreten als vordem gegen den freien Himmel. Über den Seitentrakten sind sie nicht mehr paarweise, sondern einzeln aufgestellt wie über dem Mitteltrakt und dem Giebelgeschoß, dem sie bei aller organischen Eingliederung in den Dachbereich etwas Apotheotisches verleihen. Möglicherweise, so mutmaßt man, stecken noch Bauteile der einstigen Attika Josephs I. im Gemäuer dieses „Belvederes". In einem Resümee über Pacassi schreibt Karl Kobald: „Die Nebengebäude sind jetzt zu einem zusammenhängenden Rechteck vereinigt, die Seitenflügel gehen in die Kavalierstrakte über. Wirkte auch das äußere Bild Schönbrunns nach dem Plane Fischers durch die gewaltige Stiegenanlage, die Säulenhalle, die flachen Dächer monumentaler, zeigte sich dort ein Zug von gesteigerter Energie und barocker Genialität, so milderten Pacassis Veränderungen entsprechend dem neuen Zeitgeist das Prunkvolle des Fischerschen Planes, lösten es in spielerische Leichtigkeit auf und verliehen dem Schloß den Charakter lieblicher Anmut, die sich in der gesamten Gestaltung, im Reichtum graziöser Motive, in der in heiterem Weiß und Gelb schwelgenden Farbengebung, in der luftigen Halle und in der feinen Gliederung der Fassade kundgibt."

Das Rokoko hatte seinen Siegeszug angetreten. Ob zu seinen Feldzeichen auch die zwei Schwanenhals-Adler über den Uhren an der West- und Ostfront der Seitenflügel gehören oder ob diese zoologischen Kuriositäten erst später dort hinaufgelangt sind, läßt sich nicht ermitteln. Die „Vogeluhr", deren kleiner vergoldeter Doppeladler unterhalb der Gartenseite des „Belvederes" von VI Uhr morgens bis VI Uhr abends vorrückt und während der Nacht wieder an seinen Ausgangspunkt zurückspringt, ist jedenfalls erst 1817 angebracht worden.

Das Gartengemälde, für das Canaletto den Gloriettehügel als Standpunkt gewählt hat, zeigt manches, was damals anders gewesen ist als heute. Das Gartenparterre, in dem seine „Dames" und „Cavaliers" lustwandelten, war viel kleiner, die seitlichen Laubwände, vor denen noch keine Marmorgötter und -heroen posierten, waren niederer und reichten fast bis an die Schloßfassade heran, es gab noch keine Lichte Allee. An die linke, westliche Baumwand schloß sich südlich der aus Beschnitthecken gebildete Irrgarten an, Bestandteil jedes Rokokoparks, und gegenüber, in der östlichen Laubwand, gähnte die mächtige Mündung der Finsteren Allee mit ihren noch ganz jungen Bäumchen. Weitere Details mögen dem folgenden Kapitel über den Park vorbehalten bleiben; nur dem Panorama, das Canaletto vor zweihundert Jahren vom Abhang des Schönbrunner Berges über das Dach des Schlosses hinweg malend umfangen konnte, sei noch ein wehmütiger Blick gewidmet: alles – nördlicher Wienerwald, Kahlenberg, Leopoldsberg, Stephansturm, Karlskirche, Belvedere und vieles andere Liebenswerte – lag noch erreichbar vor dem umherschweifenden Auge, nichts war verbaut. Um dieses Blickes willen, der den Menschen von damals auch aus der Nobeletage gegönnt war, hat Kaiser Joseph II. im Jahre 1789 verboten, den Nebengebäuden höhere Dächer aufzusetzen, obwohl dies zur Verhütung von Regenschäden längst wieder erforderlich gewesen wäre. Er hatte für Schönbrunn wenig übrig, aber die einzigartige Aussicht wollte er sich und seinen Gästen doch nicht verstellen. Wer die Welt dieses Bauwerks, wer seine Seele so erleben möchte, wie sie vom Schicksal der Geschichte, fast möchte man sagen, geplant war, der muß Schönbrunn auf seinem glücklichen Höhepunkt aufsuchen: im Museum, vor den Bildern des Venezianers Bernardo Bellotto, genannt Canaletto. –

Die Darstellung ist weit vorausgeeilt. Sie muß umkehren, muß wieder zurück in das Jahr 1743, als Pacassi mit dem Umbau gerade begonnen hatte, der während der Wintermonate trotz Frost und Schnee rüstiger voranschritt als im Sommer, wenn die Kaiserin samt Familie in den wenigen behelfsmäßig adaptierten

Die Südfront des Schlosses mit dem Blumenparterre, gemalt von Canaletto. Der Maler weilte 1759/60 in Wien und schuf hier im Auftrag Maria Theresias eine Serie von 13 Wiener Stadtansichten. Kunsthistorisches Museum, Wien.

Räumen Quartier bezogen hatte und die Arbeiten täglich inspizierte. Sie redete überall drein, hielt mit ihrer Kritik nicht hinterm Berg und ließ dem Zorn freien Lauf, wenn sie entdeckte, daß wieder einmal Materialankäufe oder Arbeitsaufträge getätigt beziehungsweise vergeben wurden, ohne mehrere Kostenvoranschläge einzuholen. Im Winter herrschte Ruhe.

Der Umbau stand im Zeichen von vielen Sorgen und technischen Problemen. Da das Schloß nirgends unterkellert ist, war die Bodenfeuchtigkeit mit den Jahren am Mauerwerk emporgestiegen. Zunächst nur bis zur Nobeletage, später aber auch in die oberen Stockwerke, so daß an den Außenfassaden wiederholt umfangreichere Ausbesserungen notwendig waren und die meisten Innenräume Holzlamberien bekommen mußten. Bald aber sah sich Pacassi genötigt, um der vielen feuchten Flecke Herr zu werden, in mehreren Räumen totale Wandvertäfelungen anbringen zu lassen; sie existieren zum Teil bis heute.

Obwohl die Mauerziegel von bester Qualität waren,

ebenso der für den Unterbau verwendete Bruchstein, der teils von der zerstörten Katterburg, teils aus dem Steinbruch am Südwestende des Schönbrunner Berges stammte, wo sich heute der Hietzinger Friedhof befindet, und obwohl mit diesem Material um 1700 sehr solide gebaut worden war, gab es immer wieder im ganzen Schloß Risse, verursacht durch die schwingenden Balken der Decken, deren Spannweite bis zu 13 Meter betrug.

Von der Höhe der Baukosten kann man sich einen annähernden Begriff machen, wenn man hört, daß Maria Theresia allein während dreier Jahre, nämlich zwischen 1763 und 1765, also zu einer Zeit, da die Umbauarbeiten längst abgeschlossen waren, immer noch eineinhalb Millionen Gulden für noch fehlende Ausstattung und laufende Reparaturen aufbringen mußte. Kein Wunder, daß man sie verdächtigte, sie investiere die von den Engländern geleisteten Subsidien in ihr Lustschloß, anstatt sie für die gegen Friedrich II. kämpfenden Truppen zu „employieren". Aber sie

Blick vom Neptunbrunnen auf die Südfront des Schlosses Schönbrunn. Der 1780/81 nach Plänen von Johann Ferdinand von Hohenberg entstandene Brunnen zeigt in der Mittelgruppe Steinskulpturen des Tiroler Bildhauers Franz Anton Zauner: Thetis, umgeben von Najaden und rossebändigenden Tritonen, erfleht bei Neptun Hilfe für die Meerfahrt ihres Sohnes Achill.

Freitreppe zum Ehrenhof an der Nordseite des Schlosses Schönbrunn. Auf dieser den Mittelakzent der Fassade bildenden Treppe empfingen einst die Majestäten ihre Besucher; heute ist sie funktionslos geworden.

Freitreppe nach Süden in das Blumenparterre und den Park des Schlosses Schönbrunn.
Über diese Treppe gelangt man in die Kleine Galerie.

Oben: Blick vom Großen Obelisken über den östlichen Najadenbrunnen auf das Schloß. Unten: Gitter an der Westpforte des Schlosses zum Kammergarten, der früher als Privatgarten für Kaiser Franz Joseph und seine Gemahlin Elisabeth diente.

Ehrenhof an der Nordseite des Schlosses Schönbrunn. Der frühere Paradeplatz ist im Osten vom Kavalierstrakt,
im Westen von dem nach Kaiser Franz Josephs jüngster Tochter benannten Valerietrakt begrenzt.

Oben: Blick in die Große Galerie, den architektonischen und funktionellen Mittelpunkt des Schlosses. Dieser Repräsentationsraum diente früher als Vorraum vor den Audienzsälen sowie als Rahmen größerer Festlichkeiten. Die Innenausstattung stammt aus den sechziger Jahren des 18. Jahrhunderts, die vergoldeten Wandornamente mit heraldischen Motiven schuf Albert Bolla. Die Mittelwand, unterbrochen durch drei Rundbogendurchgänge in die Kleine Galerie, schmücken mit den Fensterachsen korrespondierende Kristallspiegel. Von der Großen Galerie gelangt man über die nördliche Freitreppe in den Ehrenhof. Gegenüberliegende Seite: Der Kronleuchter in der Großen Galerie.

Oben: Zeremoniensaal, Blick auf das Gemälde der Kaiserin Maria Theresia. Im Zeremoniensaal fanden besondere Festlichkeiten statt, Vermählungs- und Taufzeremonien und Investituren. Die Decke schmücken vergoldete Stuckornamente, Kriegstrophäen, Fahnen und Hellebarden. Sie erklären die frühere Bezeichnung des Raumes als „Batagliensaal". Mehrere Gemälde aus der Schule des Hofmalers Martin van Meytens schildern die Festlichkeiten anläßlich der Vermählung Josephs II. mit Isabella von Parma im Oktober 1760. Gegenüberliegende Seite: Napoleonzimmer, ehemals Schlafzimmer der Kaiserin Maria Theresia, mit Möbeln aus Nußbaumholz; hier soll Napoleon Bonaparte bei seinen Wien-Aufenthalten 1805 und 1809 gewohnt haben. Später war hier das Zimmer seines Sohnes, des Herzogs von Reichstadt. Der ostasiatische Lackparavent ist polychrom und in Relieflack ausgeführt. An den Wänden Brüsseler Tapisserien aus dem 18. Jahrhundert nach Entwürfen des Schlachtenmalers Hyacinth de la Pegna, die ursprünglich dem Fürsten Kaunitz gehörten und erst in der zweiten Hälfte des 19. Jahrhunderts im Napoleonzimmer angebracht wurden.

Oben: Das Vieux-lacque-Zimmer, das ehemalige Privatgemach Maria Theresias, das sie nach dem Tod ihres Gemahls benutzte, wurde 1767–1770 an den Wänden, in den Hohlkehlen der Decke und in den vier Supraporten mit ostasiatischen Lacktafeln ausgestattet. Sie zeigen Landschaften, Pagoden und florale Muster in Goldmalerei. Den Fußboden schmückt eine aus verschiedenen Holzarten intarsierte Mittelrosette. Gegenüberliegende Seite, oben links: Parkett aus dem Herzog von Reichstadt-Gedenkzimmer (Frühstückszimmer der Erzherzogin Sophie). Oben rechts: Intarsienparkett aus dem Gobelinzimmer, 1947 gelegt. Unten links: Intarsienparkett aus dem Napoleonzimmer. Die Intarsien sind die gleichen wie im Gobelinzimmer, jedoch mit umgekehrtem Farbeffekt. Unten rechts: Intarsienparkett aus dem Millionenzimmer mit netzförmigem Muster aus verschiedenen Holzarten.

Oben: Die 1767 erstmals erwähnte Wandvertäfelung des Millionenzimmers ist aus
der seltenen Holzart Ficatin hergestellt (Rosazeengewächs, Guayana und Antillen);
nach ihr hieß der Raum auch Feketinzimmer. In die Vertäfelung sind
60 symmetrische und asymmetrische goldgerahmte Kartuschen mit 260 indischen
Miniaturen vom Ende des 17. Jahrhunderts eingelassen. Der Überlieferung nach
ließ sie Kaiserin Maria Theresia aus Konstantinopel nach Wien in dieses
Audienzzimmer bringen. Gegenüberliegende Seite: Brokatbezogene Sitzgruppe und
Spiegel im Millionenzimmer. Links dahinter eine Portraitbüste der 16jährigen
Marie Antoinette von Giuseppe Ceracci.

Oben: Rokoko-Sitzgruppe aus dem Blauen Chinesischen Salon. Hier, im früheren Audienzzimmer der Kaiser, fand 1918 die Übergabe der Regierungsgeschäfte durch Kaiser Karl I. an die Vertreter der Republik statt. Gegenüberliegende Seite: Der Spiegel aus dem Blauen Chinesischen Salon zeichnet sich durch reich ornamentierte Umrahmungen mit Girandolen aus.

Oben: Blick in die Kleine Galerie, den Repräsentationsraum für Diners, kleinere Festlichkeiten, etc. Die Innenausstattung stammt von Albert Bolla, das Deckengemälde allegorischen Inhalts (1759) von Gregor Guglielmi. Unten: Portraitbüste aus Carraramarmor der Marie Karoline, Königin von Neapel und beider Sizilien, in der Kleinen Galerie.

bezahlte alles und jedes aus eigener Tasche, und als ihr die Lieferfirmen kein Baumaterial mehr auf Kredit geben wollten, verkaufte sie Dorf und Herrschaft Strebersdorf, und beinahe hätte sie auch noch Kierling und Langenlebarn veräußern müssen, um Schönbrunn zu vollenden. Und was den Krieg anging, so war sie 1758 nahe daran, ihre gesamten Juwelen zu opfern. Ein Reichshofratsagent hatte ihr bereits mehrere Millionen dafür geboten, aber sie mißtraute ihm und wollte, daß man „den Schwab jubilier" in die Verhandlungen einschalte, „er kennt am besten mein Geschmuck... ich bin allzeit bereit, selben herzugeben". Ihr heißgeliebter Herr Gemahl, Franz Stephan von Lothringen, der durch Privatgeschäfte von Jahr zu Jahr finanzkräftiger wurde, ein steinreicher Mann, hatte für den Umbau des Schlosses keinen roten Heller übrig, obwohl ihm Schönbrunn als Buen Retiro behagte. Aber er dachte ja lange Zeit auch nicht daran, sich an der Sanierung des chronisch kranken Militärbudgets und der Staatsfinanzen zu beteiligen, und als er sich eines Tages doch dazu entschloß, tat er es nur in Form gut verzinslicher Darlehen. Dafür belieferte er in Kriegszeiten seelenruhig den Todfeind der eigenen Frau. Doch davon später.

Die Wasserversorgung machte auch während Maria Theresias Regierung den Verantwortlichen viel zu schaffen, da die Ausgestaltung des Parks und die Anlage der Menagerie immer größere Wassermengen erforderten, die Kapazität der Wasserwerke jedoch zusehens absank. Der Katterburg-Mühlbach am linken Wienufer aus dem sechzehnten Jahrhundert war zugeschüttet, die Holzrinne über das Flußbett abgetragen. Ein vom Lainzerbach abgezweigter Mühlbach, der über den Hietzinger Platz durch die spätere Lichte Allee in den Park eintrat, die Bassins im Kammergarten füllte, zum Meidlinger Tor weiterlief, dort abschwenkte und sich in die Wien ergoß (1849 mußte man das Gerinne wegen seines „abscheulichen Gestanks" auf Bürgerwunsch stillegen), war wenig ergiebig und für den steigenden Bedarf ebenso unverläßlich wie der 1685 angelegte, zweihundert Klafter lange Wassergraben, der von Penzing her den Mühlbach verstärken sollte. Die Lage besserte sich erst gegen Ende des Jahrhunderts, als der Gärtner Richard van der Schot im Lainzer Tiergarten ein großes Reservoir anlegen ließ, um alles Regenwasser mittels einer 4300 Meter langen Holzrohrleitung von der Hermesstraße her über den Fasangarten auf den Gipfel des Schönbrunner Berges zu bringen. Damit, so meinte er, sei die Misere „ein für allemal" behoben. Das Wasser wurde in den Gloriette-

Teichen gesammelt und in den Park, die Gärtnereien und den Zoo hinabgeleitet. –

In den vierziger Jahren entstanden jene Verbindungsarkaden zwischen den charmanten Terrassenkabinetten und den beiden Kavalierstrakten, deren östlicher seit dem Ende des vorigen Jahrhunderts Valerietrakt heißt, weil hier die jüngste Tochter Kaiser Franz Josephs nach ihrer Verehelichung wohnte. Die Verbindungsarkaden, durch welche die asphaltierte Fahrstraße läuft, haben mit ihrer südlich wirkenden Luftigkeit dem Ehrenhof einen weiteren belebenden Akzent hinzugefügt.

Die Kavalierstrakte waren zu Josephs I. Zeit durch Säulen und ovale Fenster viel imposanter, viel barocker gestaltet, Pacassi hat ihnen ein weit schlichteres Aussehen gegeben. Wie zum Ausgleich versah er dafür die ehrenhofseitigen Fronten der beiden Seitenflügel des Schlosses, die bis dahin mit ihrem einen Tor in der gequaderten Sockelmauer etwas Festungsartiges gehabt hatten, mit zwei zusätzlichen, flankierenden Pforten und verlängerte den Balkon darüber auf die Breite der neuen, auflockernden Trias.

Die Schloßkapelle im linken Eckrisalit des Ehrenhofes, dem Gegenstück zum Risalit des einstigen Speisesaales, heute Blaue Stiege, mußte, entsprechend dem frommen Sinn der Hausherrin, möglichst bald in Angriff genommen werden (1744). Pacassi gab dem hohen, bis dahin ziemlich einfachen Kirchenraum ein leicht klassizistisches Gepräge. Für Dekor und Einrichtung berief er hervorragende Künstler. So schuf Raphael Donner die Dreifaltigkeitsgruppe über dem Hochaltar und die vergoldete Tabernakeltür mit der Pietà. Sein Schüler Franz Kohl schnitzte den Hochaltar und die zwei Seitenaltäre. Paul Troger malte das Hochaltarblatt, eine „Vermählung Mariens". Daniel Gran, der Kaiserin wie schon ihrem verstorbenen Vater geistig besonders nahestehend, schuf das Deckenfresko mit den drei Frauen, deren eine, Maria Magdalena, die Züge Maria Theresias trägt. Ein großer Engel mit einem Salbgefäß in den Händen steht zu ihrer Rechten.

Schon am 29. April 1745 wurde die Schloßkapelle durch den Kardinal-Erzbischof von Wien, Sigismund Graf Kollonitz, neu geweiht, obwohl ringsumher „villes anoch in würklicher Bau Zurichtung begriffen war". Das Weihedokument wird in der Sakristei aufbewahrt (die einst exempte, dem Hofbischof unterstellte Schloßkapelle ist heute ein selbständiger Seelsorgeplatz); auch ein Gipsabguß vom Inschriftrand der Glocke ist dort zu sehen, die volle zweihundert Jahre hindurch von der Balustrade herab die Gläubigen gerufen hat, bis sie dem Metallhunger des Zweiten

Weltkrieges zum Opfer fiel: 1941 hat man sie abmontiert und eingeschmolzen. Unter Maria Theresia bekam die Kapelle zur Orgelempore noch drei Ränge hinzu, der großen Familie wegen. Jahrzehnte vorher, im Jahre 1707, als die Kapelle noch sehr bescheiden ausgestattet war, wurde hier König Karl III. von Spanien, der spätere Kaiser Karl VI., mit Maria Theresias Mutter, Elisabeth Christine von Braunschweig-Wolfenbüttel, getraut; Joseph I. vertrat dabei die Stelle seines noch in Spanien weilenden Bruders.

Das damals übliche Trauversprechen hatte sich das hohe Paar zuvor in der Hietzinger Pfarrkirche gegeben. Diesem idyllischen Gotteshaus, einer alten Wallfahrtskirche, gab Maria Theresia bald den Vorzug vor der Schloßkapelle, es wurde ihr erklärter, stets generös geförderter Liebling. Weilte sie in Schönbrunn, dann mußte man sie jeden Morgen dorthin zur Frühmesse kutschieren. Schließlich ließ sie sich vom Gartenstöckl am sogenannten Schlosserhof in Stockhöhe einen eigenen Übergang in das Kirchenschiff bauen, durch den sie bequem vom Park aus in ihr Oratorium gelangen konnte. Das schwibbogenartige Gebilde besteht noch und trägt einiges zu der heimeligen, altertümelnden Stimmung bei, die den umfängt, der die Hietzinger Pfarrkirche an der Hinterseite umschreitet.

Blick in das Innere der Schloßkapelle. Der Altar stammt von Franz Kohl, einem Schüler Raphael Donners, das Altargemälde von Paul Troger.

Die Kapellenstiege hinter der Schloßkapelle, in franzisko-josephinischer Zeit Sophienstiege genannt, weil sie zu den Gemächern der Eltern Kaiser Franz Josephs führte, ist ebenso ein Werk Pacassis wie die beiden Weißen Stiegen im Westflügel, die Ovalstiege im Mitteltrakt und natürlich die Blaue Stiege: er hatte fast alle Stiegen Fischer von Erlachs demontieren und durch andere an ganz anderen Stellen ersetzen lassen.

In Verbindung mit der Umgestaltung der nördlichen Freitreppe und der Schaffung einer Durchfahrt zum Garten entstand als eines der ersten vollendeten, weil für die Beweglichkeit der Transporte wichtigsten Objekte das Vestibül, wo heute zwei sehr ausdrucksvolle Bronzeplastiken aus der Ära Josephs I. den Blick auf sich ziehen: links ein Herkules im Kampf mit dem Nemeischen Löwen, rechts als Überwinder des Drachen vor dem Hesperidengarten. Schöpfer dieser um 1600 entstandenen Renaissance-Bildwerke war der Flame Adriaen de Vries. Die beiden Gruppen haben vor Pacassis Umbau die Öfen im Kleinen und Großen Saal geziert, sie gehörten einst dem Prinzen Eugen und waren möglicherweise ein Geschenk des Savoyers an seinen Schüler und Kaiser.

Obwohl die Halle nach rein praktischen Gesichtspunkten konzipiert wurde, ist sie ästhetisch überaus geglückt. Sie vermittelt die Atmosphäre der Sockelzone, die seit Einbeziehung ihrer gequaderten Fassaden ins allgemeine Gelb des Schlosses nach außenhin nicht mehr so typisch, so streng und kontrastierend in Erscheinung tritt wie um 1700. Die Nüchternheit dieser Durchfahrt bringt das Harmonische ihrer Gliederung (auch hier eine logenartige Verengung südwärts!) angenehm ungestört zur Geltung. Trotz der geringen Höhe ihrer Flachgewölbe wirkt sie nicht drückend, man fühlt sich wohl, fühlt sich freundlich aufgenommen. Dabei ist ihre Funktion doch nur die eines Verteilers: rechts geht es zur Blauen, links zur Kapellenstiege, geradeaus in den Park; aber ein Baukünstler wie Pacassi konnte eben auch aus einem simplen Vorhaus, einer Ein- und Durchfahrt, etwas Besonderes machen. Hier konnten die Kaiserin, ihre Angehörigen und Besucher bei Regenwetter trockenen Fußes die Kutschen besteigen, der feierliche „Hervorgang" nach einem Wochenbett nahm seinen Weg durch diesen einfachen, langgestreckten, zweifarbig hell getünchten Raum, den die Hausfrau funktionell erhöhte, als sie die gartenseitigen Wände mit (heute nicht mehr vorhandenen) Malereien ausziern ließ und sich hier eine „Sala terrena" schuf. Als der Nobelstock Baustelle war und noch kein repräsentativer Saal zur Verfügung stand, ließ Maria Theresia in diesem adaptierten Teil der Durchfahrt 1744 die Tafel für die Geburtstagsfeier ihrer Mutter, der Kaiserinwitwe, decken. Es blieb nicht das letzte Galamahl an diesem Ort. Ja, die Kaiserin hielt im Sommer Konferenzen mit ihren Beratern, Diplomaten und Militärs in der „Sala terrena" ab, weil es hier, wie jeder sich überzeugen kann, ständig zieht, auch an schwülen Tagen, und Maria Theresia, vollblütig wie sie war, ein solches Klima schätzte. Daß bei diesen Beratungen gelegentlich Arbeiter mit ihren Schubkarren, mit Handwerkzeug, Brettern, Pfosten usw. durch die Einfahrt kamen, störte die Monarchin in keiner Weise, es war alles erstaunlich familiär geworden.

Wie die alten Griechen ihre Stoa liebten, die lange, säulenreiche, schattige Wandelhalle, so liebte Maria Theresia die kühlen Wandelgänge der beschnittenen Alleen, wo sie ebenfalls gerne zu amtieren pflegte. Sie hatte sich zu diesem Zweck eine Schreibplatte konstruieren lassen, die an den Bauchladen der Hausierer erinnerte. Diesen transportablen „Sekretär" schnallte sie sich um den Leib, ein um den Hals gelegtes Band hielt ihn in der Waagrechten, für das Tintenfaß gab es eine Vertiefung, und nun konnte sie bequem im Aufundabgehen Aktenstücke studieren, sie mit ihrem „placet" versehen oder sie verwerfen, konnte Briefe schreiben oder auch ein Buch lesen. Während eines solchen Arbeitsspazierganges zu Pfingsten war es auch, daß sie plötzlich einen Hofsängerknaben entdeckte, der auf einem Maurergerüst an der Schloßwand in ziemlicher Höhe herumkraxelte. Zu Tode erschrocken und zornig, weil sie den uniformierten singenden Engeln diesen Unfug schon tags zuvor verboten hatte, befahl die Kaiserin dem Buben, augenblicklich herabzusteigen. Kaum war der kleine Sänger, er hieß Joseph Haydn, dreizehn Jahre alt, wieder auf fester Erde, da hatte er auch schon eine allerhöchste Ohrfeige im erhitzten Gesicht sitzen. Eine andere, „gereinigte" Version der Geschichte behauptet, Maria Theresia habe dem Knaben durch einen herbeigerufenen Lakaien einen „recenten Schilling", das heißt eine Tracht Prügel, verabreichen lassen, doch dürfte die spontane mütterliche Reaktion der historischen Wahrheit näher kommen.

Anschließend an die „Sala terrena" erstreckt sich bis in den Osttrakt am Kronprinzengarten eine Reihe ebenerdiger Räume, aus denen man durch Fenstertüren, die mit Jalousien verschließbar sind, ins Freie treten kann. Hier war es an heißen Tagen durch die Bodennähe und bei geschlossenen Läden ebenfalls

angenehm kühl. Nicht nur Dienststellen, Kavaliere und Hofdamen wurden hier gelegentlich eingewiesen, auch von den jungen Herrschaften haben einige während des Sommers hier gewohnt. Zeitweilig auch Kronprinz Joseph.

Einen Teil dieser Zimmerflucht, zu der der sogenannte „Turnsaal" gehört, ein tpyischer Weiß-Gold-Raum, hat die Kaiserin zwischen 1769 und 1777 durch Johann Bergl, Schöpfer der Deckenfresken im Lesesaal der Hofbibliothek und zahlloser anderer, über die ganze Monarchie verstreuter Werke, mit Wandgemälden ausschmücken lassen, und zwar totaliter: Hier wurde, wenn auch in äußerst künstlicher Drapierung und architektonischer Steigerung, die Natur ins Haus geholt, und wer hier logierte oder, wie der Kronprinz manchmal nach einer Jagd, seine Gäste bewirtete, der fand sich sozusagen immer noch im Freien. Die Wände verleugnen sich, lösen sich in eine einzige Landschaft auf, in der Marmorschlösser mit Kolonnaden und Springbrunnen stehen, in der Hauptsache aber großartige exotische Parkprospekte mit Hecken und Treillagen. Dazwischen eröffnen sich zahlreiche Ausblicke auf das offene Meer, in verblauende Fernen. In einem der Gärten sitzt über scheinbar zwanglos gruppierten Rosen und üppigen Tropenfrüchten ein Pfau auf einer

Herkules, den Nemeischen Löwen bezwingend. Bronzeplastik von Adriaen de Vries in der Durchfahrtshalle des Schlosses.

51

Details aus den Fresken der Bergl-Zimmer.

massiv vergoldeten Alabastervase, wie ein noch so aristokratischer Garten kaum je eine beherbergt haben dürfte. Zweimal begegnet man den unvermeidlichen Requisiten der reizenden Gärtnerin und Herrin: Rechen, Gießkanne, Sonnenhut. An anderer Stelle dieser „indianischen Zimmer", wie man sie in der Zeit nannte, begegnet man zwei frei stehenden Ziertoren mit großen Vasen über dem Sturz. Dahinter wiegen sich Palmen und Zypressen, und ein paradiesischer Fluß schlängelt sich dahin, mit einem Schwan auf den Wellen. Ein Dutzend Motive rundum, und alle huldigen sie dem Naturprediger und Gesellschaftsheiligen der Epoche, Herrn Jean-Jacques Rousseau, auf eine merkwürdige, unverkennbar pompejanische Manier.

Mitten in dieser Bildpracht steht, neben einigen entzückend einfachen, schlanken Rokoko-Öfchen, ein Baumofen in Gestalt eines ganz zu Gold erstarrten, sich mühsam naturalistisch gebärdenden Stammes mit nistenden Singvögeln und einem Eichhörnchen. (Die Bergl-Fresken wurden 1891 unter einer Wandbespannung entdeckt, sie waren durch Generationen vergessen gewesen. Nach dem Zweiten Weltkrieg hat man sie restauriert und der Öffentlichkeit zugänglich gemacht.)

Maria Theresias Vorliebe für kühles Klima bestimmte auch die Wahl ihres Arbeitszimmers. Zwar wird dem Besucher das sonnige gartenseitige Porzellanzimmer als „Spiel- und Arbeitskabinett" der Monar-

chin vorgestellt; aber die seriöse, die harte Regierungsarbeit verrichtete die Hausfrau drüben im schattigeren Westflügel in einem Zimmerchen oberhalb des so hinreißend intimen, sich bis nach Hietzing erstreckenden Kammergartens. Hier arbeitete sie bei – meist auch im Spätherbst, ja gelegentlich auch im Winter – offenen Fenstern. Und wenn Sohn und Mitregent Joseph an der Erledigung der täglichen Geschäfte teilnahm, saß er nicht selten in Pelz und Pelzhaube seiner stets unter leichten Wallungen leidenden Mutter gegenüber. Die Fenster blieben unerbittlich geöffnet; nur wenn der empfindliche Kanzler Kaunitz erschien, durften sie geschlossen werden.

Pacassis Umbau machte selbst für moderne Begriffe stürmische Fortschritte. Im Mai 1745 wurde im hohen Quersaal zum letztenmal getanzt, im Frühling des folgenden Jahres war der Zeremoniensaal „an der Capellen" fertig, im Herbst die Große und die Kleine Galerie samt dem Ovalen Chinesischen Kabinett. Am 15. Oktober 1746 übersiedelte das Kaiserpaar aus dem Westtrakt in den nach Sonnenaufgang schauenden Meidlinger Flügel. Was sich dabei zutrug, erzählt Fred Hennings mit reizvoller Anschaulichkeit. Gleichsam als exponierender Auftakt kommt zuerst die Feststellung, daß Franz Stephan „gegen die vertrautesten Ratgeber seiner Gattin, den Staatskanzler Fürsten Kaunitz und den Gewissensberater seiner Frau, den Grafen Sylva-Tarouca, der unter anderem auch das Amt

Detail aus den Fresken der Bergl-Zimmer.

eines Hofbaudirektors innehatte, eine gewisse Eifersucht gehegt hat; nicht etwa als Gatte, sondern als Mann, der in Kenntnis seiner eigenen Einflußlosigkeit den anderen ihren Einfluß neidete". Dann fährt Hennings fort: "Noch war der Ostflügel nicht fertiggestellt, und schon ließ Maria Theresia ganz im geheimen das neue gemeinsame Schlafzimmer herrichten, um Franz Stephan damit zu überraschen. Spätnachts aus der Stadt zurückgekehrt, nahm sie den Gatten an der Hand und zerrte den Erstaunten durch endlose Säle und Zimmerfluchten in das neue Nest. Alles war noch feucht und kalt, voller Rauch und unbequem. Da begann Franz Stephan fürchterlich zu toben und schimpfte auf den Herrn Baudirektor, den er für alles verantwortlich machte. Auch am nächsten Morgen war er noch nicht beruhigt und sagte dem Grafen Sylva-Tarouca unverblümt seine Meinung. Gekränkt und beleidigt, reichte dieser seine Entlassung ein. ,Allein die Sache ward wiederum beigelegt, zumal die Kaiserin selbst bekennen mußte, daß sie mehr als Tarouca an der üblen Austeilung schuldig wäre', weiß Khevenhüller (in seinem Tagebuch) zu berichten."

Ein anderer, nicht weniger gut informierter Chronist, der sächsische Gesandte Heinrich Graf Podewils, gibt eine eheliche Episode zum besten, die nicht so glimpflich ablief wie die durch Maria Theresias verliebte Voreiligkeit heraufbeschworene Schlafzimmerszene. Franz Stephan hatte sich gegenüber dem be-

freundeten lothringischen Oberst Rosières über die bisweilen mehr als "resche", demütigende Behandlung durch die eigene Gattin beklagt, worauf Rosières, offenbar ein Kenner der weiblichen Psyche, sich zu bemerken erkühnte: "Sire, erlauben Sie mir zu sagen, daß Sie die Kaiserin falsch behandeln. Wenn ich an Ihrer Stelle wäre, würde ich sie wohl zwingen, sich mit mir besser zu stellen, und ich würde sie so schmiegsam wie einen Handschuh bekommen." Als der Kaiser wissen wollte, was er denn nach Rosières' Meinung zu tun hätte, antwortete dieser: "Ich würde getrennt schlafen. Glauben Sie mir, daß sie Sie auf diese Art liebt und Sie so alles bei ihr erreichen können." – Der um alle Ecken und Enden kursierende Hoftratsch, dem Männer wie Khevenhüller oder Podewils schließlich ein Gutteil ihres umfangreichen Tagebuchmaterials verdankten, hinterbrachte Rosières' Therapievorschlag prompt der Kaiserin, "die diesen Offizier nun so verfolgte", daß ihm nichts übrigblieb, als den Dienst zu quittieren. Es nützte ihm nichts, daß Franz Stephan "alles in der Welt versuchte, ihn dazubehalten", der Kaiser mußte ihn selber bitten, ihm das Freundschaftsopfer zu bringen und seinen Abschied zu nehmen.

Um 1749 war die Hauptarbeit so weit geleistet, daß man im Schloß wie im Garten Staatsaktionen, Idyllen und Pastorellen im Geiste der "Rückkehr zur Natur", aber auch schon größere Feste veranstalten konnte. Doch mußte, wie gesagt, an verschiedenen Punkten noch zwei Jahrzehnte lang weitergearbeitet werden; die flachen Gewölbe der beiden Galerien waren 1756 fertig, 1763 erst konnte Gregorio Guglielmi die Deckengemälde vollenden. Als im Westflügel, wo Maria Theresias Söhne ihr Stammlogis hatten, schwere Schäden auftraten, die man nur durch Einziehen neuer Gewölbe und Dippelbaumdecken beheben konnte, mußten die Erzherzöge Joseph, Karl und Leopold in das Schloß Hetzendorf übersiedeln und dort das Ende der Instandsetzung abwarten. Um 1767 endlich baute Hohenberg im Ostflügel, nahe der Kapelle, seine "künstliche Maschin", einen Lift mit Handantrieb zur Beförderung von Menschen, Speisen und Wirtschaftsgütern. Eine Person konnte "durch ein einziges Rad" zehn Leute vom Erdboden bis ins oberste Geschoß befördern. Erst 1939 verschwanden die letzten Originalteile dieser einst vielbestaunten Konstruktion aus dem nach ihr benannten Maschinenhof. Heute ist dort ein moderner Lastenaufzug.

Als Nikolaus Pacassi 1743 den Umbau übertragen bekam, war er siebenundzwanzig Jahre alt. Obwohl ihm Emanuel Graf Sylva-Tarouca – sein voller Name

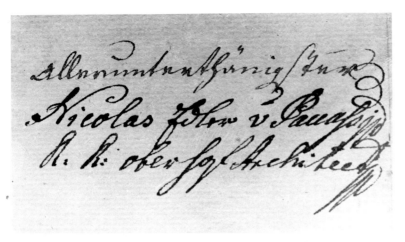

Unterschrift des „k. k. Oberhof-Architecten" Nikolaus Pacassi, der sich seit seiner Erhebung in den erblichen Adelsstand 1764 Edler von Pacassi nannte.

lautete Don Manoel Tellez de Menezes e Castro, Herzog von Sylva, Graf von Tarouca – als „General-Hofbaudirektor" vorgesetzt war, schaltete und waltete er souverän. Maria Theresia schätzte ihren Pacassi sehr hoch, nahm ihn gegen alle Neider in Schutz und ließ ihm viel Freiheit. Was ihr an ihm besonders gefiel, war neben seinem Ideenreichtum die „Geschwindigkeit im exoquieren", die allerdings dazu führte, daß in Schönbrunn oft buchstäblich nicht alles Gold war, was glänzte. Die Pilasterkapitelle im Treppenhaus der Blauen Stiege waren aus Kohle, Draht und Gips gebastelt; sie mußten bald durch solidere aus Stucco lustro ersetzt werden. Von ähnlich minderer Qualität war auch die große Treppe an der Gartenseite, die nach sechs Jahren beinahe einstürzte, und die Holzgurten über der Blauen Stiege waren um kein Haar gediegener, auch sie mußte man auswechseln.

Pacassi, dessen gewaltiges Lebenswerk sich nicht nur auf Schönbrunn und Wien, sondern auch auf Kärnten, Tirol, Preßburg, Prag, Mailand und seinen Heimatort Wiener Neustadt erstreckte, wurde 1764 in den erblichen Adelsstand erhoben und war für den Rest seines arbeitsreichen Lebens ein „Ritter von". Die Nobilitations-Urkunde, die Maria Theresia dem „Herrn Ober-Hofarchitekten Nicolas Paccahsi" ausstellen ließ, verrät, daß er auch über bedeutende technisch-kommerzielle Talente verfügte, die dem praktischen, haushälterischen Sinn der gekrönten Frau nicht weniger willkommen waren als seine künstlerische Begabung. Es heißt dort: „. . . wie er denn um Uns und Unser Königlich und Erz-Herzogliches Haus vor anderen dadurch sich ganz besonders verdient gemachet, dass er nicht allein der erste hierlands den Gebrauch der Kleinkohlen eingeführet, womit aber dem gemeinen Wesen durch ersparung des Brennholzes einen nicht geringen alljährlichen Vortheil zugewendet, sondern

auch alleiniger Urheber der Ausfindigmachung und Erzeugung des Gips in hiesig Unserem Erz-Herzogthum Österreich unter der Enns gewesen, wodurch ebenfalls alle Jahre viele Tausend Gulden mehr zum Nutzen und Vortheil Unserer gehorsamster Unterthanen im Land verblieben." Das ihm zugleich verliehene Wappen verkündet freilich nur den Baumeister Pacassi. Der darauf bezügliche Text erwähnt zwei „in die Höhe fliegende gelb- oder goldfarbene Lerchen" in einem prächtigen geteilten Schild, den „unten oben in der Mitte ein von Mauerwerk ausgeführtes Castell oder Thurm oben mit zwejen Zinnen" beherrscht.

Mit der Zeit erregte Pacassi durch seinen wachsenden, offen zur Schau getragenen Hochmut Ärgernis, so daß man ihn 1772 vom Dienst enthob. 1775 folgte ihm als Hofarchitekt Ferdinand Hetzendorfer, schon 1766 nobilitiert zu Hetzendorf von Hohenberg, seit 1776 Wirklicher Hofarchitekt. Der aus der Oberpfalz stammende hochbegabte Baumeister war schon seit geraumer Zeit zum Konkurrenten Pacassis auf Wiener Boden herangereift. Er brachte in seine Schöpfungen ein malerisches Element hinein, was sich später bei der Ausgestaltung des Schönbrunner Parks sehr vorteilhaft auswirkte.

Pacassi mehr bei- als übergeordnet war (bis 1750) der „Hofbaukontrollor" oder „Baubegeher" Ignatius von Valmagini, gleichfalls ein Günstling der kaiserlichen Familie. Seine Gattin und deren Schwestern hatten sich 1744 in der noch halbfertigen Großen Galerie als Sängerinnen produziert. Valmagini bezog das nämliche Gehalt wie Pacassi, 4000 Gulden jährlich. Er hatte die „Sachen der Lieferung und Erfordernisse" über, war also für den wirtschaftlichen Teil der Bauarbeiten verantwortlich. Damals galt nicht nur der Künstler etwas, der Manager war genauso hoch geachtet, sie bildeten miteinander ein echtes Team. Bei Valmagini kam noch hinzu, daß er selbst ein begabter Architekt war und für Schönbrunn einige eigene Entwürfe beisteuerte, sie auch selber ausführte.

Valmagini wurde 1750 durch den Lothringer Nicolas Jadot abgelöst, Franz Stephans Lieblingsarchitekten. Jadot, durch Pacassis Mißgunst in Intrigen verwickelt, setzte sich schon 1753 nach Brüssel ab. In Wien hatte er die Universitätsaula, die Redoutensäle und die Botschafterstiege in der Hofburg, die Maria-Theresien-Gruft in der Kapuzinerkirche, in Schönbrunn den Kammer- und den Kronprinzengarten geschaffen sowie die Bauten der Menagerie.

Ein Streiflicht auf die Entlohnung der Architekten, zu deren Honoraren man, wie schon zu Fischer von

Erlachs Zeiten, immer gelegentliche Aufbesserungen in Gestalt von goldenen Tabaksdosen, Schmuckstücken, Ringen, Salz, Brennholz, nicht zu vergessen die stets freie Wohnung hinzurechnen muß, trägt einiges zur Bereicherung des damaligen Lebensbildes bei. Nikolaus Pacassi erhielt von 1745 bis 1760 einen Gulden täglich, ab dann die erwähnten 4000 Gulden Jahresgehalt. Hohenberg bekam 1772 als neuer Hofarchitekt nur 800 Gulden jährlich, ab 1776 auch nur 1500, Pacassi und Valmagini blieben also, wie man heutzutage zu sagen pflegt, einsame Spitze. Denn auch Fischer von Erlach bekam Anno 1705 nur 1100 Gulden und erreichte ein Höchsthonorar von 2500. Wozu bemerkt werden muß, daß die Währungen trotz der unruhigen Zeiten – Spanischer und Österreichischer Erbfolgekrieg, Schlesische Kriege, Siebenjähriger Krieg – über Jahrzehnte hinweg immer noch annähernd vergleichbar blieben. Und wer eine kleine Rechenaufgabe nicht scheut, um sich von diesen Einkommensverhältnissen ein klareres Bild zu machen, der nehme als Ansatz die Kaufkraft des Guldens beziehungsweise der 60 Kreuzer, aus denen er bestand. Für 54 Kreuzer konnte man hundert Eier einhandeln, für 7 Kreuzer ein Liter Wein, für nur 5 ein Pfund Fleisch, das ist ein halbes Kilogramm. Der Handwerker bekam 18 bis 21 Kreuzer im Tag, ein Volksschullehrer 30 Gulden jährlich, ein Koch in der Hofküche 40, ein von der Stadt besoldeter Arzt (Bürgerspital) 250 Gulden im Jahr, der Pfarrer 450. Man sieht, es ließ sich als Architekt – und sicherlich auch als Maler, Bildhauer, Stukkateur, Kunsttischler, Gartengestalter usw. – recht auskömmlich leben.

Von den Schauräumen, die dem Besucher von heute offenstehen, ist ein rundes Dutzend von mehr oder weniger starken Nachklängen aus Maria Theresias Tagen oder direkten Objektbezügen zu jener Epoche erfüllt, obwohl Schönbrunn auch in den Jahrhunderten nach der großen Hausfrau ständig von der kaiserlichen Familie bewohnt, verändert, adaptiert und anders eingerichtet wurde. Für das Herrscherhaus war es ein Domizil wie andere auch, eben die Sommerresidenz, wobei dieser Sommer nicht immer mit der kalendarischen Jahreszeit korrespondierte, oft im frühen Frühling begann und sich bis in den Spätherbst ausdehnte. Schon zu Maria Theresias Zeit war Schönbrunn mitunter einfach eine zweite Hofburg, und das blieb so bis zu Kaiser Franz Josephs Tod.

Eines aber wurde in den wesentlichen maria-theresianischen Räumlichkeiten so gut wie nicht verändert: die Decken mit ihren Malereien, die wertvolleren Tapisserien und die großen Gemälde samt anderem Wand-

schmuck, zum Beispiel aus Glas oder Porzellan. Von den ursprünglichen Fußböden aus Tafelparketten von verschiedenen Holzarten sind noch Reste vorhanden; die Intarsienböden wurden erst um 1890 gelegt. Außerhalb der Repräsentationsräume gab es in Schönbrunn nur gewöhnliche Holzböden oder Steinplatten.

Ehe man sich auf die Wanderung durch die Zimmer und Säle Maria Theresias begibt, sollte man einen kurzen Blick auf zwei alltägliche Bedürfnisse werfen, die bei großräumigen Gemächern zum Problem werden können: Beheizung und Beleuchtung.

Die Räume hatten alle Öfen, teils ältere barocke, teils die verspielten, reich verschnörkelten des Rokoko, mit viel Gold im Dekor. Beheizt wurden sie, um die Herrschaft nicht zu belästigen, von außen, von einer unsichtbar angebauten Heizkammer aus oder mittels einer Leiter, auf der man im Heizgang zum Ofenloch hinaufsteigen konnte. Heizmaterial waren bis zur Mitte des vorigen Jahrhunderts ausschließlich Buchen- oder Fichtenscheite. Beleuchtet wurde das Schloß bei Festivitäten von oft gewaltigen Mengen Wachskerzen an den Lustern, die noch alle aus Bergkristall waren, an Appliken oder Traggirandolen. Die Kerzen schwelten, tropften und verursachten neben hohen Kosten viel Mühe und Sorgen. Bei den Vorbereitungen für Bälle und andere größere Zusammenkünfte wurden zur Armierung der Beleuchtungskörper nicht selten auch die Herren Hofkavaliere eingespannt, die Lakaien schafften es allein nicht immer. Die Brenndauer einer Wachskerze ist ziemlich begrenzt, und wenn alle heruntergebrannt waren, war damit auch das Fest zu Ende, worauf im Schloß Nacht- und Bettruhe einzutreten hatten. War es aber „gar zu schön" und „viel zu kurz" gewesen, so daß die tanz- und musizierfreudige Jugend zu betteln begann, dann mußten eben die Kavaliere, aber auch die jungen Erzherzöge einträchtig mit der Dienerschaft frische Kerzen aufstecken. Waren die Tüllen wieder gefüllt und die Dochte entzündet, so konnte die Lustbarkeit noch ein Stündlein oder zwei weitergehen. Sehr hell war es in einem Saal auch bei Hunderten Flammen nicht, woraus sich die Rolle der vielen großen Spiegel ergibt. Und da von der Kerzenmisere auch das Theater betroffen war, sorgte ein richtiger Hofpoet stets dafür, daß seine Stücke kurz genug ausfielen, damit man in den Pausen dazwischen die Lichter schneuzen oder ersetzen konnte.

Ins geistige Zentrum der Epoche wie des Schlosses führt das dreiteilige Deckengemälde in der 1500 Personen fassenden Großen Galerie, die schon allein durch „die zahlreichen Varianten ihrer Rocaillen und

55

den Rhythmus der kannelierten Pilaster, Supraporten und schwebenden Konsolen in der Gebälkzone" ein Festspiel an Bewegtheit bietet, das die Wände als Raumbegrenzungen auflöst. Gregor Guglielmi hat das kongeniale, himmeloffene Fresko 1761 vollendet. Um sein Programm zu verstehen, empfiehlt es sich, ein anderes Deckengemälde zum Vergleich heranzuziehen, das Daniel Gran zwölf Jahre vorher im Kuppelsaal des Stiftes Klosterneuburg schuf. Obwohl es bereits die Vereinigung Maria Theresias mit Franz Stephan durch den Ehegott feiert, ist es noch vom Geist Karls VI. erfüllt, der ganz im Numen einer sakralen Staatsidee lebte. Gran hat sein Programm schriftlich niedergelegt, es tadelt die „räuberischen Harpien, welche der rechtmäßigen Erbin die Thronfolge bestreiten wollen", womit er alle jene trifft, die nach 1740 über Habsburg herfielen, um ihm den Garaus zu machen. Aber das Diadem, „welches durch dreihundert Jahre bei Österreich war, zwar kurz von demselben gewichen", ist zurückgekehrt. Nicht daß die junge Herrscherin sich von dem heiligen Auftrag abgewendet hätte, den die Krone für ihren Vater bedeutet hatte, aber sie spürte doch, daß die Zeitläufte sich änderten, und ihre intensive Hinwendung zum moderneren, mehr irdisch weltoffenen Schönbrunn und seinem Park als Residenz – ihr Vater hatte es ja links liegengelassen – bekommt, so betrachtet, den Wert eines Realsymbols.

Dem Deckengemälde Guglielmis in der Großen Galerie war die Deckenmalerei der Kleinen vorangegangen (1759); sie feiert das „milde Regiment" der Kaiserin. Die Allegorie ist, wie Rupert Feuchtmüller bemerkt, „noch konservativ, wird jedoch in der szenischen Darstellung durchaus nicht nur von den abstrakten Figuren getragen. Die Überreichung von Herzoghut und Kaiserkrone durch einen Heros umgibt die porträtähnlich gemalte, in den Wolken schwebende

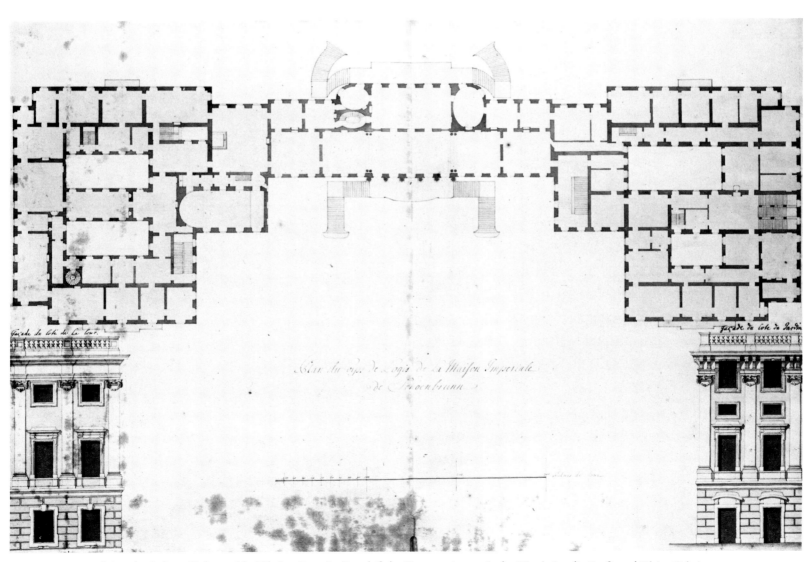

Später abgeändertes Umbauprojekt Nikolaus Pacassis; Grundriß des Hauptgeschosses. In der Mittelachse die Große und Kleine Galerie.

Kaiserin. Schon darin, in dieser unverhüllten Darstellung, liegt ein großer Unterschied zu den Allegorien des Hochbarock." Die Malerei der Großen Galerie mündet dann vollends in den neuen, der Zeit vorauseilenden Realismus ein, „Schiffe, Warenballen, Mühlräder, Weinpressen und viele andere Realien" repräsentieren in direktem Hinweis Handel, Wandel und Reichtum der Kronländer, kontrastierend dazu stellen sich die – unmittelbar gegenwärtigen! – Ereignisse des Siebenjährigen Krieges mit Lagebesprechung und schießenden Grenadieren vor den „emporgerichteten Blick, dem bis dahin in solchen Deckengemälden überirdisch-glorifizierende Allegorien begegneten . . .''

Vom Fluidum der großen Hausfrau fühlt man sich besonders im Kinderzimmer und im Frühstückszimmer umgeben. Im Kinderzimmer steht jener Louis-Seize-Wandschrank, der als einziges Stück aus dem Besitz der Königin Marie Antoinette aus Versailles nach Schönbrunn gekommen ist; Kaiserin Elisabeth hat ihn eine Zeitlang in ihrem Schloß auf Korfu verwendet: man kann ihn öffnen und dann als Damenschreibtisch gebrauchen. Sein Dekor besteht aus Karyatiden in Goldbronze, aus Wedgwood-Medaillons und Füllungen mit Hinterglasbildern. Seinen Namen hat das Zimmer von den entzückenden Porträts der Erzherzoginnen Maria Christine, der geliebten „Mimi", Marie Antoinette, Maria Karoline, der späteren Königin von Neapel und Sizilien, Maria Amalia, Maria Anna und Maria Elisabeth. Gemeinsam mit einigen von ihnen hat Maria Theresia die vierundzwanzig goldgerahmten Blumenbilder-Kartuschen in Seide auf gelbem Seidengrund gestickt, die das Frühstückszimmer schmücken; auch die beiden Supraporten sind eigenes Erzeugnis.

Weniger familiär ist die Atmosphäre im Spiegelsaal, so benannt nach den zahlreichen Spiegeln, die Pacassi hier anbringen ließ. In diesem Raum hat Maria Theresia ihre Minister vereidigt, wohl auch sonst amtiert oder bei geringeren Anlässen repräsentiert, und hier, so hat man mit einiger Toleranz festgestellt, hier hat sie zum erstenmal den sechsjährigen Wolfgang Amadeus Mozart empfangen und im Kreise ihrer Kinder dem Spiel der kleinen Bubenhände auf dem „Clavecin" gelauscht. Was sich bei dieser Begegnung zutrug, weiß jedes Schulkind. In einem Brief an Lorenz Hagenauer schreibt Vater Leopold Mozart unter dem 16. Oktober 1762: „Sobald es nun bekannt war, daß wir in Wien wären, kam der Befehl, daß wir nach Hofe kommen sollten . . . Nun läßt die Zeit mehr nicht zu, als in Eile zu sagen, daß wir von den Majestäten so außerordentlich gnädig sind aufgenommen worden, daß, wenn ich

Supraporte von Albert Bolla in der Kleinen Galerie, datiert 1761.

es erzählen werde, man es für eine Fabel halten wird. Genug, Wolferl ist der Kaiserin auf den Schoß gesprungen, hat sie um den Hals bekommen und rechtschaffen abgeküßt. Kurz, wir sind von 3 bis 6 Uhr bei ihr gewesen, und der Kaiser kam selbst in das andere Zimmer heraus, mich hineinzuholen, damit ich die Infantin auf der Violine spielen hörte." Dieses „andere Zimmer" könnte das angrenzende (westliche) Balkonzimmer gewesen sein, wo, als hübsche Ergänzung zum Kinderzimmer, die Porträts von nicht weniger als elf der sechzehn Kinder Maria Theresias hängen, alle von Schülern des Hofmalers Martin van Meytens gemalt.

Ein Jahr später, im Sommer 1763, fuhren Vater und Sohn Mozart abermals von Wien nach Schönbrunn hinaus, um zu konzertieren. Nun aber muß der Vater Leopold in seinem Brief vom 12. August an die Mutter gestehen: „Ihre Majestät die Kaiserin war zwar sehr gnädig mit uns, aber allein dies ist auch alles, und ich muß es Dir mündlich zu erzählen auf unsere Rückkunft versparen, denn alles läßt sich nicht schreiben." Das Jahr zuvor hatte der „Geheime Zahlmeister" der Kaiserin den Mozarts hundert Dukaten überbracht, dazu noch zwei Kleider, „eins für den Buben und eines fürs Mädel (Nannerl)".

Diesmal gab es nichts. Aber das dürfte es nicht gewesen sein, was den Vater bekümmerte, sondern vermutlich die spürbare Tatsache, daß Maria Theresia, wie sie einmal gegenüber jemand anderem in beinahe

57

rüden Worten äußerte, deutsche Musik nicht schätzte. Zwar hatten Gluck und Haydn vor ihren Ohren Gnade gefunden, aber auch nicht mehr. Sie billigte Haydn originelle Ideen in der Instrumentation zu, meinte aber, „es ist erst ein Anfang". Aufrichtig geliebt hat sie nur, was aus Italien kam, obwohl sie sonst – im Denken, im Sprechen, im menschlichen Verhalten – alles Deutsche zu pflegen dringend empfahl, vor allem ihren Kindern, wenn eines von ihnen ins Ausland wegheiratete. Erst ihr Sohn Joseph hat Mozart auch in Schönbrunn zu Anerkennung verholfen und hat seine Oper „Der Schauspieldirektor" 1786 aufführen lassen.

Den Übergang vom Mitteltrakt des Schlosses zum Ostflügel bildet der in mattem Weiß gehaltene Zeremoniensaal mit seinem Zierat aus Rocaillen und Festons, seinem Deckenschmuck aus vergoldeten Stuckornamenten und den Trophäen mit Kriegsfahnen, Standarten und Hellebarden an den Gewölbeanläufen, deretwegen der Saal früher den Namen Bataliensaal führte. Ein achtundvierzigflammiger geschnitzter und vergoldeter Kronleuchter hängt von der Decke herab.

Oben: Maria Isabella, Prinzessin von Bourbon-Parma, die erste Gemahlin Josephs II. Unten: Feierlicher Einzug der Prinzessin Isabella von Parma in die Wiener Hofburg am 5. Oktober 1760. Gemälde aus der Schule des Hofmalers Martin van Meytens. Schloß Schönbrunn, Zeremoniensaal.

Dort, wo in der Mitte der Längswand Maria Theresia lebensgroß und mit den Reichsinisignien porträtiert ist, stand einst ein Baldachin. In diesem Saal fanden Hochzeiten, Taufen, Investituren und andere Festlichkeiten politischen wie familiären Charakters statt.

Wer den großen Raum betritt, sieht sich sogleich mit der Liebes- und Ehegeschichte des Kronprinzen Joseph konfrontiert: fünf pompöse, goldgerahmte und in die Wände eingesetzte Ölgemälde erzählen, wie es bei der Hochzeit Josephs mit seiner ersten Frau, der Prinzessin Isabella von Parma, zuging. Es war eine große Liebe, und es war eine noch ganz und gar barocke Feier nach altem spanischem Zeremoniell. Das dem Datum nach erste Bild schildert den Einzug der Braut in die Wiener Hofburg am 5. Oktober 1760, das zweite die Vermählung des Paares in der Augustinerkirche am 6. Oktober, das dritte die am selben Tag stattfindende öffentliche Hochzeitstafel in der Favorita, bei der man von Goldgedecken speiste, das vierte die öffentliche Tafel im Familienkreis am 7. Oktober; hier speiste man auf Silber. Das letzte Gemälde stellt das abschließende Musikfest mit den Jungvermählten am 10. Oktober im Redoutensaal der Hofburg dar.

Bild zwei bis fünf sind inhaltlich-historisch bemerkenswert und anregend, künstlerisch weniger; sie folgen der Tradition malender Hofchronisten der Zeit, zeigen geflissentlich überhöhte Architektur, durchgehend zeremonielle Gruppierung und Gestik. Das *erste* Gemälde aber hat etwas Geniales, hat Schwung, vor allem durch die Unbekümmertheit und Freizügigkeit, mit der der Maler die halbe Wiener Innenstadt von der Augustinerstraße bis zum Graben einfach weggeräumt hat, als wäre hier ein gewaltiger Turnierplatz gewesen. Oben im Hintergrund erscheint, fast impressionistisch dezent gemalt, die Hofburg mit der Bibliothek, dem heutigen Josefsplatz, dem alten Augustinergang und der anschließenden Augustinerkirche, ein langgestreckter, schmaler, entrückter Komplex. Von dort aber bis zum Fuß des Beschauers gibt es weder Häuser noch Straßen, dafür nicht weniger als siebenundneunzig prächtige Kutschen mit großer Bespannung; sie fahren in Serpentinen über die freie Fläche und so wohlgeord-

Joseph II. am Wochenbett seiner ersten Frau. Die Zeichnung stammt von der Schwester des Kaisers, Erzherzogin Maria Christine, und hängt im Schreibzimmer des Erzherzogs Franz Karl.

net, als wäre die Stadt, die sie in Wirklichkeit durchquert haben, geisterhaft vorhanden. Die einzigen Bauwerke, die der Brautzug passiert, sind zwei gigantische, überladene Triumphpforten, wie man sie nach gut römischer Tradition bei derlei Anlässen immer aufgestellt hat. Die Braut, die der Botschafter Joseph Wenzel Fürst Liechtenstein in Parma unter seine Obhut genommen und wohlbehalten nach Wien gebracht hat, fährt ganz vorne in einer zwar nur silberfarbenen, aber dafür höchster Repräsentation entsprechenden Staatskarosse; in gemessenem, durch Garden zu Fuß und zu Pferd ausgefülltem Abstand fährt Fürst Liechtenstein in einer goldenen „Berline" voran, einem Gefährt à la mode. Auf heutige Verhältnisse übertragen, hätte man zu berichten: Isabella kam im Rolls Royce, Wenzel Liechtenstein mit einem Jaguar.

Eine zweite, ganz anders gestimmte Begegnung mit Kronprinz Josephs Liebe und Ehe kann man in einem Raum haben, der heute als „Schreibzimmer des Erzherzogs Franz Karl" bezeichnet wird; Franz Karl war der Vater Kaiser Franz Josephs. Nicht weniger als achtundzwanzig Gemälde und Miniaturen sind hier zu einem regelrechten Familienalbum Maria Theresias zusammengetragen. Unter den Miniaturen an der schattigen Wand rechts vom Fenster aber hängt eine von Maria Christine „Mimi" angefertigte Zeichnung, „Joseph beim Wochenbett" (1762). Eineinhalb Jahre später saß er am Totenbett der geliebten Frau. Die Blattern. Wenige Tage zuvor hatte sie ihm das zweite Kind geboren, ein Töchterchen, das sogleich gestorben war. 1770 folgte die achtjährige erste Tochter der Mutter nach.

Maria Theresia und Franz Stephan bei der Nikolausfeier mit ihren drei jüngsten Kindern Ferdinand, Maximilian und Marie Antoinette. Links die Malerin des Bildes, Erzherzogin Maria Christine. Schreibzimmer des Erzherzogs Franz Karl.

Außer diesem Blatt hängt hier von der Hand Maria Christinens noch einiges andere, darunter die köstliche Zeichnung einer Nikolobescherung in einem äußerst bescheidenen Zimmer der Hofburg. Da steht die begabte Amateurin (sie signiert mit „Marie fecit 1762") und zeigt dem achtjährigen Bruder Ferdinand, dem späteren Statthalter der Lombardei und Gründer der Linie Österreich-Este, eine Rute vor, weil er schlimm gewesen ist; der sechs Jahre alte Erzherzog Maximilian, der spätere Erzbischof von Köln, spielt auf dem Boden mit einem schönen Reiter aus Holz, er war brav; Marie Antoinette im Hintergrund hat eine Puppe bekommen und zeigt sie der Schwester. Seine römisch-deutsche Majestät aber, Franz I., sitzt in Schlafrock und Zipfelmütze beim Tisch und blickt leicht gestört von der Zeitungslektüre auf, indes ihm seine Eheliebste ein Täßchen Schokolade anbietet. So bürgerlich ging es „bei Kaisers" zu, wenn man gerade einmal nicht repräsentieren mußte.

Es gibt in Schönbrunn noch eine dritte Begegnung mit der Liebesgeschichte des Kronprinzen. Wer sie erleben möchte, muß das Schloß verlassen und durch die Arkaden der Fahrstraße ein paar Schritte nach Westen gehen, bis er, anschließend an das Hietzinger „Viereckl", die ehemalige Winterreitschule findet, in der die Wagenburg untergebracht ist. Geht er in ihrem Inneren durch die lange Viererreihe kostbarer Fahrzeuge aus zwei Jahrhunderten bis ans Ende des Ausstellungsraumes, so steht er wieder vor einem Originalgemälde aus 1760, und zwar sieht er diesmal, wie Fürst Liechtenstein in Parma einzieht, um die Braut abzuholen. Seine Galawagen, persönliches Eigentum, fahren in langer Reihe über den weiten Platz vor dem Schloß, vom menschenwimmelnden Markt bestaunt und von einer Front berittener Edelleute eindrucksvoll empfangen.

Vor diesem Gemälde aber steht, als kostbare Leihgabe von Vaduz an Schönbrunn, jener goldene Wagen, den sich Fürst Liechtenstein 1738, als er zum Botschafter in Paris ernannt worden war, für seinen Einzug in die französische Hauptstadt mit vier anderen dortselbst bauen ließ. Er hat ihn zweiundzwanzig Jahre später in Parma wiederverwendet und 1764 bei der Krönung Josephs zum deutschen König in Frankfurt nochmals, was nicht nur für die solide Arbeit der alten Stellmacher, Sattler, Tapezierer, Posamentierer, Kunsttischler, Bildschnitzer, Bronzegießer usw. zeugt, sondern auch für die lange Dauer damaliger Fahrzeugmoden.

Vor wenigen Jahren erst hat man die wertvollsten und prunkvollsten Wagen aus Schönbrunn beim internationalen „Fest des Pferdes" in der Wiener Stadthalle mit Bespannung und Bemannung in voller Fahrt vorgeführt, ohne daß der geringste Schaden entstanden wäre. Für die riskante Reise eines solchen Gefährtes über die Alpen oder anderswohin war es freilich nötig, den prächtigen Kasten mit den acht Scheiben aus geschliffenem Glas abzuheben und auf einen strapazfähigen Frachtwagen umzuladen. Dann montierte man die mannshohen Räder ab und steckte gewöhnliche kleine an die Achsen, auf denen dann das Gestell in tage- oder wochenlanger Fahrt bis zum Ort der festlichen Verwendung rollte.

Mit der 1928 erfolgten Installierung der Wagenburg – die Fahrzeuge waren vorher in den Gewölben der Hofstallungen an der Wiener Lastenstraße untergebracht – erfuhr Schönbrunn eine überaus glückliche Ergänzung seines musealen Bestandes. Wenn es hier draußen schon keine Hofküche und keinen Reitstall mehr gibt, so kann man doch wenigstens, in mustergültiger Aufstellung und Pflege dargeboten, sehen, wie man im Alltag und an Feiertagen hier gefahren ist, wie man kutschiert hat, wie bunt und elegant das Wagenpersonal gekleidet, wie prächtig die Pferde geschirrt waren. Aber nicht nur Staatskarossen und Reisekutschen aus allen Epochen Schönbrunns sind hier vertreten, man kann auch den 1740 gebauten, reich geschnitzten und vergoldeten Schlitten bewundern, in

Karussellschlitten Maria Theresias, um 1740. Schloß Schönbrunn, Wagenburg.

dessen muschelförmigem, rot gepolstertem Kasten Maria Theresia Platz nahm, wenn es zu einem der beliebten „Carrousels" im winterlichen Wien ging, etwa auf den Neuen Markt, oder den offenen Gala-Tragsessel aus dem Anfang ihrer Regierungszeit. Mit einiger Ehrfurcht aber steht der Beschauer vor der einfachen, sehr alten Reisesänfte mit den langen Tragholmen, zwischen die vorne und hinten je ein Maultier eingespannt wurde. In diesem schon durch das Tempo der Tiere seltsam feierlich wirkenden Verkehrsmittel schaffte man den noch heute in Klosterneuburg aufbewahrten Herzogshut seit 1705 von dort zu den Erbhuldigungen nach Wien und zurück.

Als Maria Theresia 1756 auf Anraten Kaunitz' der Madame Pompadour sehr contre cœur ein Geschenk machen mußte, ihr auf Email gemaltes, in Brillanten gefaßtes Konterfei, schrieb sie in einem Brief: „Ich mache mir aus nichts auf der Welt etwas (sie meinte, am wenigsten aus Brillanten), nur was aus Indien kommt, besonders Lackarbeiten und auch Tapeten machen mir Freude." Ein Wort, ganz aus dem Geschmack der Zeit gesprochen, man könnte es über mehr als ein Schönbrunner Zimmer als Motto setzen, besonders über die drei südöstlichen, sonnigen Gemächer ihrer Wohnung: das Vieux-Laque-Zimmer, das Porzellanzimmer und das Millionenzimmer, früher Feketinzimmer genannt, nach einer in Guayana und auf den Antillen heimischen, zu den Rosazeen gehörenden Holzart Ficatin, aus der die Wandtäfelung besteht. Fernöstliches, vor allem Chinesisches, verteilt sich mit Ziervasen, Geschirr, Tischen, Bänken, Taburetts, Nippsachen allgegenwärtig über das ganze Schloß. In den genannten drei Räumen aber kulminiert es auf unvergleichliche Art. Im Vieux-Laque-Zimmer: ostasiatische Lacktafeln an den Wänden, in den Supraporten und entlang der Decke, eingefügt in Wiener Rokoko aus 1770. Im Porzellanzimmer: 213 blaue Tuschzeichnungen mit fernöstlichen Motiven; einige davon hat Franz Stephan in seinem Todesjahr gemeinsam mit seinen Töchtern angefertigt. Auf einem Eckkonsoltisch steht eine Chinavase mit weißem und blauem Blumendekor (Kang-hsi-Zeit, 17. Jahrhun-

Eine der sechzig in die Vertäfelung eingelassenen Kartuschen mit indischen Miniaturen im Millionenzimmer. Um 1627.

Oben: Blick in das Porzellanzimmer; Zustand um die Jahrhundertwende. Unten:
Detail aus dem Millionenzimmer.

dert). Im Millionenzimmer schließlich eine vor 1767 installierte Ausstattung, die Friedrich Schmitt, der verstorbene Leiter der Schloßhauptmannschaft, als „eine Dokumentation reinsten Rokokos" bezeichnete. „In die Wandtäfelung", schreibt er, „sind 60 symmetrische und asymmetrische reich vergoldete Kartuschen eingefügt. Sie zeigen unter Glas Einzelbilder indischer Miniaturen mit Deckfarbenmalereien und Goldauflagen auf Pergament aus verschiedenen Schulen und können den Jahren um 1627 zugeschrieben werden. Laut Überlieferung ließ Maria Theresia diese kostbaren Miniaturen aus Konstantinopel nach Wien bringen; sie schildern verschiedene Begebenheiten am Hofe der Herrscher des Mogulreiches und aus dem Leben ihrer ostindischen Untertanen: Jagd- und Haremsszenen, Kampfhandlungen, Handwerks- und Opferbräuche. ‚Hier ist reichstes kulturhistorisches Material von einzigartiger Geschlossenheit zusammengetragen' (Josef Strzygowsky). Bis in die Hohlkehle der Decke mit ihrem rautenförmig vergoldeten Fond und den vielfältig verzierten Kartuschenrahmen reichen die orientalischen Szenen, ähnlich den Miniaturen an den Wänden. Unter der Deckenrosette ein Luster mit buntem Emaildekor. Die beiden einander gegenüber angeordneten Kristallspiegel zeigen den optischen Effekt der Tiefenstaffelung und lassen den für kleinere Audienzen dienenden Raum zum ‚Spiegelzimmer' werden."

Welche Spannweite! Dort die beiden Galerien mit der europabewußten Stimmung ihrer Deckengemälde – hier ein um eine angeblich runde Million ausgestattetes Zimmer voll intimer, nicht nur aus dem modischen Zeitgeist sprießender, ganz und gar persönlicher Lust an der Kunst ferner, nie gesehener Erdstriche: zwei Welten unter einem Dach und beide mit dem gleichen tiefen Verständnis angeschaut und geliebt.

Das „kaiserliche Jagdhaus" zwischen Wienfluß und Wienerwald hatte sich in seinem Inneren wie an den Fassaden sehr verändert. Auch der große Park mit seinen Randgärten wurde mit den Jahren durch Hortikultur und Bildhauerei immer profilierter, großzügiger, schöner, reicher. Jetzt begeisterte Schönbrunn nicht mehr nur Maler oder Reiseschriftsteller, jetzt meldete sich auch ein Dichter zu Wort, der achtundsiebzigjährige Italiener Pietro Metastasio. Seine Ode „La deliziosa imperial residenza di Schönbrunn" erschien als bibliophiler, vignettengeschmückter Einzeldruck in Oktavformat. Versucht man seine pathetischen Wortbilder in ein dem Geiste nach ähnliches Deutsch zu übertragen, so zeigt sich, daß auch in einem festbesoldeten, zu hehren Visionen verpflichteten Hofpoeten ein echter Lyriker stecken kann. Zunächst verläßt ihn im Angesicht der Herrlichkeiten Schönbrunns aller Mut. Er beginnt:

> Dürfte ich's wagen, wie sonst in Gewohnheit,
> deinem Vertrauen die abgenützte,
> staubbedeckte, verlassene Leier
> darzubieten, als wär sie Euterpens?
> Neu sie zu rühren hoff ich vergebens,
> ach, dem drängenden Wunsch zu entsprechen,
> fühlt sich nicht mehr imstande die Hand.

Aber nachdem er den Namen seiner Muse genannt hat, wagt er es dann doch, und sieben Strophen später hält er von der Gloriette herab weite Umschau:

> Marmor-Loggia du, mit der Alpen
> Gipfelketten an Höh wetteifernd,
> bis an die Grenzen des Ungarlandes
> dringt von dir das bewundernde Auge.
> Kröne, ja kröne die weitgeschwungne
> Stirn des belaubten, in Sonne getauchten
> Berges, dem solche Ehre gebührt.

Das Wasser, das den an rauschende Brunnen gewöhnten Römer überwältigt, ist freilich in Schönbrunn nie so reich geflossen wie in der anschließenden Strophe, aber es reißt mit, wenn Metastasio rühmt:

> Hier, verborgenen Quellen entspringend,
> stürzen die lauteren, nie getrübten
> lachenden Wasser von Stufe zu Stufe,
> unten wahrhaftig ein Meer zu bilden:
> hat doch kunstreich wirkender Scharfsinn
> ihnen des Parkes gedehnte Flächen
> ganz unterworfen zu lustigem Spiel.

Aber er kann seinen Pegasus auch wieder zähmen und in den Gefilden reizvoller Details auf die Weide führen:

> Hier, durch erlauchte Sänger im Laube,
> unbekannte, von anderen Himmeln
> aufgezogne, hat sich Europas
> Echo mit neuen Liedern bereichert.
> Fische, fern von seltsamen Küsten
> hergekommen, tragen in unsern
> Wellen goldene Schuppen zur Schau.

Schließlich treibt er den Göttergaul auf der Suche nach Vergleichbarem quer durch Griechenland und Asien bis an den Euphrat, beschwört des schiffbrüchigen Odysseus angenehmen Aufenthalt bei den Phäaken, beschwört die Gärten der Hesperiden mit ihren goldenen Früchten, beschwört Apoll, der als Hirte das thessalische Tempetal durchstreift – aber das alles ist nichts gegen Schönbrunn!

> Nein: es fehlt diesen Gestaden
> allen die Göttin, die herrscht an den unsern;
> die sie uns schmücket mit hohem Glanze,
> wahrlich mit Majestät sie bekleidet.
> Jene Göttin, die lebenspendend
> alles verzaubert, es rühmt sie und feiert
> unser Jahrhundert mit vollem Recht.

Womit er der Weisheit und Regierungskunst, die in Schönbrunn zu Hause war, wieder einmal die gehörige Reverenz erwiesen hatte.

So wenig Franz Stephan von Lothringen, seit 1745 Kaiser Franz I., für das Schloß seiner Frau bedeutet, so groß, so entscheidend ist seine Bedeutung für den Park, die Menagerie und den Botanischen Garten. Das Schloß – wie jedes derartige Gebäude, das diese Bezeichnung verdienen soll – stand ja nicht abstrakt in der Gegend, sondern setzte sich durch Fenster, Türen, Tore, Treppen, vor allem aber durch den geselligen und künstlerischen Willen seiner Besitzer nach außen fort. Und dieses Außen fand durch schauende Augen wieder Einlaß ins Gemüt der Hausbewohner. Das Schloß war gleichsam ihr Selbst, der Park ihre Welt: ein ererbter, weitergebildeter und sichtlich souverän beherrschter, durch runde und gerade Wege und Rabatten geordneter Kosmos mit grünen Korridoren und Laubspalieren – ein den Schloßbau umarmendes anderes Haus, in dem man ebenfalls wohnte, sooft man es betrat oder durch die Fenster betrachtete. Und wie die Welt nicht menschenleer war, so sollte es auch der Park nicht sein: er gehörte zugleich dem Volk. Schönbrunn stand von jeher mit Garten und Wald Erwachsenen wie Kindern offen.

Dieses von Bäumen, Blumen und Getier belebte Areal war nun Franz Stephans Reich, und seine Anlage und Ausgestaltung stellen ihm ein vorzügliches Zeugnis aus, auf alle Fälle ein wahreres als die summarischen Befunde oberflächlicher journalistischer Biographen, obwohl gerade der Journalist bei solchen Persönlichkeiten mitunter genau den wunden Punkt trifft, um den es geht. Man lese nur bei Eugen Roth nach, dem überdies als Spaßmacher das Recht auf ein verallgemeinerndes schiefes Urteil zustand, wie hätte er sonst die

Franz Stephan und Maria Theresia mit 13 ihrer 16 Kinder. Gemälde von Martin van Meytens, um 1752.

Lacher auf seine Seite bringen sollen? Also dichtete er in seiner Satire „Die Frau in der Weltgeschichte":

> Noch wäre zu erwähnen da
> Östreichs Marie Theresia,
> mit ihrem Prinzgemahl, dem Fränzchen,
> der als ein rechtes Lämmerschwänzchen,
> auch als er später Kaiser hieß,
> der Frau fast alles überließ:
> Regieren, Haushaltführen, Siegen,
> erst recht natürlich Kinderkriegen,
> und nur daß sechzehn sie bekam,
> beweist den Anteil, den er nahm.

Gewiß, er saß immer „zur linken Hand", und nicht nur bei den Königskrönungen der Gattin. Das hat den Mann, der als Opfer des Polnischen Erbfolgekrieges sein ruhmreiches Herzogtum dem König Stanislaus überlassen mußte, sein Lebtag bedrückt. Er resignierte auch zu früh vor der eigenen Frau, der Monarchin, die ihn mitunter vor ihren Räten rücksichtslos abkanzelte. Er kapitulierte vor den eigenen Kindern, die seine Vorfahren abschätzig als „nur Herzöge von Lothringen" bezeichneten. Er war militärisch wie diplomatisch unbegabt, der Versuch, ihn 1738 als Generalissimus, mit Feldmarschall Königsegg an der Seite, zum Türkenhelden und damit populär zu machen, scheiterte kläglich, er wurde im Kriegsrat beharrlich überstimmt. Auch sonst zeigte er manche Mängel, seine französischen und deutschen Orthographiekenntnisse waren

miserabel, er las wenig, das Lesen falle ihm „sehr schwähr", hieß es schon in einer Beurteilung des Fünfzehnjährigen, als der er 1723 an den Wiener Hof gekommen war. Aber er stellte schon damals als Nimrod seinen Mann und erwarb sich damit sofort die Sympathien seines präsumtiven Schwiegervaters Karl VI.

Er litt oft an Langeweile und schwätzte dann in seiner Retirada, laut Khevenhüllers liebloser Notiz, „eines herunter, wie es dieser Herr immer gern zu tun pflegt". Um ihn bei besserer Laune zu halten, veranstaltete Maria Theresia in Schönbrunn und in Laxenburg, später auch in Wien, dreimal wöchentlich Diners und Soupers mit ein bis zwei Dutzend Damen und Kavalieren, bei „unterspickter" Tischordnung, das heißt, man saß ohne Rücksicht auf den Rang der Teilnehmer. Die Fürstin Auersperg, die der Kaiser gerne sah, war häufig auch zugegen; mit ihr und dem Oberhofmeister spielte Franz Stephan dann vor Tisch gern „eine Partie Ombre".

Als Vater war er „kinderlieb", als Majestät liberal: er schaffte den Handkuß, überflüssige Prozessionen und den oft schon bei Kindern betriebenen Uniformkult ab. Auch andere Schnörkel spanisch-barocker Etikette verbat er sich.

Mitunter konnte er auf eine schalkhafte Art Verstekken spielen. So etwa, als sich eines Tages ein junger Oberstleutnant in der Anticamera der Kaiserin zu Schönbrunn einfand und sich gegenüber Franz Stephan, der zufällig anwesend war, aber inkognito blieb, beklagte, daß er, der unter dem berühmten Feldmarschall Münich in russischen Diensten sehr erfolgreich gegen die Türken gekämpft habe, jetzt weder in Petersburg noch in Berlin „entsprechend aufgenommen würde", weshalb er sich nun nach Wien wende, um der Kaiserin seine Dienste anzubieten. Franz Stephan, der aufmerksam zugehört hatte und den der Fremde für einen höheren Staatsbeamten hielt, versprach höflich, er werde den Herrn Offizier sogleich Ihrer Majestät melden, und tat es auch. Er hatte der Gattin keinen geringeren als den künftigen ruhmreichen Feldmarschall Laudon zugeführt.

Zu Franz Stephans positiven Eigenschaften muß wohl oder übel seine Tüchtigkeit im Geschäftemachen und Geldverleihen gerechnet werden, auch wenn diese Begabung mitunter in Skrupellosigkeit ausartete. Ein Zeitgenosse, Eduard Vehse, führt in seinen anregenden Hofgeschichten einiges davon an. Er schreibt: „Kaiser Franz I. tat manches recht Gute für den Staat. Er machte im Türkenkrieg auf die kolossalen Betrügereien, die bei der Armee vorkamen, aufmerksam. Er machte Lärm, wenn in der Hofkammer oder sonstwo allzu schamlose Geldschneidereien vorkamen. Das verdroß die Dunkelmänner in den Kanzleien nicht wenig. Auf seine Manier, als Privatperson, profitierte er aber auch von dem Staate, sowohl von dem seiner Gemahlin als auch seinem eigenen (er war Großherzog von Toskana). Er legte sich auf den Staatspapierhandel; bei Ausgabe der Staatsschuldscheine in Österreich während des Siebenjährigen Krieges wußte er sehr gewinnreich einzulösen. Die Revenuen seines Großherzogtums zog er aus dem Lande und bezog von dort im Laufe von siebenundzwanzig Jahren gegen 30 Millionen Toskaner Gulden . . . Die mit Schulden belasteten Domänen Pardubitz, Podiebrad und Bresnitz in Böhmen und noch andere brachte er durch Abzahlung der Hypotheken an sich: sie ertrugen ihm 1754 schon 126.000 Gulden. Auch lieh der Kaiser selbst auf Pfänder und machte förmlich den Bankier . . . Endlich machte er auch den Lieferanten. Er übernahm für das gesamte kaiserliche Heer die Lieferung der Uniformen, Waffen, Pferde und Monturen. Ja, er übernahm sogar im Siebenjährigen Krieg zu wiederholten Malen für das Heer des Königs von Preußen, also des Erbfeindes seiner Gemahlin, die Lieferung des Proviants, der Fütterung und des Mehls zu den ärgsten Wucherpreisen, worüber sich Maria Theresia, als sie es erfuhr, denn doch etwas verwundern mußte." Um lauter böswillige Unterstellungen kann es sich bei Vehse nicht handeln, sonst fände sich nicht in Friedrichs des Großen „Geschichte des Siebenjährigen Krieges" die lakonische Feststellung: „Der Prinzgemahl, Kaiser Franz, hat während des Krieges Freund und Feind mit Munition und Lebensmitteln versorgt."

Aber Franz Stephan, dieser widersprüchliche Charakter, war deshalb nicht etwa ein kaltherziger Materialist, sondern tieferer Gedanken und edlerer Gemütsregungen durchaus fähig. Gelegentlich drückte er sie auch aus. Und vor allem: er wurde von seiner blitzgescheiten Gattin über alles geliebt. Hatte ihm seine „durchleuchtigste Ertzherzogin, englische Braut", wie er sie titulierte, nicht im Februar 1736 nach Preßburg, wohin er sich aus Schicklichkeitsgründen vor der Hochzeit hatte absetzen müssen, sehnsuchtsvoll teils französisch, teils italienisch geschrieben: „Ich quäle mich ab wie eine arme Hündin, liebe mich ein bißchen . . . Adieu, Mäusl, ich umarme Euch von ganzem Herzen . . . Adieu, caro viso, liebes Gesicht . . ." Als er starb, schrieb sie an ihre kaiserliche Schwiegertochter, Josephs zweite Frau, sie habe einen Freund verloren, „den einzigen Gegenstand meiner Liebe. Seit zweiundvierzig

Maria Theresias Gatte Franz Stephan als 15jähriger Knabe im Jagdkleid. Salon der Kaiserin Elisabeth.

Jahren hatten unsre Herzen und Gefühle nur ein Ziel, denn wir sind zusammen erzogen worden". Auf einem in ihrem Gebetbuch versteckten Zettel hinterließ sie eine regelrechte Bilanz ihres neunundzwanzigjährigen Eheglücks: „. . . Macht also Jahr 29, Monat 335, Wochen 1540, Täge 10781, Stunden 258744."

Galt es, als römisch-deutscher Kaiser zu repräsentieren, so konnte Franz Stephan eine große, etwas melancholische Würde entfalten. Aber so wie ihn Pompeo Batoni 1771 im Wandgemälde des Vieux-Laque-Zimmers in Schönbrunn dargestellt hat, ist er nie gewesen: so hoheitsvoll, Arm und Hand gebieterisch ausgestreckt wie bei einem Feldherrn und dabei doch nur auf eine kleine, hausgottartige Statuette der Gerechtigkeit zeigend. Möglich, daß das liebende Auge der Gattin den „adorable époux" so gesehen hat, als starken Mann; betrachtet man aber die Augen dieses heroischen Porträts, so spricht aus ihnen ein unverkennbares Mißtrauen gegen sich selbst, ein sympathisches, kaum verstecktes Eingeständnis von Schwäche, von Zurücksetzung, und es gereicht dem Künstler zur Ehre, daß er sie nicht liebedienerisch in ihr Gegenteil umgefälscht hat. Doch hat sich Franz Stephan für Schönbrunn wenigstens nur im zivilen Festkleid malen

Pompeo Batoni: Kaiser Joseph II. und Großherzog Leopold von Toskana bei ihrem Zusammentreffen 1769 in Rom. Vieux-Lacque-Zimmer.

lassen, nicht im römisch-deutschen Krönungsornat, in welchem er den Frankfurter Bürgern, nach Goethes witzigem Bericht, wie „ein Gespenst Karls des Großen" erschienen war.

Batoni war kein Byzantiner, sein Realismus spricht mit gleicher Stärke aus dem anderen bemerkenswerten Großgemälde dieses Zimmers, auf welchem man die beiden charakterlich und schicksalsmäßig so grundverschiedenen Brüder Joseph und Leopold, den Kaiser und den Großherzog von Toskana, bei ihrer Zusammenkunft in Rom sieht: den wachen, militärisch straffen Verstandesmenschen neben dem versonnenen, kränklichen, zur Korpulenz neigenden Genießer. Es lohnt sich, für ein kurzes Physiognomiestudium im Vieux-Laque-Zimmer zu verweilen.

Bezeichnend für das Verhältnis Maria Theresias zu ihrem „Mäusl" ist die Tatsache, daß sie, nachdem er 1745 zum Kaiser gekrönt worden war, in die Tür seines Audienzzimmers im Schloß ein Loch bohren ließ, um Seine römisch-deutsche Majestät zu beobachten, wenn sie als solche fungierte und repräsentierte, ihr selbst war es nicht erlaubt, dabei anwesend zu sein. Sie bekam nichts Aufregendes zu sehen, denn was der Kaiser zu tun hatte, beschränkte sich in den meisten

Fällen auf die Wiedervergabe erledigter Reichslehen an irgendwelche Adelige. Aber Maria Theresia war nun einmal zu stolz auf ihn, zu verliebt, sie wollte ihn partout „regieren" sehen. Und wenn eines der Kinder mit zuschauen wollte, dann wurde etwas tiefer ein zweites Guckloch gebohrt. Es ist sogar aktenkundig, wann das zum erstenmal praktiziert worden ist: am 26. Oktober 1746.

Man kann über diesen Mann denken, wie man will, eines hebt ihn über alle kleinliche Kritik hinaus: seine Hingabe an alles, was Natur und Naturwissenschaft heißt. Sie war ebenso stark wie grenzenlos. War er als Geschäftsmann mit Haut und Haar dem Geist des Merkantilismus verfallen, so war er auch in seinen wissenschaftlichen Bestrebungen ein echtes Kind der Zeit. In diesen Belangen zeigte er sich sogar finanziell opferbereit. Auf den Schönbrunner Park, seine botanische, zoologische und künstlerische Ausgestaltung hat er sich förmlich gestürzt.

Dieser Verbundenheit mit Schönbrunn widmet Fred Hennings in seiner Franz-Stephan-Biographie eine der schönsten Passagen. Nachdem er die Verdienste des Lothringers um die Münzprägung, um das Münzkabinett und das Hof-Naturalien-Kabinett, den Vorläufer des heutigen Naturhistorischen Museums, gewürdigt hat, schreibt er: „Die weitaus volkstümlichste Hinterlassenschaft Kaiser Franz' I. sind der Park und die Menagerie von Schönbrunn. Das Gefühl einer weltentrückten Geborgenheit gibt diesem gottlob auch heute noch unverändert erhaltenen Stück Wien seine Atmosphäre. Die Beschränkung des ursprünglich ungeheuren Bauvorhabens, nach welchem das Schloß als Krönung einer gigantischen, alle Terrainstufen überwindenden Terrassenanlage auf die Höhe der Gloriette hätte gestellt werden sollen, macht das Glück von Schönbrunn aus. An Stelle eines Über-Versailles entwickelte sich das volkstümliche Schönbrunn, dem das Herz eines jeden Österreichers gehört: jene Pastoralsymphonie mit den Sätzen Landschaft, Kunst, Historie und persönliche Erinnerung.

Auch in diesem vom Rauschen uralter Bäume und geschichtlichen Erinnerungen erfüllten Schloßbereich waren vorzüglich Lothringer am Werk, vor allem der vom Kaiser zum Schloßhauptmann ernannte Franz Bertrand, dessen Tochter Gabriele als Zeichenlehrerin in der kaiserlichen Familie tätig war. Er dürfte auch der erste Protektor seines späteren Schwiegersohnes, des Hofstatuarius Wilhelm Beyer, gewesen sein, dessen Meißel die eleganten Steinfiguren zur plastischen Ausschmückung des Parkes schuf. Der bedeutendste lothringische Künstler, den Franz Stephan zur Arbeit am Park von Schönbrunn aus Florenz nach Wien berief, war der Gartenarchitekt Louis Ferdinand de Nesle, genannt Gervais, der schon unter Herzog Leopold (dem Vater des Kaisers) an den ‚Bosquets‘ von Lunéville mitgearbeitet hatte.

Aus der gemeinsamen Arbeit der Genannten entstand unter der ständigen Kontrolle Kaiser Franz' I. der Schönbrunner Park, der in seinen ebenen Teilen noch streng französisch gehalten ist und sich dann weiter oben auf einem bewaldeten Berghang verliert. Dadurch aber wirkt die Anlage nicht fremd auf uns. Über das geometrisch starre Blumenparterre und die scharf geschnittenen Blätterwände hinweg geht der Blick auf ein Stück Wienerwald, aus dem die luftige Krone der Gloriette herausgeschnitten erscheint.

Am Ende einer der von der Schloßmitte diagonal ausstrahlenden Alleen steht inmitten der Menagerie der Frühstückspavillon Kaiser Franz' I., ein Werk seines Hausarchitekten Nicolas Jadot. In diesem Pavillon pflegten Franz Stephan und Maria Theresia während ihrer Schönbrunner Séjours oft gemeinsam zu frühstükken.

Die Einrichtung der Menagerie und des botanischen Gartens besorgte in erster Linie der von van Swieten (dem Hofmedicus der kaiserlichen Familie) empfohlene holländische Hofgärtner Adrian van Steckhoven. Fürst Khevenhüller berichtet, daß der Kaiser diese Anlagen ‚auf seine eigenen Spesen‘ errichten ließ und in Begleitung seiner Kinder einmal fünf Stunden dort zubrachte, aber auch sonst mehrmals in der Menagerie erschien, ‚weil er ein ganz besonderes Amusement dabei findet‘. An dieser Schöpfung des Kaisers haben sich nicht nur er und seine Kinder erfreut, sondern unzählige Kinder aller Generationen bis zum heutigen Tag.

Auch für Blumen und Pflanzen hatte Franz Stephan eine echte Vorliebe. Sein botanischer Garten wurde zu einer Pflegestätte wahrer Wissenschaft, zur Wiege des Goldenen Zeitalters der Botanik in Österreich. Er war die bevorzugte Arbeitsstätte eines Nikolaus Joseph Jacquin, der vom Kaiser zur Bereicherung seiner Sammlungen sogar in die Tropenwelt Mittelamerikas entsandt wurde. Er erfüllte diesen Auftrag glänzend mit dem geringen Aufwand von 30.000 Gulden und wurde durch die wissenschaftliche Auswertung seiner Forschungsergebnisse mit einem Schlag zu einem Botaniker von Weltruf. Nach dem Tode des Kaisers erfuhr der botanische Garten durch Maria Theresia größte Förderung, die ihrem Gatten im Frühstückspa-

Nikalus Joseph Freiherr von Jacquin. Gemälde von Heinrich Füger.

villon der Menagerie von Balthasar Moll (dem Schöpfer ihres Doppelbett-Auferstehungssarges in der Kapuzinergruft) eine Bronzebüste errichten ließ. Im Jahre 1788 hat Kaiser Joseph II. das Denkmal an seinen heutigen Standort übertragen lassen, wo es am Rande einer der Lieblingsschöpfungen Franz Stephans die Erinnerung an den kaiserlichen Naturfreund und Förderer der Wissenschaften für kommende Geschlechter wachhält."

Ein von Alfred Arneth in seiner „Geschichte Maria Theresias" indirekt zitierter Brief des Kaisers an seinen Bruder Prinz Karl von Lothringen setzt diesem Bild noch ein zusätzliches warmes Licht auf: „Es ist anmutend", schreibt Arneth, „mit welchem Entzücken er von der Blütenpracht der Fruchtbäume im Schönbrunner Garten schreibt, wie er schon am frühen Morgen seine Lieblingsanlagen besucht und wie er den aus Holland gekommenen Hofgärtner Steckhoven preist, dem er sie verdankt."

Diese Lieblingsanlagen machten einige erweiternde Zukäufe nötig: 1751 kam ein Teil der Heidegründe hinter der Gloriette hinzu, wo Franz Stephan seinen jagdlichen und forstlichen Interessen nachgehen konnte, 1755 der Holländische Garten im Westen, wo Jacquin nach seiner Rückkehr aus Westindien und Amerika – die Reise dauerte fünf Jahre (1754–1759) – die botanischen Anpflanzungen vornahm.

Der Schloßpark selbst glich an Ausdehnung und Pflanzenfülle dem heutigen; daß ihm an der Grünbergstraße, am Tirolergarten und vom Fasangarten jene drei Areale verlorengingen, auf denen heute die Gartenbauschule, die Forstliche Versuchsanstalt und die Maria-Theresien-Kaserne stehen, hat seinen imposanten Eindruck nicht geschmälert. Ein Überblick über den derzeitigen Bestand vermittelt zugleich ein adäquates Bild von einst.

Der Schönbrunner Park hat ein Flächenausmaß von 1,6 Quadratkilometer. Davon sind 294.000 Quadratmeter verbaut, 25.000 sind Wasser. Die Wege nehmen 379.400 Quadratmeter ein, die Rasenflächen 204.000, die Fläche der Bäume und Sträucher 717.000 Quadratmeter, mit über 7600 Stämmen allein im französischen Teil, und zwar 1850 Kastanien, 1870 Weißbuchen und 3900 Linden. Im Rosenparterre blühen 4700 Stöcke. Die beschnittenen Weißbuchenspaliere mit ihren offenen oder eingewölbten Gängen werden von rund 46.000 Stämmen gebildet, die Gesamtschnittfläche der Wände beträgt nahezu 300.000 Quadratmeter; hier sind in den kommenden Jahren nicht weniger als 16.000 Stämme nachzupflanzen. Um von der Mächtigkeit des naturbelassenen Waldes auf dem Glorietteberg eine ungefähre Vorstellung zu gewinnen, genügt es zu wissen, daß hier allein innerhalb von vier Jahren 12.000 Eichen nachgepflanzt werden mußten.

Das saisonbedingt schwankende Personalaufkommen zur Betreuung dieses Parks ist groß; zu Franz Stephans Tagen, als die ganze Anlage neu gestaltet, großenteils auch neu gepflanzt werden mußte und man Arbeitskräfte für wenig Geld bekommen konnte, war die Anzahl der Gärtner und Hilfskräfte gewaltig.

„Meine Liebe, laß Sie sich warnen und heirate Sie nie einen Mann, der nichts zu tun hat!" Die bekannte Warnung Maria Theresias an die Adresse einer ihrer Kammerfrauen wäre, so möchte man meinen, eigentlich gar nicht aus dem persönlichen Erfahrungsschatz der Kaiserin abzuleiten, denn zu tun hatte ihr Mann gerade genug ... Aber es war trotz allem Ernst eben doch viel Spiel im Spiel, und wenn er sich auch mit den Jahren dazu bereit fand, dem unter den Kriegslasten seufzenden Staat aus seinem Vermögen größere Summen vorzustrecken, so blieb seine aktive Anteilnahme an den politischen Geschäften, die seiner Gattin als Arbeit im eigentlichen Sinne galt, doch recht gering, beinahe sträflich gering. Wenige Tage nachdem ihm ein „hinkender Bote aus Schlesien" während eines „Appartements" im Schönbrunner Park – wir sagen heute Party dazu – die Hiobsbotschaft von der grausamen Niederlage seines Bruders Karl bei Hohenfriedberg (1745) überbracht hatte, die das ganze Reich in ebensoviel Erregung wie Niedergeschlagenheit versetzte, und es Feldmarschall Traun mit knapper Not gelungen war, die Krönungsstadt Frankfurt vor dem Zugriff der Franzosen zu bewahren, wohnte Franz Stephan seelenruhig in Wien auf dem Neuen Markt der Vorstellung eines mechanischen, das heißt ferngesteuerten Kasperltheaters bei und holte den technischen Zauberkünstler, der mitten im Publikum stehend die Figuren bediente, auf der Stelle hinaus nach Schönbrunn, denn das mußten der Hof und vor allem seine Kinder doch auch sehen!

Die Jahre und Jahrzehnte gingen hin. 1765 war Franz Stephan bei den Feierlichkeiten anläßlich der Vermählung seines Sohnes Joseph mit Maria Josepha von Bayern, der Tochter des einstigen Gegenkaisers Karl VII., zum letztenmal mit seiner Familie vereint. Man hatte Schönbrunn als Festort gewählt, obwohl es, wie bei der Vermählung Josephs mit Isabella, Winter war. Die Trauung hatte per procurationem schon in München stattgefunden, das Beilager sollte in Schönbrunn vollzogen und mit allem Pomp und Volksbelustigungen gefeiert werden. Der Hof empfing Maria am 22. Januar 1765 in Weidlingau, wo Graf Laudon sein Schloß hatte. Am folgenden Tag um sieben Uhr abends fand zu Schönbrunn in der Schloßkapelle die „Vermählungsbestätigung und Einsegnung durch den Nuntius Vitalian Boromeo" statt, wobei die Beleuchtung, mit der man die Braut schon am Vorabend bewillkommt hatte, wiederholt wurde: die ganze Vorderseite des Schlosses samt den „Vorgebäuden" war mit 200.000 kugelförmigen, eigens angefertigten Lampen illuminiert; das Bauwerk muß vor dem winterlich kahlen Hintergrund wie ein Feenpalast gewirkt haben.

Man kann bei dieser Ehe aber nicht, wie bei der ersten, von einer Liebesgeschichte des Kronprinzen sprechen. Joseph haßte seine zweite Frau und beklagte sich geschmackvollerweise beim Vater der ersten über ihre „kleine dicke Gestalt ohne jugendlichen Reiz", über die „roten Flecken im Gesicht" und ihre „häßlichen Zähne". 1767 ist auch sie den Blattern erlegen.

Ähnliche, wenn auch nicht so aufwendige Illuminationen, verbunden mit einem Feuerwerk, hatte es in den Jahrzehnten zuvor meist nur dann gegeben, wenn die Kaiserin wieder einmal entbunden hatte und das Wochenbett, das auch wirklich noch ein solches gewesen war, verließ. Dieser „Hervorgang" wurde durch eine Prozession gefeiert, die in der „Schlafkammer" der Wöchnerin begann, durch das ganze Schloß bis zur Blauen Stiege und von dort durch das Foyer und die „Sala terrena" in die Schloßkapelle führte. Die glückliche Mutter saß dabei in einem Tragsessel, ihr Baby auf einem silbernen Kissen haltend, links schritt Franz Stephan, der pflichtschuldig strahlende Vater, rechts die Aja, die Hebamme und die Saugamme, vor dem Tragsessel der hochwürdigste Herr Nuntius.

Als sie 1747 mit ihrem dritten männlichen Nachkommen Leopold diesen Weg zurückgelegt hatte und hernach einem Feuerwerk beiwohnen mußte, verteilte man ein gedrucktes Flugblatt mit einem schauerlich schlechten Huldigungsgedicht unter dem Titel: „Angezündetes Freuden-Feuer/ In dem Kayserlichen/ Lust-Schloß Schönbrunn/ Nach Gesegnetem Hervorgang aus dem Kindbethe/ Ihrer Majestät/ Unserer Geliebtesten Landes-Mutter/ Mariae Theresiae/ Kayserin und Königin etc. etc./ Bei welcher Festivität/ Auch die getreuen Wienner/ Mit angeflammtem Liebes-Eyfer wolten gratulieren . . ."

Eine Schönbrunner Entbindung wurde, sobald das Kind den ersten Schrei getan hatte, durch eine Schützenkette, die am Schloß begann und durch Vororte und Vorstädte bis in die Hofburg reichte, den harrenden Wienern verkündet. Die Posten waren in Hörweite aufgestellt, und sobald der erste seinen Schuß gelöst hatte, löste der zweite den seinen und so fort. Im Nu war das freudige Ereignis in der Reichshaupt- und Residenzstadt publik, und man konnte zu illuminieren beginnen. Reitende Boten, die hinter dem „Lauffeuer" hersprengten, lieferten die Antwort auf die Frage Bub oder Mädel nach. In den ersten Ehejahren Maria Theresias war das ja immer wieder eine bange Frage gewesen, der Stammhalter war erst als viertes Kind zur Welt gekommen. Bis dahin waren Mutter und Volk gleichermaßen enttäuscht und verzweifelt gewesen. Nach dem zweiten Mädchen (1738) herrschte bereits überall offener Zorn und Hohn, und faßt man die überlieferten Unmutsäußerungen in ein späteres Wienerisch zusammen, so ergibt sich die lakonische Sentenz: „Der Patzer, der ausländische, net amol an Buam bringt er

zsamm!" Vergebens lud Kaiser Karl VI., um die Volkswut zu beschwichtigen, jung und alt zu einer „Freikomödi" ein und ließ dabei einhundert Tauben ins Publikum fliegen. Auf den Schriftbändern, die man den Tieren umgebunden hatte, war ein Siebenzeiler zu lesen, der eine alte Ammenweisheit variierte, wonach die Buben den Mädeln nachlaufen: „Das Mannsvolk bleibt nicht aus, wo schöne Jungfräulein . . . Gut Ding will Weile haben", endete der Spruch.

Das alles lag weit zurück. Franz Stephan und Maria Theresia hatten inzwischen fünf Söhnen das Leben geschenkt, und zur Hochzeit ihres drittältesten, des späteren Kaisers Leopold II., reisten sie nun nach Innsbruck, wo man mit der „Infantin-Braut", Marie Louise von Spanien, zusammentreffen wollte.

Am 3. Juli 1765 verließ das Elternpaar Schönbrunn, am nächsten Morgen trat man die beschwerliche Fahrt von Wien nach Tirol an. Von der holperigen Poststraße aus sah Franz Stephan über den Fluß hinweg zum letztenmal das Schloß und den geliebten Park. Anderthalb Monate später war der Kaiser tot. Er starb, vom Schlag gerührt, erst 57 Jahre alt, am 18. August, einem Sonntag – nach einer Aufführung eines Stückes von Goldoni mit anschließendem Ballett – in einem Seitengang der Innsbrucker Burg in den Armen des Thronfolgers. Maria Theresia, herbeigerufen, stand fassungslos neben der Leiche, starr, als wäre sie selbst gestorben. Nach geraumer Zeit mußte man sie mit Gewalt in ihr Schlafgemach bringen.

In Schönbrunn wurde jetzt vieles anders. Nicht äußerlich, aber innerlich, zwischen Mutter und Sohn. Maria Theresia erhob Joseph schon am 19. September zum Mitregenten. Die Zusammenarbeit litt unter der großen Verschiedenheit ihrer Naturen. „Glaubst Du, daß Du mit Deiner Art, mit Menschen umzugehen, Dir treue Diener erhalten wirst?" schrieb Maria Theresia ein Jahr später an Joseph, den neuen Kaiser. Und als er 1773 wieder einmal um seine Enthebung von der Mitregentschaft ersuchte, gab Maria Theresia ihrer Qual in klassischer Kürze Ausdruck: „36 Jahre habe ich Dir gehört, davon 26 im Glück, solange der Vater lebte, von der Gegenwart gilt dies nicht mehr."

Was dieser Vater geliebt, gepflegt, gefördert hatte, liebte, pflegte und förderte auch sie nach Kräften, ob es nun der Park mit dem Botanischen Garten und der Menagerie oder ob es die wissenschaftlichen Gründungen waren. Ganz in Grau oder Schwarz gekleidet, die Witwenhaube als „Krone der Trauer" jahraus, jahrein über dem aus schmerzlicher Entsagung kurzgeschnittenen Haar, so lebte sie außerhalb ihrer Regierungsge-

Kaiserin Maria Theresia als Witwe. Stich nach einem Gemälde von Josef Ducreux von Jacques Louis Cathelin.

hier noch im „Kaiserhaus" und auch in der Hofburg zunächst nicht. Bis sich Joseph persönlich auf die Suche machte und es in einem entlegenen Vorraum der Burg in einem Kasten mit völlig eingerostetem Schloß fand. Man spricht von sechsundzwanzig Millionen Gulden, die Joseph II. zufielen. Doch sei hier noch einmal Hennings zitiert, der dem kaiserlichen Manager ein gerechteres Zeugnis auszustellen versucht, als es den Hofhistorikern der Zeit möglich war, denen er wegen seiner glücklichen Hand in Geschäften bald als Geldraffer und wegen der Strenge, mit der er auf Ordnung in den Finanzen sah, als Geizhals erscheinen mußte. „Er wurde nicht nur zum Verwalter des Privateigentums seiner Frau", schreibt Hennings, „sondern mit deren Entschließung vom 23. September 1763 (zwei Jahre vor seinem Tod) auch mit der Oberleitung der Staatsschuldentilgung betraut. Die dabei vom Kaiser angewandten Grundsätze waren: Erhöhung der Steuerkraft durch Förderung von Industrie und Mittelmeerhandel, pünktliche Einhaltung persönlich übernommener Verpflichtungen gegenüber allen Gläubigern und eine moderne landwirtschaftliche Betriebsführung." So hatte die immer einsamer werdende Hausfrau von Schönbrunn an ihm zuletzt einen guten Berater für ihre Entscheidungen gefunden, und zwar nicht nur in ökonomischen Belangen, sondern auch in solchen der Menschenführung und sogar der Politik. Leider konnte sie dieses Vorbild dem Sohn nicht wirksam ans Herz legen. Joseph war sehr vielseitig gebildet, hatte Latein, Mathematik, Feldvermessungskunst und mit besonderer Leidenschaft Kriegswissenschaften studiert. Er spielte vorzüglich Klavier und Cello, machte gelegentlich von seiner schönen Baßstimme Gebrauch und komponierte auch, wie mancher Habsburger vor ihm. Aber er war dabei doch auch der „eiskalte Rationalist", als den man ihn tadelte, und verehrte nur eines glühend: die noch größere Ratio seines Vorbildes Friedrich von Preußen. Gegen diesen konnte der Vater, der „lässige Grandseigneur des ancien régime", nicht aufkommen. Joseph wollte der kommenden Zeit dienen und war als geborener Doktrinär davon überzeugt, daß man alles notwendige Neue „organisieren", anordnen, befehlen könne. Maria Theresia, dieses „Genie der Natürlichkeit", vertraute bei ihren Entscheidungen stets auf das Wirken der Natur in den Menschen und Umständen. Und gerade dadurch hat sie – ohne Programm oder gar Manifest, gleichsam in aller Stille – den Schritt vom Machtstaat zum Wohlfahrtsstaat vollzogen, hat dem Adel die selbstherrlich ausgeübte Verwaltung ohne Lärm aus den Händen

schäfte ganz dem Gedenken an den Verstorbenen, Unvergeßlichen. Sie dehnte ihre Aufenthalte in Schönbrunn immer länger aus, es wurde bald ihr eigentlicher Wohnsitz, indes der Mitregent Schönbrunn immer deutlicher den Rücken kehrte und seine Zelte in der Leopoldstadt aufschlug, im Augarten, auf der anderen Seite von Wien.

Sofort nach Franz Stephans Tod hatte Joseph befohlen, das Testament des Vaters zu suchen. Daß eines vorhanden sein mußte, war klar; ebenso klar aber auch, daß es niemand anderem vor Augen kommen durfte als ihm allein. Er war der Erbe, und außer ihm brauchte kein Mensch zu erfahren, wieviel Franz I. erworben hatte und wie. Also ließ Joseph Schönbrunn und gleichzeitig auch die Hofburg und das private „Kaiserhaus" in der Wallnerstraße eilends versiegeln. Kaum hatte Obersthofmeister Fürst Khevenhüller seine Beileidsbesuche bei den jungen Herrschaften in Schönbrunn absolviert, da mußte er sich auch schon daran machen, das Schloß von oben bis unten nach dem kostbaren Papier zu durchstöbern. Man fand es weder genommen und eine zentrale Verwaltung aufgebaut, die nationalen Unterschieden keine übersteigerte Bedeutung beimaß, und schließlich die Grundlagen für einen modernen Staat der Aufklärung geschaffen, ohne selbst der neuen Geistesrichtung anzuhangen. Ihre Nachfolger lebten als Regierende noch lange Zeit von dieser Substanz.

Sechs Jahre nach dem Kaiser, am 18. Juni 1772, starb der getreue Leibarzt, der Holländer Gerhard van Swieten, im Kaiserstöckl beim Hietzinger Tor, wo Maria Theresia auch für ihn, wie für die Herren Außenminister, eine Sommerwohnung hatte einrichten lassen. Er hatte die Kaiserin, die sich 1764 am Krankenbett ihrer Schwiegertochter Isabella angesteckt hatte, vor dem Blatterntod errettet, und als die Genesende von einer neuen vorbeugenden Behandlung, der „Inokulation", erfuhr, war sie davon so begeistert, daß sie diese 1768 allgemein einführen wollte. Die Methode bestand darin, daß man dem Gesunden eine kleine Portion Menschenpocken einimpfte, worauf dieser die Krankheit in abgeschwächter Form bekam, immun wurde, aber ebensogut sterben konnte, was sich auch einige Male ereignete. Trotzdem ließ Maria Theresia ihre eigenen Kinder sofort impfen.

Van Swieten brachte die Kaiserin für eine Weile von ihrem Vorhaben ab. Doch eines Tages gründete sie auf eigene Faust in einem ausgedienten Schlößchen bei Schönbrunn ein regelrechtes Impfspital, in welchem sich Kinder mit Einverständnis der Eltern gratis der kleinen Operation unterziehen konnten. Maria Theresia hat dort für die Geimpften des öfteren eine Schmauserei veranstaltet, persönlich dieser beigewohnt und jedem Kind einen Taler geben lassen. Nach einer besonders schweren Pockenepidemie in den Nachbarorten Schönbrunns lud sie die heil davongekommenen Kinder sogar ins Schloß ein, wo die jüngeren Erzherzöge und Erzherzoginnen den kleinen Gästen persönlich den Kuchen reichen und die Schokolade einschenken mußten. Ihr zweitältester Sohn Karl war 1761 mit sieben Jahren an den Blattern gestorben.

Ein Jahr vor van Swieten, den sie mit dem Kommandeurkreuz des Stephansordens ausgezeichnet und mit 3000 Dukaten samt ihrem in Brillanten gefaßten Bild bedacht hatte, war der andere liebe und enge Vertraute Maria Theresias gestorben, Hofbaudirektor Graf Sylva-Tarouca. Es wurde immer stiller um sie. Der junge Kaiser war ihr fremd geworden, die anderen noch lebenden Kinder, neun an der Zahl, waren größtenteils weit von daheim, die Lieblingstochter „Mimi" mit ihrem edlen Gatten Albert von Sachsen-Teschen,

dem Begründer der Graphiksammlung Albertina, lebte als Generalstatthalterin in den Niederlanden, und im Jahr ihres eigenen Hinscheidens starb ihr Schwager Karl von Lothringen, „die Güte selbst", wie sie ihm nachrief. „So lebte sie einsam", schreibt Heinrich Kretschmer, „doch immer in Briefen mit ihren Lieben verbunden, im weithingedehnten Schönbrunner Schloß, und man kann die grünen Hallengassen des Parks nicht durchwandeln und den Blick an dem luftigen Bau der Gloriette nicht erfreuen, ohne an die schwarzgekleidete Frau gemahnt zu werden, die diese Herrlichkeiten mit herzlicher Teilnahme hat werden sehen und an ihrem Anblick tägliche stille Freude fand."

Schönbrunn war Residenz, war zweiter Regierungssitz zweier Majestäten, und war es seinem Charakter nach doch wieder nicht. Seine offizielle Anschrift lautete bis tief in das 19. Jahrhundert hinein: „Kaiserlich-königliches Lustschloß Schönbrunn zu Hietzing bei Wien."

Sein Hofstaat freilich war, besonders während der Sommerzeit, ausgesprochen imperial. Er umfaßte rund tausend Personen für alle nur erdenklichen Dienste, dazu 200 Mann Hartschier- und Trabantenleibgarde, 11 Geistliche, 9 Ärzte, 56 Köche, Bäcker, Kellermeister, „Zuschroter" (Fleischhauer), Hoftafeldecker, 140 Musikanten und Sänger samt einem deutschen und einem italienischen Hofpoeten.

Dieser Personalstand spiegelt sich in den weit über Fischer von Erlachs zweiten Plan hinausgehenden Nebengebäuden, in denen alle jene Bediensteten untergebracht werden mußten, die man weder nach Zahl noch nach Rang oder Funktion im Zwischengeschoß oder Obergeschoß des Hauptgebäudes einquartieren konnte. Der Kutscher mußte in der Nähe seiner Fahrzeuge und Pferde wohnen, der Handwerker bei seiner Werkstatt, der Gärtner beim Glashaus, die Wachen bei den Toren, Koch und Zuckerbäcker unweit der Küchen.

Es gab deren zwei. Die eine befand sich im Hofküchentrakt im „Zuckerbäckerstöckl", das zum Meidlinger „Viereckl" gehört und auch die Vorratskammer, den sogenannten „Zehrgaden", beherbergte. Dieser Trakt ist auf alten Stichen an seinen überlangen Rauchfängen zu erkennen. Die andere Küche war im heutigen Valerietrakt des Ehrenhofes eingerichtet. Die fertigen Speisen wurden von der Küche in sogenannten „Werkln" ins Schloß geliefert und dort entweder über die Treppen oder mit dem Aufzug im Maschinenhof bis zu den Anrichten der Speiseräume gebracht. Im

Jahre 1918, bei Ende der Monarchie, waren in Schönbrunn nicht weniger als fünfzig solcher „Werkl" vorhanden. Sie sahen aus wie kleine Tragbahren mit mäßig hohen Füßen. Über der Fläche zwischen den Holmenpaaren erhob sich ein halbzylindrischer Aufbau aus Blech, einem Backrohr ähnlich, an beiden Enden durch eiserne Flügeltüren verschließbar. Im Inneren befand sich ein Rost mit glühenden Holzkohlen darunter, auf diesen stellte man die Töpfe, Kasserollen, Pfannen oder Schüsseln mit dem Essen.

Das für den Küchenbetrieb nötige Eis gewann man während der damals noch verläßlicheren Winter aus den verschiedenen, mit meterdicken „Lehmschlägen" abgedichteten Bassins im Schloßpark und lagerte es in den beiden, für Großvorräte eingerichteten Eiskellern im Feldgarten an der Grünbergstraße und am West-

hang des Tirolergartens, oberhalb des einstigen Weinkellers, in dessen tiefem Tunnel heute die Steinmetze einer hier etablierten Werkstatt arbeiten. Der Handkeller der Küche, sozusagen ihr „Kühlschrank", befand sich im erhöhten Unterbau des Kronprinzengartens; sein einfaches, grün gestrichenes Eisentor ist an der Fahrstraße gegenüber dem „Meidlinger Viereckl" noch zu sehen.

Um auch die Kehrseite der Medaille nicht zu verschweigen, sei vermerkt, daß es schon zu Maria Theresias Zeiten sehr viele Abtritte gab (sie hießen „Retiraden", genau wie die Wohnzimmer der Suiten), und von diesen gingen (bis 1890) „Abfallstränge" in die bisweilen allzu nahe am Schloß angelegten Senkgruben. Es gab aber auch, wie in der Hofburg, sehr schöne, beinahe künstlerisch gestaltete Leibstühle, die

Blick in das Innere des Schönbrunner Schloßtheaters, aufgenommen um 1895.

von Lakaien und „Kammermenschern" in den Park geschleppt wurden, wo man den Inhalt an geeigneten Stellen vergrub.

Die schon mehrmals genannten „Viereckln", das Meidlinger und das Hietzinger, fallen jedem auf, der straßenseitig am Schloß entlangspaziert. Diese quadratischen Elemente mit dem separierten quadratischen Stöckl im Zentrum ihres mäßig oblongen Hofes verleihen der im Vergleich mit dem Schloß überlangen einstöckigen Straßenfront der Nebengebäude einen individuellen Akzent, der die Gefahr der Eintönigkeit bannt. Trotz ihrer völlig zweckhaften Nüchternheit sind die „Viereckln" mit ihren Gittern und Ziertorbogen geradezu als anmutig zu bezeichnen. Was sich im Bereich der Nebengebäude an alten Höfen und Gängen mit oft merkwürdigen, recht anschaulichen Namen verbirgt, diente noch bis zum letzten Tag der Monarchie seiner erklärten Bestimmung; es soll darum erst im Kapitel über den letzten Hausherrn von Schönbrunn zur Sprache kommen.

Bescheiden in die Nebengebäude eingefügt, zwischen dem westlichen Torbau und dem Valerietrakt versteckt und nur an der typischen Flachkuppel erkennbar, ist das Schloßtheater, das älteste erhaltene Bühnenhaus Wiens, zugleich eines seiner schönsten. Pacassi hat es nach dem Vorbild des Theaters von Versailles 1747 an dieser sonderbaren Stelle erbaut. Fischer von Erlach hatte es gar nicht im engeren Schloßbereich haben wollen, ganz sicher nicht hier beim Eingang.

Die Baugeschichte des kleinen Bühnenhauses begann mit einem lästigen Präludium. Die Eigentümer des Baugrundes, auf dem sich eine Mühle befand, ein Ehepaar Pichler, forderten für die Ablassung nicht weniger als 10.000 Gulden. „Ich finde exorbitant den Preys", bemerkt Maria Theresia in einem ihrer urwüchsigen Reskripte, das zum Handeln ansetzt, aber gleich wieder nobel einlenkt: „. . . ob man es um 9000 fl. (Gulden) haben könnte, will ich es nehmen; sehe die sach abzumachen – aber abdrücken möchte ich es nicht." Die Leute bekamen ihr Geld, die Kaiserin ihren Grund. „Spectacle müssen sein, ohne dem kann man nicht hier in einer solchen Residenz leben."

Nach intensiver Bautätigkeit konnte das Theater noch im Herbst 1747 betriebsfertig übergeben werden. Am 4. Oktober, Maria Theresias Namenstag, wurde laut Khevenhüller „in dem neuen Theatro von Dames und Cavaliers eine Comedie produciret, le dissipateur (Der Verschwender) genannt". Während der folgenden Jahre traten die Kinder der Kaiserin mit adeligen jungen Freunden gerne in Schäferstücken auf, stellten

lebende Bilder, gaben Allegorien zum besten und agierten in den kleinen Rokoko-Theaterstücken Pietro Metastasios, des Hofdichters, den man für seine süßmelodischen Verse nahezu vergötterte.

Im Sommer 1749 gingen Gottscheds „Sterbender Cato" und seine „Atalanta" in Szene. Die Kaiserin empfing den ersten Schöpfer deutscher Bühnenstücke nach streng französischem Muster am 28. September. Sie konnte seiner redseligen, leeren Kunst zwar nicht viel abgewinnen, achtete aber den im ganzen Reich anerkannten Hüter der Sprache und entschuldigte sich gleich zu Beginn für das mediokre Deutsch der Österreicher. Gottsched beeilte sich, sie dieserhalb zu beruhigen: er habe bei der Eröffnung des Landtages am 15. September ihre Ansprache an die versammelten Stände miterlebt und sich dabei von ihrem untadeligen Deutsch überzeugen dürfen. Worauf Maria Theresia erwiderte, sie wäre, hätte sie von seiner Belauschung gewußt, bestimmt steckengeblieben.

Zwischen Dezember 1766 und September 1767 hat Ferdinand von Hohenberg das Innere des Theaters renoviert und im Stil des Spätrokoko neu ausgestattet. Es bekam gemalte Pilaster, Voluten, Muschelornamente und Putten, die „wie Darsteller einer Stegreifkomödie mit ihren Requisiten ein drolliges Spiel mit der Bühnenkunst treiben". Hohenbergs Deckenfresko nimmt auf die glückliche Ehe Alberts von Sachsen-Teschen mit Maria Christine bezug, weshalb hier die Monogramme der beiden Gatten zu finden sind: AS und CS. Kaunitz hat die Malerei bekrittelt, so galt sie lang als mittelmäßig. Das Urteil von heute fällt positiver aus. Der schöne Raum entzückt jeden Besucher, etwa wenn er ihn anläßlich einer Schülerdarbietung des Reinhardt-Seminars betritt, das hier seit 1929 Hausherrnrechte ausübt.

Hatte es seinerzeit bei Erwerbung des Baugrundes finanziellen Ärger mit habgierigen Müllersleuten gegeben, so mußten sich jetzt Hohenberg und der Bauinspektor Thaddäus Karner mit dem Hofzahlmeister Mayer herumschlagen, „der nicht mehr als 3000 fl. hergeben will". Die Arbeit geriet ins Stocken, und Maria Theresia mußte wieder einmal eingreifen. „Traget selbsten dise liste zu dem cammerpraesident Graffen Hatzfeld, der künfftig alle solche auslagen zahlen wird", schrieb sie in einer eigenhändigen Resolution. Schon nach wenigen Tagen erwiderte Karner, er habe „bis Dato keinen Kreuzer erhalten, Künstler, Lieferanten und Handwerker sind bereits in Noth und Schulden gerathen", so daß er selbst „alle Wochen Geld ausleihen muss, um die Taglöhner zu bezahlen". Jetzt wurde die Kaiserin böse und knöpfte sich den Kammerpräsidenten vor: „Nachdem geglaubt, dass schon die meisten bezahlt sind, bekomme dise note; wären also die ganzen 28.000 und so vill hundert fl. künftige Wochen paar abzuführen." Jetzt klappte es endlich.

In seiner endgültigen Form stellt der Innenraum einen geglückten Zwitter aus einem italienischen Logentheater (Pacassi) und einem französischen Rangtheater (Hohenberg) dar. Ursprünglich besaß das Schloßtheater nur einen einzigen Rang, mit der Kaiserloge in der Mitte und zwei hohen Seitenlogen an der Rampe. Das Kaiserpaar setzte sich jedoch fast immer ins Parterre. Minister und Hofämter hatten Stammsitze, sie bekamen je vier Freikarten. Hinten in den „croisées" der Fenster durften gelegentlich Kammerjungfern, Hofleute und „par faveur" auch „messieurs de deuxième ordre" Platz nehmen.

Ein Familientheater wie dieses hatte es auch in der Favorita Karls VI. gegeben, Entwurf und Ausstattung: Burnacini. Dort war Maria Theresia schon als siebenjähriges Kind mit ihrer Schwester Maria Anna in kleinen Spielen und Tanzstücken aufgetreten und soll dabei viel Talent entwickelt haben; sich in Szene zu setzen ist ihr ja auch später immer gut gelungen, eine Gabe, die den meisten Adeligen eignete und zusammen mit ihren guten Manieren, ihrem sicheren Auftreten, ihrer meist vorzüglichen Musikerziehung und geschulten Aussprache des Französischen und Italienischen die Voraussetzungen dafür schuf, daß die Schloßtheater in ganz Europa beachtliche, theatergeschichtlich interessante Leistungen boten. Diese Laienkünstler versanken niemals in die abgenützte Routine vielbeschäftigter Schauspieler und Berufsmusiker, wirkten immer frisch und ambitioniert. Natürlich holte man auch die Mimen und Sänger aus dem Kärntnertortheater nach Schönbrunn, wodurch der Spielplan bunter wurde und bald den allmählichen Wandel von der spätbarocken zur moderneren Bühnenliteratur spiegelte.

1775 empfing Maria Theresia einen anderen Großen der Literatur in Schönbrunn, Gotthold Ephraim Lessing, den Vorkämpfer Shakespeares auf dem Kontinent und Begründer einer deutschen Bühnendichtung ohne französische Vorbilder. Man stand mit Lessing wegen einer Anstellung als Dramaturg in Verhandlung, aber Wien und Schönbrunn waren nicht sein Boden, und es kam nicht dazu.

Aus dem Gespräch der Herrscherin mit dem Dichter – es bewegte sich um das Unterrichtswesen, den allgemeinen Stand der Bildung, um Literatur, Theater und die Wissenschaften – ist einiges auf uns gekommen,

zum Beispiel Maria Theresias Selbstbekenntnis: „Ich weiß wohl, daß es mit dem guten Geschmack nicht recht vorwärts will, sage Er mir doch, woran die Schuld liegt? Ich habe alles getan, was meine Einsichten und Kräfte erlauben. Aber oft denke ich, ich sei nur ein Frauenzimmer, und eine Frau kann in solchen Dingen nicht viel ausrichten."

In den zweieinhalb Jahrzehnten zwischen den denkwürdigen literarischen Schönbrunner Audienzen von 1749 und 1775 hatte sich der Spielplan des Theaters zwar reich, aber doch größtenteils im alten Fahrwasser entwickelt. Man führte Guiseppe Bonnos Oper „Il rè pastore" (Der König als Hirte) auf, Textbuch von Metastasio. Zwei Jahre später brillierten Mitglieder des Hochadels in einer anderen Oper Bonnos, „L'eroë Cinese" (Der heldenhafte Chinese). Man gab chinesische und tatarische Ballettstücke und spielte eine Komödie mit dem Titel „L'Indienne" (Die Inderin) – die Vorliebe des Rokoko für Chinoiserien wie überhaupt für Asiatisches eroberte also nicht nur die Gemächer des Schlosses, sondern zeitweise auch das Theater.

Von 1756 bis 1758 beherrschte Christoph Willibald Gluck mit seinen kleinen, für den Hof komponierten französischen Singspielen das Programm: „L'île de Merlin" (Die Insel des Merlin), „La fausse esclave" (Die falsche Sklavin), „L'arbre enchanté" (Der verzauberte Baum). Im Oktober 1763 gab man die Oper „Ifigenia in Tauride" von Traetta, Text von Marco Coltelli, der neben Metastasio für den Hof dichten durfte. 1765 ging, wieder nach einem Text des unerschöpflichen Metastasio, die Oper „La clemenza di Tito" von Andrea Adolfati in Szene, 1775 Pergolesis „La serva padrona" mit der damals berühmten Primadonna Mlle. Duchâteau. 1777 gastierte Joseph Haydn mit seiner „Bande" aus Eisenstadt. Maria Theresia hatte dort im Esterhazyschen Schloß die Marionettenoper „Dido" gehört, die ihr so gefallen hatte, daß sie das Ensemble nach Schönbrunn einlud.

1782 stirbt Metastasio. Er hieß eigentlich Pietro Trapassi. Sein Vorgänger, Hofpoet Apostolo Zeno, hatte ihn dem Kaiser warm empfohlen, und Karl VI. holte ihn 1729 nach Wien, wo Metastasio für die restlichen dreiundfünfzig Jahre seines Lebens blieb und wirkte. Die Anzahl der Stücke und Gelegenheitsdichtungen, die er verfaßte, überwältigt. Schon vor seinem Tod hatte sich auch für Wien und Schönbrunn die absolute Herrschaft des italienischen Theaters spürbar ihrem Ende zuzuneigen begonnen. Kaiser Joseph wollte eine nationale Kunst, er hatte schon 1776 befohlen, das Hofburgtheater als deutsches Nationaltheater zu führen, und als man im Februar 1785 in Schönbrunn Szenen aus Lessings „Emilia Galotti" aufführte, kündigte sich damit auch an dieser kleinen Hofbühne nicht nur im Sprachlichen, sondern auch was den Inhalt betraf, die allgemeine Wende an. Sowohl der aufbegehrende Geist des „Figaro" als auch der das Bühnengeschehen vertiefende Geist der deutsch gedichteten „Zauberflöte" setzten sich durch.

Tief in Maria Theresias Zeit aber, ein halbes Jahr vor dem Tod ihres Gatten, hatte es in Schönbrunn ein Theaterereignis gegeben, merkwürdig genug, um es nachzutragen. Es war Winter. Da man das Schloßthea-

ter nicht ausreichend beheizen konnte, schlug man in der gemeinsamen „Großen Anticamera" des Kaiserpaares, dem Zeremoniensaal, eine geräumige Bühne auf und gab dort Glucks neueste Oper „Il Parnasso confuso" (Der verwirrte Parnaß), Text von Metastasio. Die Erzherzoginnen Maria Amalia, Maria Elisabeth, Josepha und Maria Karoline, zwischen zweiundzwanzig und dreizehn Jahre alt, spielten und sangen den Gott Apollo und die Musen Melpomene, Euterpe und Erato. Obersthofmeister Fürst Khevenhüller berichtet darüber in seinem Rosenkavalier-Deutsch: „Es war dises Spectacle in der That und sans flatterie eines der sehenswür-

Aufführung von Glucks Oper „Il parnasso confuso" durch die Erzherzoginnen Maria Amalia, Maria Elisabeth, Josepha und Maria Karoline im Zeremoniensaal, anläßlich der Vermählung Josephs II. mit Maria Josepha von Bayern, Januar 1765. Gemälde von Franz Greipel. Hofburg, Wien.

76

digsten, so villeicht noch an einem Hof aufgeführt worden." Außer den vier Hauptdarstellerinnen hätten an diesem Abend auch noch „die zwei jüngsten Herrn und Frauen (gemeint sind der zwölfjährige Erzherzog Ferdinand, der neunjährige Max und die zehnjährige Marie Antoinette) dabei gedanzet und der Erzherzog Leopold (der nachmalige Kaiser) das Instrument (wohl das Cembalo) geschlagen und respective den Orchestre dirigiret". Khevenhüller versichert auch noch, daß sich „sämtlich dise hohe Personnages ultra expectationem und zu allgemainer Verwunderung hervorgethan".

Die drei jüngsten Kinder haben bei dieser Veranstaltung noch das abschließende Schäferballett „Il trionfo d'amore" von Florian Gaßmann bestritten. Der kleine Max tanzte den Amor, Erzherzogin Maria Antonia die Flora, Erzherzog Ferdinand den Myrtil. Der französische Maler Nouguez hat das Ballett in einem Gemälde verewigt, das alle drei Knirpse in der ländlichen Dekoration zeigt. Marie Antoinette hat das Bild, als sie nach Frankreich übersiedelte, zum Andenken an ihre Kinderzeit in Schönbrunn mitgenommen, es hängt in Versailles.

Aber auch der „Parnasso confuso" fand seinen Maler, Johann Franz Greipel (1720–1792) hat von ihm zwei großformatige Gemälde angefertigt. Auf dem einen sieht man die entzückend gruppierten vier Prinzessinnen in duftigen Farben und typischen Theaterposen inmitten einer bukolischen Landschaft. Im Hintergrund fliegt gerade Pegasus auf und stampft mit den Hinterhufen die Quelle Hippokrene aus dem zerklüfteten Parnaß, dem Musenberg. Das zweite Bild gewährt nur einen schmalen, schrägen Blick auf Bühne und Orchester, dafür einen umso volleren auf das Publikum. Man sieht den bis auf den letzten Sitz- und Stehplatz gefüllten Zuschauerraum. Rechts vorne in seinem Ecksessel stocksteif der Kaiser, anschließend Maria Theresia und vier Damen, alle in gleicher Abendrobe mit hellen Volants, wie Mitglieder eines Damenstiftes anzusehen. Am Ende der Reihe sitzen zwei Herren, ein älterer und ein jüngerer. Heute weiß man, daß es der Feldherr Karl von Lothringen und Thronfolger Joseph sind und daß der Theaterzettel, den die uniformierten Damen brav im Schoß halten, als Datum den 23. Jänner 1765 trägt. Glucks „Parnasso confuso" wurde somit als Festvorstellung anläßlich der Vermählung Josephs II. mit der häßlichen, armen Bayernprinzessin aufgeführt, die den Ehrenplatz neben ihrer Schwiegermutter einnimmt. Das Zimmer war gewiß gut geheizt, nicht nur von den Öfen, sondern auch mit „humaner Wärme", sonst wäre der Sohn des Obersthofmeisters nicht während der Vorstellung plötzlich ohnmächtig geworden; man mußte ihn bei offener Szene zwischen Rampe und erster Reihe hinaustragen.

Die beiden Gemälde kamen später, wie so vieles andere aus Schönbrunn, in das Hofmobiliendepot, seit der Republik Bundesmobiliendepot. Und als man nach dem Zweiten Weltkrieg die von der Präsidentschaftskanzlei angeforderten (böswillige Gemüter sagen usurpierten) Maria-Theresia-Appartements in der Hofburg adaptierte, wanderten die Greipel-Bilder von der Mariahilfer Straße in den Leopoldinischen Trakt. Dort hängen sie in Kaiser Josephs Sterbezimmer, dem heutigen Arbeitsraum des Bundespräsidenten, unter relativem Ausschluß der Öffentlichkeit. Was sie darstellten, wußte zunächst kein Mensch. Dies änderte sich erst, als Bundespräsident Dr. Schärf in die Hofburg einzog. Er fand es ärgerlich, jahraus, jahrein zwischen zwei anonymen Gemälden zu amtieren und auf neugierige Besucherfragen nur mit einem Achselzucken antworten zu können. Er beschloß daher, das Rätsel durch eine intensive Freizeitbeschäftigung zu lösen, ließ sich sämtliche zeitgenössische Operntextbücher mythologischen Inhalts kommen, durchstöberte sie, und nach einigen Wochen war der Fall geklärt. So verdankt die Theaterwissenschaft wie auch die mit Schönbrunn verbundene Kunstgeschichte dem Forscherfleiß eines Staatsoberhauptes einen bemerkenswerten Beitrag.

Das Reich Karls V., in dem die Sonne nicht unterging, gehörte der Vergangenheit an, seine letzten Reste waren 1713 im Frieden von Utrecht an England gefallen. Der Traum vom Imperium war ausgeträumt, Schönbrunn hatte den Abglanz davon, der in Fischers Entwürfen noch zu spüren gewesen war, mit Josephs I. Tod verloren. Dafür schuf sich Maria Theresia Kolonien in Europa und sprach sie – in halbem, aber nur in halbem Scherz – offen als solche an: Ihr Sohn Leopold herrschte als Großherzog in der Toskana, Sohn Ferdinand war durch Eheschließung Herzog von Modena geworden, und zwei Töchter hatten nach Parma beziehungsweise nach Neapel-Sizilien geheiratet. „Das sind meine lieben italienischen Kolonien", pflegte die Mutter zu sagen, „alle vier mein Schatz, mein Trost und meine Stütze." Ihr gleichfalls belegter Ausspruch, daß ihr ihre Länder stets wichtiger wären als ihre Kinder, bildet dazu keinen Widerspruch, im Gegenteil.

Als sie ihre Jüngste an Frankreich verlor, konnte vom Zuwachs einer Kolonie freilich keine Rede sein. Aber daß auch hier Land und Kind für dynastisches

Denken identisch waren, blitzt in den einhundertfünfundsiebzig Briefen, die zwischen Schönbrunn und Versailles hin- und herliefen, immer wieder auf.

Marie Antoinette verließ Schönbrunn und Wien am 21. April 1770. Maria Theresia gab ihr ein mit diesem „jour du départ" datiertes (sieben Druckseiten langes) „reglement" mit auf den Weg. Darin befiehlt sie ihr, täglich nach dem Erwachen sofort kniend ihre Gebete zu verrichten und sich einer „kleinen geistlichen Lektüre" hinzugeben, „und wäre es nur eine halbe Viertelstunde". Sie dürfe aber zuvor noch mit niemandem gesprochen haben. „Vom guten Beginn des Tages hängt alles ab."

Ein Jahr später, am 8. Mai 1771, schreibt sie aus Schönbrunn an die „très soumise fille", die sich in Ehenöten befindet und keine Aussichten für eine Schwangerschaft sieht: „. . . Sanftmut und Geduld sind die einzigen Mittel, deren Sie sich bedienen dürfen. Es ist ja nichts verloren, ihr seid alle beide so jung; im Gegenteil, es ist euer beider Gesundheit nur zuträglich, ihr werdet euch alle beide noch kräftigen, aber bei uns alten Eltern ist es nur natürlich, daß wir uns die Erfüllung wünschen, da wir uns nicht mehr schmeicheln können, (noch viele) Enkel und Großenkel zu sehen."

Oben: Erzherzogin Marie Antoinette im Jagdkleid. Gemälde in der Wiener Hofburg. Unten: Johann Ferdinand von Hohenbergs Projektskizze zur Ausgestaltung des Schönbrunner Berges. Wien, Albertina.

„Versailles, den 15. Februar 1773
... Der Garten von Schönbrunn scheint mir wunderbar gewonnen zu haben; ich kann es kaum glauben, daß alles, was ich auf dem Plan sehe, schon ausgeführt sein kann; vor allem die Veränderung des Berges muß von überaus angenehmer Wirkung sein."

Maria Theresia antwortet am 3. März 1773 aus der Wiener Hofburg: „... Sie haben recht, daß Sie sich die Veränderungen des Schönbrunner Berges nicht vorstellen können, sie existieren ja auch nur auf dem Papier, und es wird sie nie geben: wie Sie wissen, liebt der Kaiser Schönbrunn nicht, und in meinem Alter wäre es lächerlich, eine derartige Arbeit anzufangen."

Zwei bedeutsame Briefe. Wer sie ganz verstehen will, der möge sich in die Berglzimmer im Erdgeschoß des Schlosses begeben. Dort liegt in einer Vitrine eine Kopie des von Hohenberg gezeichneten Planes, der Marie Antoinette so in Erstaunen versetzt hat. Man sieht den sanften Hang zwischen Neptunbrunnen und Gloriettehöhe angefüllt mit gewaltigen Pavillons, Triumphpforten, Triumphsäulen, Obelisken und Viadukten über eine breite Mittelchaussee. Querwege verbinden die einzelnen Objekte untereinander. Wo heute der Neptunbrunnen steht, erstreckt sich eine Kolonnade mit Statuen. Nur ein von der Megalomanie des Versailler Schlosses angestecktes Gemüt konnte beim Anblick dieses monströsen Entwurfes von „überaus angenehmer Wirkung" reden. Wieder einmal war das Segensgestirn Geld- oder Zeitmangel im rechten Augenblick über Schönbrunn aufgegangen. Die Attacke auf den Waldrücken hinter dem Schloß, den schon Fischer von Erlach ein Dreivierteljahrhundert vorher unangetastet lassen mußte, war abgewehrt durch die Resignation einer alternden Frau. Zwei Jahre später stand dort oben siegreich, einsam und relativ bescheiden die Gloriette.

„Versailles, den 15. September 1775
... Der spanische Botschafter hat mir ein sehr schönes Pferd aus seiner Heimat zum Geschenk gemacht; er hat es mir an meinem Wohnsitz (vermutlich eines der beiden Trianon-Schlößchen) persönlich vorgeführt, obwohl er tüchtig steigen mußte. Sattel, Zaumzeug und Aufputz sind süperb, und ich sinniere jetzt darüber nach, was ich ihm schicklicherweise für ein Gegengeschenk machen soll ..."

Geständnisse dieser Art finden sich in der Korrespondenz der Königin noch an einigen Stellen. Maria Theresia geht auf das Geplauder nicht ein. Einmal aber

wetterleuchtet es in einem ihrer Briefe, und zwar nicht nur aus dem familiären Winkel heraus, sondern mit deutlich visionär-politischem Feuer.

„Schönbrunn, den 2. September 1776
... Alle Nachrichten aus Paris melden, daß Sie Armbänder um 250.000 Livres gekauft haben, wodurch Ihre Finanzen in Unordnung geraten sind, weil Sie dafür Schulden gemacht haben. Um diese loszuwerden, haben Sie, so heißt es, Ihre Diamanten weit unter dem Wert hingegeben, und man argwöhnt nach alledem, daß Sie den König in die unnützen Verschwendungen hineinziehen, die seit einiger Zeit von neuem zunehmen und den Staat in die arge Not stürzen, in der er sich befindet. Ich glaube ja, daß diese Artikel übertreiben, aber ich halte es doch für nötig, Sie über das Gerede zu informieren, da ich Sie so zärtlich liebe."

· Zuweilen begibt sich auch die Königin der Franzosen aus ihren Alltäglichkeiten heraus und besteigt die Ebene höherer Politik und Diplomatie.

„Versailles, den 17. Februar 1777
... Obwohl ich recht wenig davon verstehe, erfaßt mich unabwendbar eine große Unruhe über alles, was sich allerorten in Europa ereignet. Es wäre wohl schrecklich, wenn die Türken und die Russen wieder mit dem Krieg begännen. Wenigstens für dieses Land hier bin ich sicher, daß man die Erhaltung des Friedens sehr wünscht. Wenn mein Bruder (Joseph) gekommen wäre und die Bekanntschaft des Königs gemacht hätte, so denke ich, ganz wie meine liebe Mama, daß dies für das allgemeine Wohl und die allgemeine Ruhe sehr nützlich gewesen wäre. Es wäre das größte Glück, wenn diese beiden Souveräne, die mir so nahestehen, festes Vertrauen zueinander faßten; sie könnten so viele Dinge selber erledigen und wären sowohl von der Ungeschicklichkeit wie den persönlichen Interessen ihrer Minister verschont."

Maria Theresia scheint auf die Platitüden ihrer Jüngsten nicht geantwortet zu haben. Erst im darauffolgenden Jahr findet sich wieder ein Brief, in den die Mutter einige gezielte politische Bemerkungen einfließen läßt.

„Schönbrunn, den 17. Mai 1778
Madame ma chère fille. Der Trost, den Ihre durch den König selbst und durch Ihre beiden Briefe angekündigte Schwangerschaft bereitet, tröstet mich höchlich. Ich kann Gott gar nicht genug danken, daß er mir die

Gnade noch beschert hat, Sie, meine liebe Tochter, für Ihre Zukunft recht solide etabliert zu sehen . . . Jetzt kann ich meine Augen getrost schließen . . . Graf Mercy hat uns mitgeteilt, wie pflichtbewußt und zärtlich Sie sich für Ihre Familie und Ihr Vaterland employiert haben! . . . Frankreich hat niemals zu befürchten, daß wir es bloßstellen, es in etwas hineinreißen oder gar seinen Einfluß schmälern wollten. Unsere Interessen sind durch Bande des Herzens und der Familie viel zu innig verknüpft, als daß wir nicht aufrichtig für Frankreichs Ziele eintreten würden, außer es handelte sich um eine Liäson mit dem König von Preußen(!)."

Die Jahre und der mit ihnen errungene Friede hatten wohl die Empfindungen gegenüber dem Erbfeind im Westen besänftigt, nicht aber Maria Theresias Zorn auf den treulosen Vasallen und Gegner von einst.

Im letzten Brief, den sie aus Schönbrunn nach Versailles an die Tochter schreibt, er trägt das Datum 31. August 1780, klingt noch einmal der Kummer über ihr Verhältnis zu Joseph II. an, der es der Mutter abgeschlagen hat, dem Regiment ihres kürzlich verstorbenen Schwagers Prinz Karl von Lothringen seinen Namen zu belassen. Gegen Schluß heißt es dann: „Der Kaiser rechnet noch mit seiner Abreise nach Böhmen für den 18. (September), er will die beiden Festungen besichtigen. Die Morgen und die Abende beginnen schon recht frisch zu werden. Ich glaube, wir werden einen frühen Winter haben, mein Aufenthalt hier wird keinesfalls mehr länger als drei Wochen dauern . . ."

Es wurden ihre letzten im geliebten Schloß. Drei Monate später schied sie aus dieser Welt.

Die Lisenen und Pfeiler der Großen und Kleinen Galerie hatten durch Saliter arge Schäden erlitten, die Vergoldung wurde schwarz, bröckelte ab. Arg mitgenommen waren auch die Nebengebäude, dort standen bei Regenwetter fünfzig Zimmer infolge schadhafter Dächer unter Wasser. Aber der Kaiser bewilligte nur Flickarbeit, wollte für „ein ohnehin nicht bewohntes Schloß" kein Geld ausgeben. Erst ein Jahr vor seinem Tod genehmigte er auf Hohenbergs dringende Vorstellungen hin steilere Doppeldächer mit einer Rinne dazwischen, die aber wieder den Nachteil hatten, daß sie sich unter der winterlichen Schneelast derart senkten, daß man schon 1805 zur Stützung Sprengfachwerke einbauen mußte. Während seiner Mitregentschaft hatte Joseph sich nicht so knickerig benommen, hatte weder gegen die kostspieligen Ideen Hohenbergs zur Ausschmückung des Parks noch gegen die Berufung des hochdotierten Bildhauers Beyer irgendwelche Einwände gemacht.

Er hatte sich sehr geändert. Das „ohnehin nicht bewohnte Schloß" war keine Phrase, Joseph II. bezog hier nur mehr selten Quartier. Aber als Forum für unumgängliche Gartenfeste oder große politische Empfänge hat er Schönbrunn wegen des Fassungsraumes doch noch ab und zu verwendet. Zum Beispiel im Winter 1786, als er für seinen Schwager Albert von Sachsen-Teschen ein Fest gab, bei welchem die Mozartoper „Der Schauspieldirektor" uraufgeführt wurde. Das Fest fand in der gut geheizten Orangerie im Osten des Parkes statt; das folgende Kapitel wird darauf zurückkommen. Es ging dabei zwar fröhlich, aber würdig zu. Die Schilderung eines „Freiballes", den der stets um Volkstümlichkeit bemühte Joseph am 25. November 1781, ein Jahr nach dem Tod der Mutter, in der Durchfahrthalle des Schlosses gab, mutet hingegen wie der Beginn einer Prügelszene aus einer italienischen Burleske an. Das Maskenfest fand zu Ehren des Großfürsten Paul, des späteren, von seinen Offizieren erschlagenen gewalttätigen Zaren, statt. Vorher hatte man im Theater für den hohen Gast Glucks „Alceste" aufgeführt. Was sich hernach, gewissermaßen im gemütlichen Teil, abspielte, hat einer der begabtesten Berichterstatter der Zeit, nämlich Wolfgang Amadeus Mozart, der damals in Schönbrunn öfter zu Gast und bestens informiert war, der Nachwelt in einem Brief an den Vater überliefert. Hier seine Reportage:

„Auf dem letzten Schönbrunner Ball war eine grausame Confusion . . . Der Kammerfourier Strobel hatte die Billets auszuteilen; auf dreitausend Personen war der Antrag. Es wurde öffentlich kundgemacht, daß Jedermann sich bei dem obgedachten Strobel könne aufschreiben lassen. Da ist nun Alles hingelaufen und der Strobel hat sie aufgeschrieben; und da durfte man dann nichts als um die Billete schicken. Einigen, die zu bekannt sind, wurden sie ins Haus geschickt. Und solche Kommissionen gab man dem nächsten Buben. Da geschah es, daß ein Bube auf der Treppe einen Vorbeigehenden fragte, ob er nicht so und so hieße. Dieser sagte zum Spaß ja, und er gab ihm ein Billett. Viele, die aufgeschrieben waren und wegen dieser Unordnung kein Billett bekommen hatten, schickten zum Strobel und der ließ ihnen sagen, er hätte ihnen ja die Billette längst geschickt. Auf diese Art war der Ball voll Friseurs und Stubenmädchens. Nun kommt aber das Schönste, worüber sich die Noblesse sehr aufgehalten hat. Der Kaiser führte immer die Großfürstin am Arm, es waren zwei Partien Contre danse von der

Noblesse, Römer und Tartaren. Bei einem von diesen geschah es, daß der ohnehin schon unartige Wiener Pöbel sich so zudrängte, daß sie die Großfürstin dem Kaiser vom Arme weg – mitten in die Tanzenden hineinstoßen. Der Kaiser fing an, mit den Füßen zu strampfen, sakramentierte wie ein Lazzarone, stieß einen ganzen Haufen Volk zurück und holte links und rechts aus. Einige von der ungarischen Garde wollten allzeit mitgehen, um Platz zu machen, allein er schickte sie weg . . .‟

Im selben Jahr 1781 hatte Joseph, wahrscheinlich von Isidor Canevale, das nach ihm benannte Stöckl im Augarten auf dem Grund des ehemaligen Kroatischen Konvikts, nahe dem alten Palais, bauen lassen und sich dort häuslich eingerichtet. In einer hoffnungslos fla-

chen Donaugegend, über die bereits der Hauch des Ostens wehte, an heißen Tagen von den üblen Dünsten aus dem Fugbach, dem Fahnenstangenwasser und anderen Tümpeln geschwängert. Nur ein Intellektueller seines Schlages konnte sich dort wohler fühlen als draußen im mütterlichen Schönbrunn. Aber der vielseitige, rastlose „Volkskaiser‟ war im tiefsten Grunde ein Eremit. Seine oft abstrakt wirkende Menschenliebe wird echt gewesen sein, wie seine verfrühten Reformen zukunftweisend waren. Aber als er nach dem Prater auch den Augarten für das Publikum öffnete, schuf er damit nichts Neues. Denn ein „allen Menschen gewidmeter Erlustigungs-Ort‟, wie die stolze Torinschrift verkündet, sind die Alleen und Gärten Schönbrunns schon immer gewesen.

Das Schloß Schönbrunn gegen den Garten.   *Le Chateau de Schönbrunn vers le Jardin.*

Ansicht der Gartenfront des Schlosses in den achtziger Jahren des 18. Jahrhunderts. Zeichnung und Stich von C. Schütz, 1788.

Der Park – Neptun und seine Trabanten
Feldgarten – Orangerie – Parterre – Kammergarten – Tiergarten

Als auf dem Platz der durch die Türken zerstörten Katterburg Ende des siebzehnten Jahrhunderts das neue, große Lustschloß Schönbrunn entstand, war ihm sein Park in gewisser Weise zuvorgekommen: der Innenarchitekt, Vergolder, Skulpteur und Tischler Jean Trehet hatte nämlich schon ab 1686 begonnen, alle Voraussetzungen zu schaffen, um den Katterburggrund samt dem durch die feindlichen Wilderer ausgeschossenen mächtigen Tiergehege in einen französischen Garten zu verwandeln.

In dem kleinen Lustgarten des alten Jagdschlosses mit seinen Laubengängen, Rosenbeeten, „welschen Fruchtgehölzen" in Töpfen, seinen paar Teichen und dem Rasenplatz für Reigentanz und Theaterspiel promenierte man nachbarlich mit Hirsch und Reh, aber auch mit angriffslustigem Schwarzwild und allerlei Raubzeug, wie es aus den umliegenden Äckern, Wiesen und Wäldern hereinwechselte. Mit der Zeit fand man an diesem Nebeneinander von heiterer Geselligkeit und blutiger, lärmender Jagd immer weniger Gefallen, bis schließlich der Park als Spiegel verfeinerter Gesinnung und umfangreicherer Repräsentation alles Waidwerk in die entfernteren Forste und den seit Karl VI. als Rotwild- und Wildschweingehege angelegten Lainzer Tiergarten verbannte.

Heute trifft man in Schönbrunn nur noch gelegentlich Fasane, Hasen, Iltisse, Dachse oder einen Fuchs, vornehmlich in den höhergelegenen Teilen des Tirolergartens, wo sich der pannonische Mischwald aus Eichen und Hainbuchen noch erhalten hat. Ansonsten künden von den frühen Zeiten nur noch spärliche Reste, zum Beispiel die „Schwarze Lacke" unweit des hinteren Gloriette-Teiches oder der alten Leuten noch geläufige ehemalige Name des Areals, das heute den Auer-Welsbach-Park jenseits der Wien bildet und bis 1890, dem Jahr, in welchem es kaiserlicher Besitz wurde, „Schwarze Weste" hieß, ein unwirtliches Gelände mit einem verwahrlosten Vierkanthof, einem elenden Turnplatz und Müllablagerungen. Der Name Weste für ein Vorgelände ist alt, er entspricht dem englischen „apron", Schurz, womit wir zum Beispiel die Abfertigungsfläche vor dem Gebäude eines Flughafens bezeichnen. Hier handelte es sich eben um das Vorfeld des Schlosses. Das abgezäunte Waldgelände hinter der Gloriette, der stark reduzierte Fasangarten,

ist noch naturbelassen und von Spaziergängern ungestört, die nur von fern einen Blick auf seinen Frieden werfen dürfen.

An der Meidlinger Flanke des Parks zieht sich unterhalb des ehemaligen Hohlweges auf den Grünen Berg, den Maria Theresia zur bequemeren Verbindung mit Laxenburg anlegen ließ, der vom Publikum kaum beachtete Feldgarten hin. Hier war einmal Ackerland. Aus dem Feldgarten bezog die Schloßküche Gemüse, Gewürze, auch Obst und Beerenfrüchte; in den Hungerzeiten nach den Weltkriegen gab dieser langgestreckte, heute von Gewächshäusern bestandene Nutzgarten allerlei Setzlinge an Schrebergärtner ab. Auch Obst konnte man hier kaufen. Schon Franz II. (I.) hatte im Feldgarten an alle, die sich darum bewarben, Pfropfreiser verteilen lassen, wodurch die Züchtung edlerer Obstsorten in Österreich wesentlich gefördert wurde. Solche Gratiszuteilungen gab es damals auch im Augarten und im Belvedere.

In der Nähe des Feldgartens stellte Jean Trehet, der die technischen Einrichtungen der großen Pariser Gärten studiert hatte, eine Wassermaschine auf, ungefähr dort, wo heute die Villa mit der griechischen Aufschrift XAIPE steht. Ihr Pumpwerk wurde von Ochsen und Pferden Tag und Nacht betrieben; es lieferte aus vierzig Meter Tiefe in vierundzwanzig Stunden 540 Kubikmeter Wasser für Trehets viele Brunnen, ohne die ein französischer Garten nicht denkbar war.

Auf Trehet gehen die ersten Baumwände zurück, für deren Beschnitt man heute fünf Stock hohe, fahrbare Holzgestelle benötigt. Unter dem Hofgärtner Adrian van Steckhoven, der den Park ab 1765 neu gestaltet hat, erfuhr dessen geometrische Ausformung in Alleen, Spalieren und Teppichpflanzungen ihre radikale Vollendung, die vorübergehend auch den Nordhang des heute mehr naturbelassenen Gloriettebergs mit einbezog.

Gleich dem Philosophen Schopenhauer, der temperamentvoll gegen den französischen Garten wetterte, hat auch Goethe diese vergewaltigende Gartenkunst getadelt: „Solche schroffe grüne Wände ließe ich nicht länger stehn, kann man doch von einem Ende gleich bis an das andre sehn", dichtete er und lamentierte über den „Schneiderscherz", der die Bäume ihrer

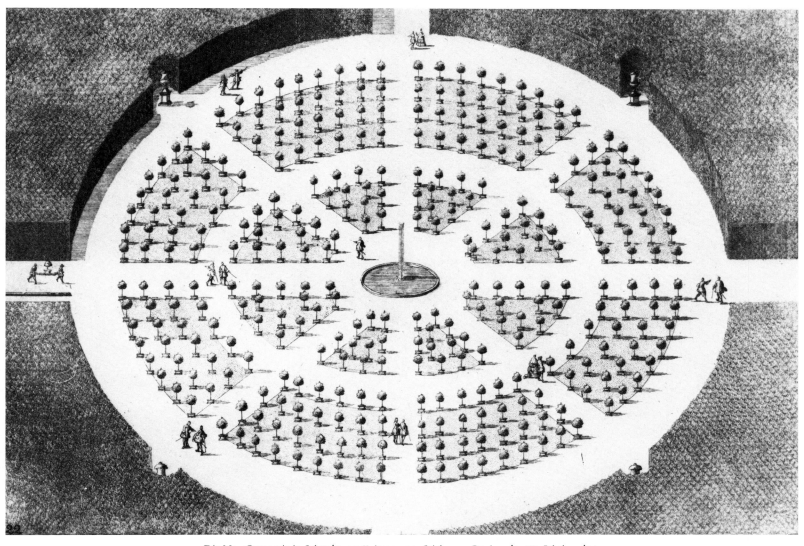

„Die Neu-Orangerie in Schönbrunn." Anonymer Stich vom Beginn des 18. Jahrhunderts.

Knospen und Blüten beraube. Diese Abneigung scheint im neunzehnten Jahrhundert auch den Wiener Hof erfaßt zu haben, doch vermochte Gartendirektor Adolf Vetter gleich bei seinem Amtsantritt 1865 sein Stilgefühl gegen den Willen der allerhöchsten Familie durchzusetzen, und die vernachlässigten Alleen und Boskette wurden wieder französisch zurechtgestutzt.

Zu den Verteidigern des Parks, wie er immer gewesen war, gehörte auch der Feuilletonist Artur Anders, der ihm 1917 einen antigoethischen Hymnus in Prosa widmete: „So grün und hoch war das Schloßparterre im Vorjahr und so vor hundert Jahren. Und in dieser Beständigkeit ist die Zeit gebannt. Was da von der ,unbarmherzigen Gartenschere' gefaselt wird, die die Bäume nicht frei wachsen läßt, ist verfehlter Stimmungskitsch. Denn die Gartenkunst mit den beschnittenen Hecken ist unsere beste Freundin: sie lügt uns ewige Jugend vor. Und das ist's, was uns Schönbrunn so traut macht. Wir lieben diese Lüge und gehen wieder und wieder in ihr Reich."

Daß man „vom einen Ende gleich bis an das andre" sehen kann, gehörte in Schönbrunn von Anbeginn nicht nur zum Gesetz des Parterres, dessen Alleen den Blick möglichst auf eine Skulptur, einen Brunnen, einen Pavillon, ein Tor, eine attraktive Anpflanzung oder auf das Schloß hinzulenken hatten, sondern auch zum Gesetz des Glorietteberges, von dessen Gipfel man westlich wie östlich durch stets sauber beschnittene Schneisen in die Ferne schauen können mußte, hier auf das Dörfchen Ober St. Veit mit seinem Kirchturm, dort bei klarem Wetter bis zur Spinnerin am Kreuz auf dem Wienerberg.

Noch 1703 bezeichnete Trehet den Park, in dem sich das neue Schloß erhob, als „unfertig", obwohl er 1695 auf dem von den Türken verwüsteten Schönbrunner Berg 20.000 Buchen gesetzt und drei Jahre später aus Paris über eintausend „junge Tapis Bäumbl", wahrscheinlich Buchsstauden, mitgebracht und mit ihnen das Gartenparterre bepflanzt hatte, das damals viel kleiner war, als Fischer von Erlach es sich gewünscht hatte. Auf das von Fischer geplante schiffbare Bassin samt Kolonnade an der Stelle des Neptunbrunnens verzichtete man ebenso wie auf die Unterkellerung der Gloriette und den damit verbundenen Kanal, auf dem man mit kleinen Booten vom hinteren Teich unter dem Bauwerk hindurch in den vorderen gerudert wäre.

Im Ostteil zwischen Feldgarten und Mittelparterre entstanden im letzten Lebensjahrzehnt Maria Theresias nach Entwürfen Ferdinands von Hohenberg mehrere Objekte von künstlerisch unterschiedlichem Wert, aber alle charakteristisch für den Geist der Epoche. Unterhalb des heutigen Bundesbades, eines ehemaligen Fischteichs, in dem die Kaiserkinder schwimmen lernten, erhebt sich der Obelisk mit seinen unechten Hieroglyphen, die die Geschichte der Habsburger erzählen. Der schlanke Vierkanter, kein Monolith, ruht auf vier Schildkröten über der Grotte der Tiburtinischen Sibylle mit den Figuren von Enns und Donau als Repräsentanten der Erblande. Daß das fünfzig Jahre später entstandene, vielbesuchte Vergnügungslokal auf dem Grünen Berg „Tivoli" benannt wurde, war seinem herrlichen Rundblick zuzuschreiben, doch fügte sich der Name merkwürdig bedeutungsvoll zum Vorhandenen: wohin man blickte und trat, Rom!

Auf gleicher Höhe mit dem Obelisken folgt westwärts die Römische Ruine mit ihrem sumpfigen Tümpel, der noch bis 1945 über ein offenes Holzgerinne aus der Sibyllengrotte gespeist wurde; jetzt empfängt er

sein weniges Wasser aus einem eigenen Stollen im Berghang. Aus dem dichten Schilf tauchen zwei Gestalten auf, ein Flußgott und eine Flußgöttin als Personifikationen von Moldau und Elbe, die ihre Vereinigung feiern. Aber nicht um diesen ohnehin undurchschaubaren Hinweis auf das nördliche Herzland Böhmen war es Hohenberg zu tun, als er mit den Bildhauern Henrici, Zächerl und Beyer die Ruine aus Stein, Ziegeln und Marmor schuf, sondern um eine Architektur, die ihren Sinn erst dann erhält, wenn sie den Beschauer zu nachdenklicher Zwiesprache mit ihr anregt. Man trifft ähnliche Bauten auch anderswo, zum Beispiel in der Villa Albani in Rom. Romantische Wehmut über die Vergänglichkeit sollte sich einstellen, Sehnsucht nach der Antike, die aber nicht als noch gegenwärtig nachgeahmt, sondern im Verfall dargestellt wird. Das einem Bühnenprospekt vergleichbare Gebilde gehört mit den im übrigen Park postierten Statuen zu den Resten eines weitläufigen Forums, das Hohenbergs Ehrgeiz hier gerne errichtet hätte. Staatskanzler Kaunitz, der mit dem deutschen Altertumsforscher Johann Joachim Winckelmann korrespondierte, hat für den bildhauerischen Gartenschmuck den nötigen Raum aussparen lassen, und sehr wahrscheinlich leben die Ideen seines berühmten Briefpartners auch in dieser zehn Jahre nach Winckelmanns Ermordung (1768) errichteten künstlichen Ruine weiter, die Waldmüller dann so schön gemalt hat, ist sie doch selbst mehr Malerei als Architektur. Der Wiener

Die Römische Ruine, aquarellierte Pinselzeichnung Johann Ferdinand von Hohenbergs. Wien, Albertina.

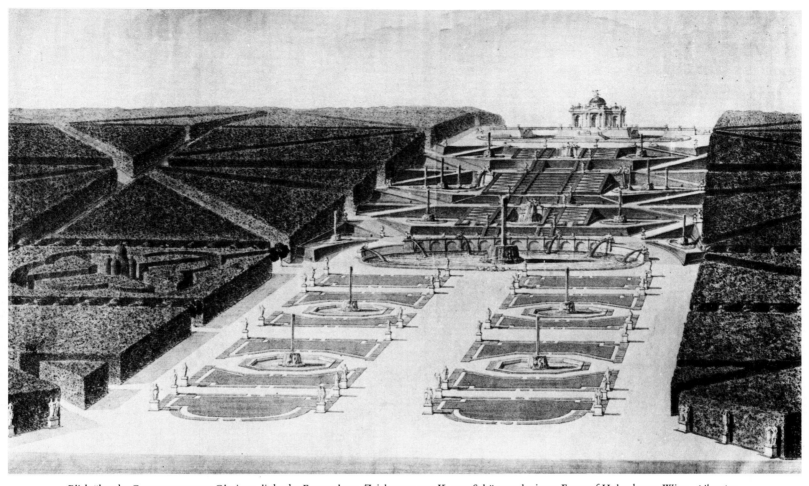

Blick über das Gartenparterre zur Gloriette, links das Fasanenhaus. Zeichnung von K. von Schütz nach einem Entwurf Hohenbergs. Wien, Albertina.

Chronist Realis, der sie sehr liebte, hat mit ihr auch noch seinen Spaß gehabt, als er eines Tages den Eindruck beobachtete, den sie „auf Leute macht, die keinen Schulstaub eingeathmet haben und von den klassischen Bauformen so viel wissen wie vom Mann im Mond". Er hörte, wie ein Teil der Sonntagsbummler das Bauwerk für einen Schutthaufen hielt, den man nur deshalb noch nicht weggeräumt habe, weil „des Kaisers Auge noch nicht in diesen Winkel gefallen sei". Andere hielten die Ruine für das Ergebnis böswilliger Beschädigung oder arger Witterungseinflüsse, man hätte sie längst ausbessern müssen. Für den ernsten Hinweis, daß es sich hier um pure Absicht, um eine „Kunstruine" handle, erntete Realis nur Gelächter und Spott: „Wer wird denn einen gebrochenen Topf machen?"

Wenige Schritte von hier erhebt sich, hinter dichtem Grün verborgen, der „Schöne Brunnen", ein grottenartiger Pavillon mit Ornamenten, die an fließendes Wasser erinnern, wie es denn auch reichlich dem Marmorgefäß der von Wilhelm Beyer gemeißelten Nymphe Egeria im Inneren des Brunnenhauses entströmt. Man kann es aus bereitgestellten Gläsern trinken und versteht, daß sich die Kaiser dieses köstliche Wasser in die Hofburg an die Tafel liefern ließen. In die rechte Seitenwand des Brunnenpavillons ist einer der schlichtesten, schönsten Gegenstände eingelassen, die es in Schönbrunn zu sehen gibt: die Steinplatte mit dem großen doppellinigen Monogramm des Kaisers Matthias (1612–1619), der sie hier als „Quellenstein" aufstellen ließ.

Als weiterer Tribut an den Zeitgeist steht im Ostteil des Parks auch noch ein von Hohenberg errichtetes Chinesisches Taubenhaus, das weit oben – nahe dem Berggarten am Maria-Theresien-Tor – in der „Pagode" der Kleinen Gloriette, einem freskengeschmückten luftigen Lusthaus und Teepavillon, eine Art Gegenstück hat.

Der Westteil zwischen Lindenallee und Rustenallee ist leer geblieben, ist nur grünender, weitgedehnter Park ohne Bauten und nennenswerte Plastiken. Erst am Ende, beim Hietzinger Tor, haben wieder Architektur und Bildhauerei das Wort. Hier ragt als Zeuge einer Epoche, die sich an den Möglichkeiten kühner Eisenkonstruktionen berauscht hat (Riesenrad, Eiffelturm), das 1882 als Ausstellungsgebäude errichtete

Palmenhaus mit seinen Glasgewölben empor, umgeben von der alten Fasanerie des Tiergartens, dem 1904 als Treibhaus mit mehr Maueranteil gebauten „Sonnenuhrhaus" und dem hohen, langgestreckten alten Palmenhaus aus Vormärztagen, in dem heute die Abteilung Film der Akademie für Musik und darstellende Kunst beheimatet ist. Dicht daneben erhebt sich der Schornstein des Heizhauses und dahinter, jenseits der Mauer an der Maxingstraße, der spitze Turm der Hietzinger Kirche, der zusammen mit dem vertieft angelegten Holländerparterre, den beiden Seerosenbassins und dem zweihundert Jahre alten Gartendirektor-Stöckl eine der malerischesten Veduten bildet, die Wien aufzuweisen hat.

Weißbuche, Eiche, Roßkastanie und Linde beherrschen das Bild des großen Parks – hier aber, im äußersten Westen, gedeihen in den Gewächshäusern Gäste aus wärmeren Zonen: die Bergmispel Japans, der australische Eisenholzbaum, ein sechs- bis achthundert Jahre alter Ölbaum aus Spanien, Neuseelandflachs und afrikanischer Bogenhanf, Dattelpalmen, Zuckerpalmen, Philodendren, Kakteen und Bromelien, Kaffeestaude und Teestrauch, Orchideen, Farne, Insektovoren, die australische Känguruhpfote und der leuchtend rote subtropische Weihnachtsstern.

Im anschließenden, sich sanft erhebenden Gelände zwischen dem Zoo beziehungsweise dem Tirolergarten und der Maxingstraße hat der Botanische Garten, Franz Stephans Lieblingsgründung, eine Ausweitung erfahren, die ihn nicht nur zu einem für den Wissenschaftler, sondern auch für den Spaziergänger höchst kostbaren, weil besonders erholsamen, stillen Areal gemacht hat. Hier gedeiht das Seltene oder Fremdländische unter freiem Himmel: Balsamtanne und Blumenesche, Mädchenkiefer und Perückenstrauch, Kolkwitzia amabilis und die Hopfenbuche, der eigenwillige, aus Urzeiten der Pflanzenwelt herüberlebende japanische Gingko mit seinem gespaltenen Laub, ein „lebendes Fossil", Kaisereiche und Yedofichte, goldschimmernde Scheinzypressen, atlantische Zedern, nordamerikanische Thujen.

Nahe dem „Sonnenuhrhaus" steht die bronzene Herme, die Maria Theresia ihrem naturbesessenen Gatten ein Jahr nach dessen Tod errichten ließ. Die Inschrift gibt genau an, zu welchem Zweck Franz I. dieses „viridiarium" gegründet hat, nämlich „floribus, fructibus, arboribus et plantis rarioribus colendis". Zugleich mit der Erinnerung an diesen Kaiser und seinen genialen Botaniker Jacquin erwacht das Gedenken an so manchen anderen bedeutenden Gärtner und

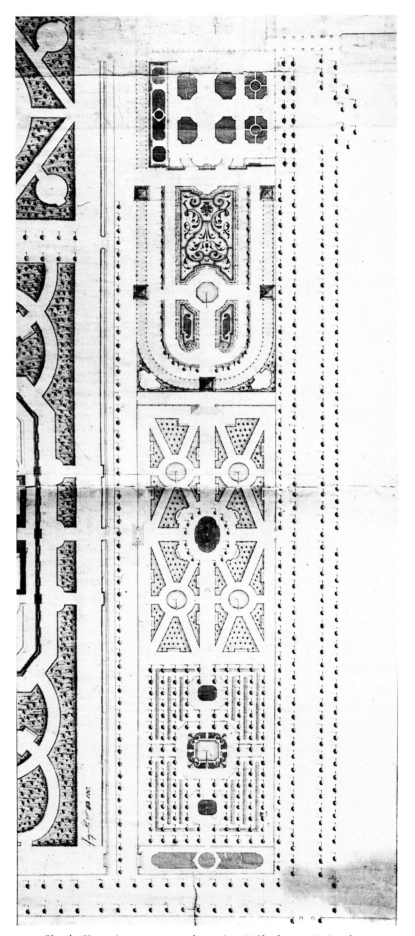

Plan des Kronprinzengartens aus der zweiten Hälfte des 18. Jahrhunderts. Wien, Albertina.

Gartendirektor, die den Schönbrunner Park zu dem gemacht haben, was er heute ist: Adrian van Steckhoven (1753–1780), Richard van der Schot (1780–1790), Franz Boos (1790–1827), Heinrich Schott (1845–1865). Was sie aus tropischen und subtropischen Ländern mitgebracht haben oder zur Pflege erhielten, wanderte in den Baumgarten, das „Arboretum", oder zur Akklimatisation in eines der immer zahlreicher werdenden Glashäuser des „Holländischen Gartens"; im Schlosserhof hinter dem Gartendirektor-Stöckl reihten sie sich aneinander. Südafrikanische Gewächse kamen ins „Kaphaus", unter ihnen die berühmte „Fockea capensis" mit ihrer Wurzelknolle, die einem grauen eiförmigen Stein gleicht und auch steinhart ist; das weit über zweihundert Jahre alte, als erstes nach Europa gelangte Exemplar wird heute, zusammen mit einigen jüngeren, in den Glashäusern des neuen Reservegartens kultiviert, es treibt und grünt frisch wie an dem Tag, da es nach endloser Segelschiffreise vom Kap der guten Hoffnung in Schönbrunn eintraf und begreifliches Aufsehen erregte.

Der Reservegarten, der das Palmenhaus und das „Sonnenuhrhaus" wöchentlich mit Nachschub versorgt, befand sich bis in die sechziger Jahre unseres Jahrhunderts dicht an der alten Menagerie, zwischen Bärenloge und Tigerloge. Dort stand auch das unvergeßliche Victoria-Haus, ein altmodisches, tropisch geheiztes Gebäude, in dessen Wasserbecken eine Victoria regia wuchs, jene später von englischen Botanikern nach ihrer Königin getaufte Pflanze, vor welcher der aus Böhmen gebürtige, von König Karl IV. von Spanien mit zwei Schiffen ausgerüstete österreichische Naturforscher Thaddäus Haenke, als er sie 1800/01 in einem Urwaldfluß Boliviens erblickte, in die Knie sank und Gott anbetete. Ihre riesigen Blätter mit dem hohen Rand sind so stark, daß man auf eines von ihnen ein Stühlchen stellen und ein Kind daraufsetzen konnte. Sooft die Victoria sich anschickte, ihre wundervolle, kurzlebige, Melonenduft verbreitende Blüte zu entfalten, machte man dies in Presse und Rundfunk publik, worauf die Blumenfreunde herbeieilten.

Der heutige Reservegarten, südlich der Fahrstraße zwischen Schloß und Meidlinger Tor gelegen, beherbergt eine überwältigende Menge fremdländischer Flora, ein mehr als würdiger Nachfolger der von Franz I. gegründeten Pflanzensammlung; denn nichts anderes als eine solche stellt die ganze Institution dar: zu den Kunst- und Wunderkammern der Fürsten, zum Mineralien- und Naturalienkabinett mit ausgestopften Tieren und mit Herbarien gehörte neben dem Zoo eben auch eine lebende Pflanzenschau.

Botanikpflege wurde in Schönbrunn seit je sehr groß geschrieben. Wo sich bis zum Krieg von 1914/18 am Westende des streng privaten Kammergartens eine Reitbahn befand, heute ein besonders schöner, englisch anmutender öffentlicher Gartenteil, gab es in der ersten Hälfte des neunzehnten Jahrhunderts Beete mit vierhundert inländischen Pflanzen, die nicht, wie damals üblich, nach ihrem Nutzwert, sondern „nach dem Linnéschen Sexualsystem zum Selbststudium" angeordnet waren und von der heranwachsenden Jugend und den Damen des Kaiserhauses eifrig aufgesucht wurden.

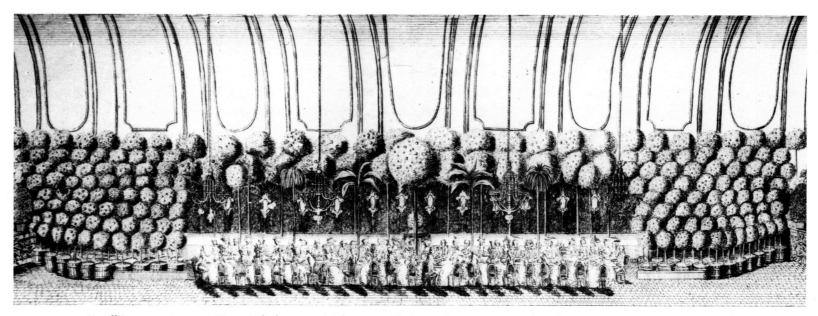

Uraufführung von Mozarts „Schauspieldirektor" am 6. Februar 1786 in der Großen Orangerie. Links und rechts je eine Bühne für das Singspiel Mozarts und die darauffolgende Opera buffa „Prima la musica e poi le parole" von Salieri. In der Mitte die tafelnden Gäste.

Erst im Lauf der franzisko-josephinischen Ära erlosch dieses Interesse, dem auch der Tirolergarten des Erzherzogs Johann seine Entstehung zu verdanken gehabt hatte.

Mit dem neuen Reservegarten und der ihm gegenüberliegenden Orangerie befindet man sich wieder im Ostteil des Parks. Die achtunddreißig, von feuchter Schwüle erfüllten Glashäuser des Reservegartens stellen eine einzigartige botanische Schatzkammer dar. Innerhalb weniger Stunden kann man hier an den prominentesten Vertretern der tropischen Regenwaldflora und an den Floren anderer ferner und fernster Kontinente und Inseln vorüberwandern. Tomatenbaum und Roter Eibisch, Baumwollstaude und Sykomore, Orchideen, Azaleen, unzählige Farne, Kakteen, Chrysanthemen und Hyazinthen, der Bananenbaum und die schon genannte kuriose, geheimnisvolle Fockea capensis mit dem schmächtigen Grün auf der überdimensionalen Knolle, sie alle sind hier beisammen und entfalten im Frühling eine Blütenpracht ohnegleichen. Wie eh und je können auch Privatkunden die eine oder andere Kostbarkeit erwerben, und wie schon vor Jahrhunderten reist noch heute in gewissen Abständen ein Gärtner in überseeische Länder, um „flores rariores" aufzuspüren und nach Schönbrunn zu bringen.

Die Orangerie präsentiert sich als eine Art Zwitter: ihre gedeckte, nahezu zweihundert Meter lange Riesenhalle ist in den Komplex der Nebengebäude zwischen „Meidlinger Viereckl" und Schabrackenhaus eingebunden, mit ihrem offenen Gartenteil aber gehört sie, wenn auch in splendid isolation, eher zum Park. Für ihre Noblesse und Distanz sorgt schon die hohe Balustrade mit den vier von je zwei Barock-Urnen gekrönten Toren. Aber auch das gelb gestrichene Gebäude dahinter wirkt trotz seinem — freilich ehrenvollen — Aschenbrödeldasein noch immer imperial. Das Dach dieses gigantischen Wintergartens, in dem man auch reiten konnte, ist über seiner niederen Stirnmauer mit neun einfachen, aber dennoch schmuck wirkenden Gaupen versehen. Die hohen, breiten Rundfenster werden von vierzig Pfeilern flankiert, auf denen spätbarocke Groteskköpfe sitzen; die Orangerie entstand 1744. Von den Grimassen dieser Häupter gleicht keine der anderen, kein noch so virtuoser Gesichterschneider von Bühne und Film könnte da mithalten.

Der Orangeriegarten, auch Kleine Orangerie genannt, ist heute betoniert; seine Glashäuser und Mistbeetanlagen liefern die „Teppichgewächse" für die Sommerauspflanzung der Parterres, auch jener im Belvedere, im Augarten, im Burggarten. Großpflanzen,

die die Verwaltung der Bundesgärten bei offiziellen Anlässen zur Festdekoration beistellt, überwintern in der Halle. Die imposante Gartenfläche davor war ursprünglich von Kieswegen durchzogen und in „Compartiments" eingeteilt, in denen die verschiedensten Blumen, Sträucher, Palmen und anderes wuchsen. In der Mitte erhob sich ein römischer Marmorbrunnen mit Karyatiden, an den Enden zwei einfachere mit weiten, flachen Becken. Einer von ihnen, der östliche im Halbrund des Schabrackenhauses, ist noch vorhanden; im Sommer ist er von Topfpflanzen umstellt, Palmen, Lorbeerbäumen, Kirschmyrten, und wer seine Phantasie zu Hilfe nimmt, kann sich dort in einen letzten schwachen Nachklang einstiger Pracht hineinträumen. Man spürt den trotz aller Profanierung unverlierbaren Adel der ganzen Anlage und begreift, daß man die Orangerie immer wieder zur Abhaltung großer Feste aussersah, besonders im Winter, da die noch heute unverändert in Betrieb stehende, von keiner modernen Installation zu übertreffende primitive Unterboden-Heizung den langen, an die tausend Personen fassenden Raum ungleich behaglicher machte als die viel schwerer zu beheizende Große Galerie im Schloß. So gab hier Kaiser Ferdinand I. am 10. März 1839 für den in Wien weilenden russischen Thronfolger ein fulminantes Gala-Souper.

Die Hofzeremonialprotokolle verzeichnen viele kleinere und größere Orangerie-Feste. Zu den bemerkenswertesten zählte der Empfang, den Joseph II. am 6. Februar 1786 seiner Schwester „Mimi"-Christine und ihrem Gatten, dem Herzog Albert von Sachsen-Teschen, gab, kurze Zeit bevor er das verdiente Statthalterpaar demütigend frostig und ohne ersichtlichen Grund aus den Niederlanden abberief. Der Kaiser hatte für diesen Tag bei Wolfgang Amadeus Mozart das Singspiel „Der Schauspieldirektor" bestellt, dessen Uraufführung das Fest krönte. Zwei Tage später brachte die Wiener Zeitung einen Bericht, der durch seine naive Sachlichkeit die Atmosphäre eines solchen Wintergartenfestes trefflich schildert. Der Reporter schreibt: „Dienstag gab Se. Majestät der Kaiser dem durchlauchtigsten Generalgouverneur der k. k. Niederlande und einer Gesellschaft des hiesigen Adels ein Lustfest . . . Es waren dazu vierzig Kavaliere, wie auch Fürst Stanislaus Poniatowsky (der Neffe des Königs von Polen) geladen, die sich ihre Dames selbst wählten und paarweise in Pierutschen (offenen Promenierwagen) und geschlossenen Wägen um 3 Uhr von der hiesigen Hofburg aus mit Se. kais. Majestät, Höchstwelcher die durchl. Erzherzogin Christine führten,

Portrait der Kaiserin Maria Theresia aus dem Großen Rosa-Zimmer, so benannt
nach dem Maler Josef Rosa, der die in diesem und den beiden kleinen Rosa-
Zimmern befindlichen Landschaftsgemälde schuf. Auf dem von zwei blau-weißen,
chinesischen Bodenvasen flankierten Konsoltisch eine Rokokouhr.

Oben links: Stockuhr aus Palisanderholz mit Bronzeverzierung aus dem gemeinsamen Schlafzimmer Kaiser Franz Josephs und seiner Gemahlin Elisabeth. Oben rechts: Standuhr von F. Michalitz im Sterbezimmer Kaiser Franz Josephs. Die vom Ende des 18. Jahrhunderts stammende Uhr besitzt auch ein rückseitiges Zifferblatt, das im Spiegel abgelesen wird. Unten links: Uhr aus dem Vieux-lacque-Zimmer. Unten rechts: Uhr aus dem Zeremoniensaal.

Konsoluhr aus Bronze, 19. Jahrhundert, aus dem Spiegelsaal.
Der Sockel ist aus Alabaster, die Bekrönung zeigt eine sitzende Frauengestalt mit Lyra.

Oben links: Sessel aus dem Vieux-lacque-Zimmer. Oben rechts: Sessel aus dem Herzog von Reichstadt-Gedenkzimmer. Unten links: Sessel aus einem der beiden kleinen Rosa-Zimmer. Unten rechts: Sessel aus dem Gobelinzimmer mit der Darstellung der Monate März und April auf Lehne und Sitz.

Das früher als Audienzraum dienende Gobelinzimmer wurde 1873 mit Brüsseler Tapisserien ausgestattet, die niederländische Volksszenen zeigen. Passend dazu die sechs Fauteuils mit Darstellungen der zwölf Monate auf Sitz und Rückenlehne.

Oben: Rokoko-Keramiköfen aus den beiden kleinen Rosa-Zimmern. Gegenüberliegende Seite: Ofen und Teil des Wandschmucks aus dem Porzellanzimmer. Die blau-weißen Tuschzeichnungen stammen zum Teil von Franz I. und den Erzherzoginnen, seinen Töchtern, die Reliefgirlanden sind aus Holz und als imitiertes Porzellan lackiert.

Rokoko-Keramiköfen in den Bergl-Zimmern. Links unten ein vergoldeter „Baumofen" in Gestalt eines Stammes mit Singvögeln und einem Eichhörnchen.

Detail aus einem der Bergl-Zimmer. Die Fresken stammen von Johann Bergl, sie sind zwischen 1769 und 1777 entstanden. Später wurden sie durch eine Wandbespannung verdeckt und kamen erst 1891 wieder zum Vorschein. Sie lösen die Zimmer in eine ideale Scheinlandschaft auf, mit Hecken, Blumengirlanden, exotischen Tieren und romantischen Fernblicken.

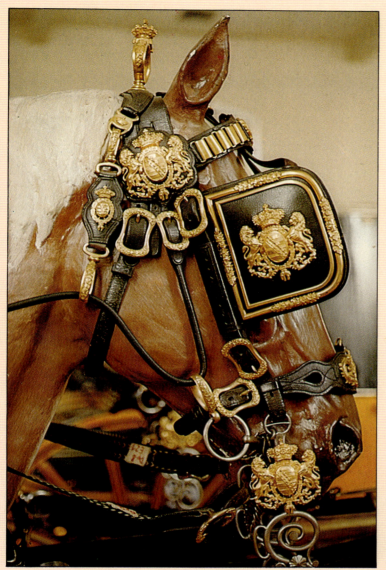

Oben links: Wagenburg. Detail vom Kopfgestell der Ausstattung des Staatswagens der Herzöge von Sachsen-Coburg-Gotha, nach 1870 von der berühmten Wiener Wagenfabrik Jacob Lohner gebaut. Oben rechts: Detail vom Kopfgestell des rotsamtenen, goldgestickten Achterzuges zum Imperialwagen, Wien 1838, mit Schnallen und Beschlägen aus vergoldeter Bronze, Ohrrosen und Quasten aus Goldflitter. Gegenüberliegende Seite: Die Tür eines Bergl-Zimmers als Schein-Pavillon in paradiesischer Gartenlandschaft.

Räder verschiedener Ausstellungsstücke der Schönbrunner Wagenburg. Oben links: Rad vom Prinzengalawagen, Wien um
1735. Oben rechts: Rad vom Imperialwagen, Mitte des 18. Jahrhunderts. Unten links: Rad der Gala-Berline für die Krönung
Napoleons zum König von Italien, Paris 1805. Unten rechts: Rad vom Krönungslandauer, Wien 1824. Gegenüberliegende
Seite: Detail aus dem Imperialwagen des Wiener Hofes, der um die Mitte des 18. Jahrhunderts wahrscheinlich für die Krönung
Franz Stephans angefertigt wurde. Das Prunkgefährt wurde bei feierlichen Anlässen des Wiener Hofes verwendet.

Oben und unten: Details von den beiden Prinzengalawagen aus der Schönbrunner Wagenburg, 1. Hälfte des 18. Jahrhunderts. Mitte: Detail vom Krönungslandauer, der 1824 von der Hofsattlerei für die Krönung der Kaiserin Caroline Augusta zur Königin von Ungarn angefertigt wurde.

Oben: Detail aus der Ausstattung des Achterzugs zum Imperialwagen. Mitte: Detail vom grün-
goldenen Zaumzeug und Schlittengeschirr mit Geläute, Wien, Mitte des 18. Jahrhunderts.
Unten: Detail vom Prunkgeschirr des Liechtenstein-Wagens.

Wagenburg. Detail aus der Ausstattung des Gala-Staatswagens der Herzöge von Sachsen-Coburg-Gotha.

nach Schönbrunn aufbrachen und allda in der Orangerie abstiegen. Diese war zum Empfang der Gäste auf das herrlichste und zierlichste zum Mittagmahle eingerichtet. Die Tafel unter den Orangeriebäumen war mit einheimischen und fremden Blumen, Blüten und Früchten auf die angenehmste Weise besetzt. Währenddem Se. Majestät mit den hohen Fremden und den Gästen das Mahl einnahmen, ließ sich die Musik der k. k. Kammer auf blasenden Instrumenten hören. Nach aufgehobener Tafel wurde auf dem an einem Ende der Orangerie eingerichteten Theater ein neues, für dieses Fest eigens komponiertes Schauspiel mit Arie, betitelt ‚Der Schauspieldirektor‘, durch die Schauspieler der k. k. Nationalbühne (Burgtheater) aufgeführt. Nach dessen Ende wurde auf der wälschen Bühne, die am anderen Ende der Orangerie errichtet war, die ebenfalls für diese Gelegenheit (von Salieri) verfaßte Opera buffa unter dem Titel ‚Prima la musica e poi le parole‘ (Zuerst die Musik, dann die Worte; eine Satire auf die italienische Oper) von der Gesellschaft der Hofoperisten dargestellt. Während dieser Zeit war die Orangerie mit vielen Lichtern an Lustern und Platten auf das herrlichste beleuchtet. Nach 9 Uhr kehrte die ganze Gesellschaft in voriger Ordnung, jeder Wagen von zwei Reitknechten mit Windlichtern begleitet, nach der Stadt zurück.“

Joseph II., der auf eine gute, ausführliche Presse Wert legte, war auch sonst in jeder Weise auf Publicity bedacht. Sechs Wochen nach dem Orangerierummel kam wieder ein 19. März, sein Namenstag, da durften alle Wiener Kinder in ganz Schönbrunn Veilchen pflücken und sie bei den Torwachen für den geliebten Monarchen abgeben. Gott mochte wissen, in welchen subalternen Vasen die Sträußchen schließlich welkten, der Kaiser wohnte ja längst nicht mehr im Schloß.

Im Spätsommer 1780 hatte der Park endlich einen Mittelpunkt bekommen: den Neptunbrunnen mit den beiden Zentralfiguren samt den rossebändigenden Tritonen und den Meerjungfrauen, Skulpturen aus der Werkstatt des Tirolers Franz Anton Zauner. Damit war Maria Theresias Wunsch, den sie 1773 ihrer Tochter nach Versailles mitgeteilt hatte, in Erfüllung gegangen, wenn auch erst nach sieben Jahren; sie hatte damals geschrieben: „. . . ich habe oben ein großes Reservoir anlegen lassen, um gegenüber dem Haus, am Ende des Parterres, einen Springbrunnen zu haben, ich hoffe, daß er in zwei Jahren spielen wird; das Parterre denke ich mit Statuen auszuschmücken.“

Von nun ab gebot der bärtige Meergott über das nicht zu reich, aber auch nicht zu spärlich besiedelte Gartenimperium Schönbrunns. Alle sind sie seine Trabanten geworden, der Obelisk, die Römische Ruine, der Egeriabrunnen, das Taubenhaus, die Gewächshäuser in Ost und West, die Büste Franz Stephans, das Fischbassin vis-à-vis dem Kammergarten, die bewundernswerten Relief-Vasen in diesem, die allegorischen Brunnen im Ehrenhof, im Herzen des französischen Parks das östliche Rund- und das westliche Sternbassin mit den anmutigen Najaden Hagenauers. Neptun duldete nichts über oder hinter sich außer der Krone der Gloriette, und keine anderen Götter neben sich außer der Halbgöttin Thetis, die ihn für ihren Sohn Achilles um eine glückliche Seefahrt nach Troia anfleht. Also mußten die für die Wege am Berghang bestimmten und dort zum Teil schon aufgestellten Marmorbilder abmontiert werden und sich zu den übrigen ins Flachland hinabbequemen, hinein in die Laubnischen entlang dem Gartenparterre, das Kaunitz im Einvernehmen mit Hohenberg erweitern und durchgehend mit hohen seitlichen Baumwänden versehen hatte lassen. Vierundvierzig klassizistische Statuen gibt es in Schönbrunn, Götter, Halbgötter, Heroen, historische Persönlichkeiten; die meisten von ihnen umstehen in gebührender Distanz vom „spielenden Brunnen“ den in acht Rechteckfelder geteilten Teppich des Parterres, das einzige, was Neptun vor sich, zu seinen Füßen, akzeptiert. Begonien, Pelargonien, Ageratum, Alternanthera, Iresinen, Salvien und Türkische Nelken bilden die Ornamente im satten Grün; sie gleichen kunstvollen Gestecken, und die Gärtner nennen sie auch seit alters her „Broderien“. Zur Zeit Canalettos hat man sie aus gefärbtem, von niederen Buchshecken eingesäumtem Kies gebildet, das parkseitige Gemälde verrät es deutlich.

In den Laubnischen stehen, einst leuchtend weiß, heute eher grau, der Räuber Paris mit Helena in holdem Einverständnis, stehen Perseus mit dem Haupt der Medusa und Jason mit dem Goldenen Vlies, Emblem des habsburgischen Hausordens; stehen Mars und Minerva, Janus und Bellona; erscheinen Ceres und Bacchus, Kybele und Eurydike, Hannibal, Cincinnatus und Aspasia, Apollo und Herkules, Merkur und die Cumäische Sibylle mit den verbrennenden Büchern – kurz, sie sind alle da, die schönen Gespenster der Vergangenheit, über die ein Habsburgerprinz alter Schule genauso Bescheid wissen mußte wie jeder humanistisch geplagte Lateinschüler. Ganz vorne aber, beim Schloß, von der Gartentreppe aus besonders gut zu erblicken, flieht Held Äneas, Ahnherr aller Cäsaren und Kaiser, mit Vater Anchises auf dem Rücken und dem Söhnlein Askanius an der Hand aus dem brennenden Troia. Schon durch die Geste seines enorm ausgreifenden Laufschritts mußte er jedermann auffallen, und wenn der Hauslehrer nicht nur bei Macchiavelli und der Gegenreformation, sondern auch bei Dante in die Schule gegangen war, wird er seinem erzherzoglichen Zögling vielleicht beigebracht haben, daß sich Stammvater Äneas mit drei Frauen verbunden hat: in Troia mit der Asiatin Kreusa, die in der brennenden Stadt zurückblieb, in Karthago mit der Afrikanerin Dido, in Italien schließlich mit der Europäerin Lavinia; woraus sich für Dante in seiner Schrift „De Monarchia" klar ergab, daß den Nachfahren dieses Troerhelden „alles Erdreich untertan" zu sein hatte . . .

Ein kleiner Trupp dieser aus Sterzinger Marmor von einem Dutzend Bildhauern gemeißelten Wesen – der Hauptanteil entfällt auf Wilhelm Beyer und Johann Baptist Hagenauer – hat sich selbständig gemacht, ist von Neptun abgerückt und steht nun eigenbrötlerisch da und dort im Gelände verstreut. Zwei Trabanten aber haben sich regelrecht versteckt, nämlich Alexander der Große und seine Mutter Olympias, die ihre Ehe mit König Philipp II. von Makedonien auf der heiligen Tempelinsel Samothrake in der nördlichen Ägäis schloß. Wer diese Mutter und diesen Sohn finden will, muß sie suchen gehen. Unweit der Dreiergruppe des flüchtenden Äneas, südöstlich hinter dem Schloß, kann er sie inmitten eines rhombischen Gevierts aus beschnittenen Weißbuchenhecken aufspüren. Dort stehen sie auf hohem Podest und schauen aneinandergeschmiegt weltentrückt ins Weite, ganz für sich. Die Reifrockdamen und Kniehosenherren, die unter gepuderten Perücken hier lustwandelten, haben beim Anblick des Paares gelächelt: sie wußten, daß Alexanders Antlitz die Züge ihres Kaisers, Josephs II., trug, und agnoszierten die für ihn viel zu junge Mutter einwandfrei als Isabella von Parma, seine geliebte erste Frau. So wird man also auch im Park an die tragische Liebesgeschichte dieses Monarchen erinnert. Der versteckte, ungemein agreable Platz – das fremde Wort drängt sich einem auf – heißt allgemein „bei der Kaiserfigur", er hat keinen anderen Namen und ist unter diesem von jedem Gärtner, Fremdenführer oder Stammbesucher des Parks leicht zu erfragen.

Als eine vom Parkimperium abgesonderte reiche Provinz, die aber zu seinem Urbestand gehört, empfindet man den Zoo. Er kann nicht als Trabant Neptuns gelten, er hat seinen eigenen Mittelpunkt in dem unvergleichlich noblen, durch einen Treppensockel erhöhten oktogonalen Pavillon des Rokoko-Architek-

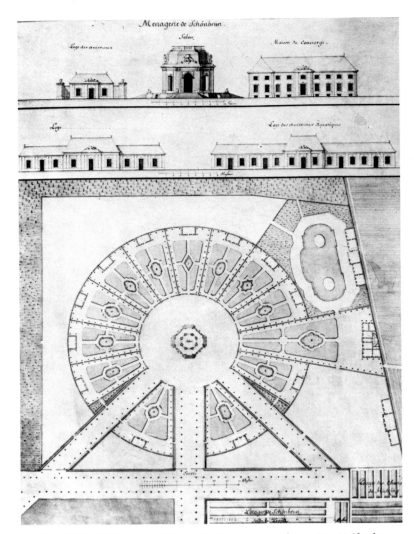

Grundriß der Schönbrunner Menagerie. Zeichnung aus der zweiten Hälfte des 18. Jahrhunderts. Wien, Albertina.

ten Nicolas de Jadot. Impressionen aus Ovids Metamorphosen schmücken sein Deckengewölbe, von Guglielmi gemalt, und die acht Supraporten zeigen dreißig der damals hier gehaltenen „friedlichen Thiere" (zum Unterschied von den wilden): ein Bergzebra, nach heutigen Begriffen der wertvollste Einwohner, ein Ren, eine Gazelle mit Jungen, eine Kuhantilope aus Südafrika, einen Silberfuchs, einen Roten Ibis, eine Nonnengans und so weiter. Vom Balkon des Pavillons aus oder durch seine hohen Fenster konnte man die größten Tiere in den konzentrisch angeordneten, sich zum vollen Kreis schließenden „Logen" beobachten. Die Sektoren hatten vorne Gitter, im Hintergrund befanden sich die für die kalte Jahreszeit beheizbaren Quartiere. Für die Wasservögel hatte man zwei kleine Teiche mit Inselchen angelegt, für tropische Vogelarten und zarte Vierbeiner ein zweistöckiges Haus errichtet.

Die Trennmauern der Sektoren sind längst abgetragen, aber die edlen Pfeiler mit den steinernen Blumenvasen und Stützvoluten stehen noch. Der Tiergarten ist inzwischen mächtig erweitert und nicht nur luftiger,

Gartenplan des Hofgärtners Franz Boos von 1780, nach Fertigstellung des Schloßparks. Wien, Albertina.

sondern auch naturgemäßer gestaltet worden. Trotzdem kann man sich, vom Pavillon aus in die Runde blickend, noch immer gut in das Erlebnis versetzen, das Maria Theresia und Franz Stephan hatten, wenn sie hier bei schönem Wetter ihr Frühstück einnahmen.

So vielfältig und anregend das alte Griechenland und Rom in Schloß und Park umhergeistern, für den Zoo konnten sie brauchbare Vorbilder nicht liefern; die Griechen brachten der Tierwelt wenig zoologisches Interesse entgegen, und was die Römer an fremdländischem Getier zusammentrieben, Löwen, Tiger, Büffel, diente ausschließlich den blutrünstigen Schauspielen ihrer Hetztheater. Kaiser Augustus und Kaiser Trajan könnten allenfalls als „Tiergärtner" gelten, aber ihre mit 3500 beziehungsweise 11.000 Tieren besetzten Gehege dienten lediglich dazu, das Ansehen des Herrn der Welt zu erhöhen, und in den Imperien der Chinesen, Azteken, Mongolen und bei den afrikanischen Königen von Benin war die Zielsetzung nicht viel anders; auch die Zwinger der Renaissance- und Barockfürsten verfolgten den gleichen Zweck, doch durften

die Tiere als Komparsen ihrer Herren immerhin ein halbwegs gedeihliches Dasein fristen. Der Schönbrunner Zoo aber war, als Franz I. ihn 1751 nach dem Vorbild von Versailles gründete, bereits deutlich von einem naturkundlichen Interesse geprägt: man sollte sich, wenigstens durch ein paar wesentliche heimische und exotische Vertreter, eine anschauliche Vorstellung vom Reichtum der Fauna unseres Planeten machen können.

Ältester heimischer Vorläufer des Schönbrunner Zoos war der kaiserliche Wildpark Ebersdorf in den Donauauen, wo Maximilian II. im Jahre 1552 den aus Spanien mitgebrachten Elefanten einquartierte, der jedoch bald starb. Zu den ersten „Pensionären" des Geheges, für das sich der Name Menagerie einbürgerte, gehörte ein Pelikan, ein Gepard, ein Löwe, ein Bär, ein Luchs und ein weißer Rabe. Affen, Papageien, Wölfe, Tiger, einen Vogel Strauß und andere Raritäten hielt Maximilian auf der Wiener Burgbastei, und als er 1569 die Katterburg erwarb, hielt er hier nur Jagdwild und Geflügel. Nach Maximilians Tod verfiel das Ebersdorfer Gehege, und die noch vorhandenen Tiere kamen in die Menagerie des Neugebäudes, jenes weitläufigen Renaissanceschlosses, auf dessen Boden sich heute mit anderem das Krematorium erhebt. Das Neugebäude wurde 1704 von den Scharen Rákóczis zerstört. Ein halbes Jahrhundert zuvor hatte sich in einem seiner Raubtierkäfige die Tragödie jener Gärtnerstochter ereignet, die im Brautgewand ihren Lieblingslöwen füttern wollte und von dem erschrockenen Tier zerrissen wurde, weshalb Maria Theresia im Schönbrunner Zoo keinerlei Raubtiere duldete. Daß ihre ungarische Leibgarde um die Erlaubnis bat, sich Pardelfelle umhängen zu dürfen, störte die Kaiserin weniger, obwohl doch diese Felle an die Zerstörung des herrlichen Neugebäudes und seiner Menagerie erinnerten, deren Leoparden von Rákóczis Reitern um der schönen Felle willen hingeschlachtet worden waren.

Unmittelbarer Vorläufer des Schönbrunner Tiergartens war das halbkreisförmig angelegte, ebenfalls mit Trennwänden versehene, aber mit Sandsteinbüsten geschmückte Tiergehege des Prinzen Eugen im Belvedere. In seinem Zentrum befand sich ein Springbrunnen. Eugen war reich, sein Besitz an attraktivem Getier aus aller möglichen Herren Ländern dementsprechend groß. Außer den obligaten Löwen, Tigern, Bären, Pavianen und Papageien sah man Sardinische Schafe, Gazellen, Meerkatzen, Makaken, eine Hyäne, einen Nasenbären; Salomon Kleiner hat sie in einem Kupferstichwerk festgehalten. Nach Eugens Tod (1736) kamen sie in die Menagerie in den Ruinen des Neugebäudes, ihr Restbestand schließlich in den Zoo Kaiser Franz' I., als dessen erste Betreuer die Schönbrunner Gartendirektoren fungierten, allen voran Steckhoven und Richard van der Schot. Diese beiden brachten von einer mehrjährigen botanischen Expedition zu den Inseln Martinique, Aruba, Jamaika, Curaçao und nach Venezuela viele exotische Finken- und Entenarten mit, auch einen Weißkopfgeier, der sich in Schönbrunn noch über hundert gesunder Jahre erfreute. Von den Vierbeinern überlebten nur einige Kleintiere die endlose Fahrt, außerdem noch ein Puma, der auf Maria Theresias Geheiß im Neugebäude einquartiert werden mußte.

Die Klimawechsel, das schwerfällige Verkehrswesen und mangelnde Erfahrung bedrohten und dezimierten die Transporte auch noch während der Regierung Josephs II. und im neunzehnten Jahrhundert. Kaiser Joseph vermehrte den Tierbestand durch Entsendung zweier Expeditionen an die Ostküste Nordamerikas, zu den Bahamas, den Antillen und nach Brasilien beziehungsweise ins Kapland, nach Madagaskar und zu den Maskarenen. Die Ausbeute, besonders an exotischen Vögeln, war gewaltig. Die Leitung der beiden, sich über fünf Jahre erstreckenden Reisen lag in den Händen von Hofgärtner Franz Boos, dem bei der zweiten Fahrt der Gärtner Georg Scholl beigegeben wurde. Federführend, für alle Anordnungen und Ausrüstungen verantwortlich, war Philipp Graf Cobenzl, der auch dafür sorgte, daß die heimische Tierwelt nicht zu kurz kam; so ließ er aus dem Salzburgischen Steinböcke und Raubvögel einbringen, aus Ungarn Wildenten, Rohrhühner, Trappen, Reiher und Störche. Joseph II. konnte es noch erleben, daß der Schönbrunner Zoo zum reichsten im damaligen Europa wurde. Leider war der außergewöhnlich große indische Elefant, den Josephs Schwager Albert von Sachsen-Teschen in den Niederlanden für 10.000 Gulden (!) gekauft und dem Zoo zum Geschenk gemacht hatte, 1784 verendet; er war – mit den Dromedaren – die Hauptattraktion gewesen.

Im neunzehnten und zwanzigsten Jahrhundert machte die Tiergärtnerei in allen Kulturstaaten bedeutende Fortschritte, denen sich Schönbrunn durch die Großzügigkeit Kaiser Franz Josephs in jeder Weise anpassen konnte, besonders während der Jahre 1879 bis 1917, in denen der Zoo vom genialen Hofrat Kraus betreut wurde, einem ehemaligen Marineur, der die Weltumsegelungen der Fregatten „Novara" und „Donau" mitgemacht hatte. Er brachte Luft, Licht und Sonne in die Gehege, erneuerte, modernisierte und vergrößerte sie, wo und wie er nur konnte; er liebte die Tiere und die Tiere liebten ihn und ließen es ihn auf eine geradezu persönliche Art und Weise fühlen. Unter Joseph II. beherbergte Schönbrunn etwa 700 Tiere, jetzt waren es 3422 Exemplare in 712 Arten, der Höchststand.

Der bedeutendste Schönbrunner Zoodirektor aber, sein Name ist noch vielen älteren Menschen vertraut, war Professor Otto Antonius. Schon daß er die ungute Bezeichnung Menagerie endgültig durch das Wort Tiergarten ersetzte, war symptomatisch für sein ideen-

Blick auf den Rundplatz und den Mittelpavillon der Menagerie in Schönbrunn. Stich vom Anfang des 19. Jahrhunderts.

Das Hietzinger Tor, der westliche Eingang in den Park und zum Tiergarten. Photographie um 1910.

reiches, zu Weltgeltung gelangendes Wirken während der wirtschaftlich so schweren Zwischenkriegsjahre. Auf Antonius gehen die Greifvogelhäuser, der Vogelteich, das Singvogelhaus und die Vermehrung des Tierbestandes durch Eigenzucht im Zoo zurück; ebenso zahllose Anregungen auf den Gebieten der Volksbildung und des Naturschutzes. Als Gelehrter war er vor allem der Equidenforschung zugetan, seine Monographie über das Zebra ist ein Standardwerk österreichischer Zoologie.

Solche umfassende tiergärtnerische und wissenschaftliche Gesinnung prägt den Schönbrunner Zoo heute mehr denn je, und die um Popularität bemühte moderne Verhaltensforschung hat im Verein mit den brennenden Umweltsorgen der Zeit das Interesse des Publikums am Tier in einer Weise gesteigert, die niemand für möglich gehalten hätte. So sind die gro-

ßen Erhaltungs- und Personalkosten (achtzig Mitarbeiter) und die beeindruckenden, in die Millionen Kilogramm gehenden Jahresfuttermengen gut, weil mit reichem ideellem Gewinn angelegt. Die Kriegsschäden von 1944/45 sind behoben, Freianlagen für Bären, Robben und Huftiere, ein großartiges, von Besuchern wimmelndes Aquarienhaus und manches andere Neue sind hinzugekommen. Wie einst und immer schlendert man erholsam und sich am Artenreichtum und der Schönheit der Kreatur erfreuend zwischen unseren Mitgeschöpfen hin und her, von den Flamingos zu den Dickhäutern, vom Löwen zu den Schafen, vom Marabu zum Känguruh, vom Wasserbüffel zu den Schildkröten und Pinguinen, von den Giraffen und Antilopen zu den Farbenwundern tropischer Fische und den im Wasser und auf den Felsen drollig spielenden Seelöwen, als wäre die Welt noch heil.

109

Der fremde Kaiser

Napoleon Bonaparte

Ulm, den 17. Oktober 1805. Dreiundzwanzigtausend Mann werden durch ein großartiges Umgehungsmanöver in der Stadt eingeschlossen, müssen sich ergeben, mit ihnen achtzehn Generäle. Für die Österreicher unter General Mack ein Tag beispiellosen Unglücks, für die von Napoleon an der oberen Donau zusammengezogenen Franzosen, Bayern, Schwaben, Badenser, Hessen und Nassauer, insgesamt zweihunderttausend, ein glorreicher Tag. Die mit den Österreichern verbündeten russischen Einheiten konnten in der Eile zu keiner wirksamen Zusammenarbeit und Entlastung finden und ziehen sich, von französischen Truppen verfolgt, donauabwärts zurück, um sich in Mähren neu zu formieren. Im Verlauf ihrer Absetz- und Störaktionen kommt es in der Wachau zu einem mörderischen Gemetzel: die Verfolgten überfallen ihre Verfolger, fünftausend Franzosen leisten in der Ebene östlich von Dürnstein dreißigtausend russischen Soldaten erbitterten, bis zum endlichen Eintreffen von Entsatz erfolgreichen Widerstand, verteidigen ihre Fahnen, verlieren dreitausend Tote und Verwundete, die Russen viertausend. Fazit aus der Sicht Napoleons: „Der Verlust war auf beiden Seiten groß, aber der Ruhm war nicht gleich ... Soldaten, die zu sterben entschlossen sind, können stets ihre Ehre retten, häufig Freiheit und Leben" (Mémorial de Sainte-Hélène).

Von den Russen immer wieder in Gefechte verwickelt, erreichen die französischen Divisionen – die Hauptmacht bewegt sich entlang der Reichs-Poststraße – nach knapp vier Wochen Wien, das sich General Murat widerstandslos ergibt. Niemals im jahrhundertelangen Auf und Ab der Rivalität zwischen Frankreich und Österreich, dem Maria Theresias Kanzler Kaunitz ein Ende gemacht hatte, waren französische Streitkräfte in die habsburgischen Erblande einmarschiert, die Kämpfe hatten sich stets an den Grenzen abgespielt, oder es waren die Türken, die Bayern, die Preußen gewesen, die, von Frankreich ermutigt, heranrückten. Auch Moreau war nach dem Sieg über den neunzehnjährigen Erzherzog Johann bei Hohenlinden nur bis Linz gelangt. Jetzt aber schlug die Stunde der Demütigung: Franz II., noch eben in München als Sieger gefeiert, mußte samt seinem Hofstaat nach Preßburg flüchten.

Napoleon begutachtete Stift Melk, das er befestigen lassen wollte, nächtigte in Göttweig, schließlich vor dem Riederberg in Sieghartskirchen. Wie sein Heer die Reichshaupt- und Residenzstadt besetzte, erzählt er in seinen auf St. Helena diktierten Erinnerungen mit ebensoviel militärischer Nüchternheit und Kürze wie selbstgefälliger Theatralik:

„Am 13. November zogen die Franzosen in die Hauptstadt ein, wo ihnen das ganze Zeughaus, alle Artilleriedepots, Kanonen, Gewehre und so ungeheure Mengen von Munition jeder Art in die Hände fielen, daß sie damit vier Feldzüge hätten durchhalten können ... Die Truppen hielten sich in Wien nicht auf, sie durchzogen die Hauptstadt und machten sich von neuem an die Verfolgung des Feindes. Prinz Murat nahm sein Hauptquartier im Palais des Erzherzogs Albert (von Sachsen-Teschen). Der Kaiser wählte Schloß Schönbrunn zu seinem Wohnsitz und begab sich um zwei Uhr morgens nach Wien. Darauf besichtigte er die Vorposten und alle Stellungen auf dem linken Ufer, vergewisserte sich, daß der Dienst gut getan wurde, und kehrte bei Tagesanbruch nach Schönbrunn zurück. Verkehr und Handel waren in der Stadt wieder aufgenommen worden, die Einwohner hatten Vertrauen gefaßt und waren beruhigt.

Schloß Schönbrunn ist von Maria Theresia(!) erbaut worden, deren Porträt sich in fast allen Zimmern findet. Im Arbeitszimmer des Kaisers stand eine Marmorbüste von ihr. Als der Kaiser sie erblickte, sagte er: ‚Wenn diese große Herrscherin lebte, würde sie sich nicht von den Ränken einer Colloredo (Gattin des österreichischen Vizekanzlers) leiten lassen. Von den Großen ihres Reiches beraten, würde sie den Willen des Volkes gekannt und nicht geduldet haben, daß Kosaken und Moskowiten ihre Provinzen verwüsten. Sie würde einen Mann wie Cobenzl nicht angehört haben, der seiner bei Hof einflußreichen Frau ungehorsam zu sein fürchtet, oder einen Collembach, diese Schreiberseele, oder einen Lambertie, der allgemein verhaßt ist. Sie hätte nicht den Oberbefehl ihres Heeres einem Mack überantwortet, der nicht das Vertrauen der Regierung und des Volkes besaß, sondern nur das Englands und Rußlands.'"

Der da gleich Cäsar oder Friedrich dem Großen in der dritten Person berichtet, paßte mit seinem Stab und seinen Soldaten ins habsburgische Schönbrunn gleich schlecht wie in die Bourbonenschlösser Frankreichs. Das „kaiserliche Jagdhaus" an der Wien bekam für zwei Monate eine merkwürdig zwielichtige Atmosphäre; nichts stimmte mehr, der fremde Kaiser war für das Empfinden des Volkes kein richtiger, war ein Usurpator, ein Gewaltherrscher, ein Emporkömmling. Aber man hatte auch das untrügliche Gefühl, daß dem ganzen unerfreulichen Zauber etwas Vorübergehendes anhaftete. Er wird schon wieder weggehen, tröstete man sich. Daß Napoleon vier Jahre später wiederkommen und dann länger bleiben würde, hätte niemand für möglich gehalten.

Schönbrunn, wo es jetzt von napoleonischen Grenadieren, Kürassieren, Kanonieren, Chevau-légers, Chasseurs à pieds und ihren bald martialisch, bald betont elegant auftretenden Offizieren wimmelte, die für den „Empereur" alle Augenblicke im Park, im Schloßhof oder auf der nahen Schmelz Truppenparaden inszenieren mußten, zu denen sich die Besiegten in hellen Scharen drängten, Schönbrunn hatte seit Josephs II. Tod eine merkwürdig stille Zeit durchlebt. Kaiser Leopold II., nach dem Urteil seiner Mutter geistig wie charakterlich das „Muster aller Herrscher", kränkelte zeitlebens, konnte von seinen guten, demokratischen Absichten nur wenig verwirklichen; er starb nach zweijähriger Regierung. In Schönbrunn gehen drei Dinge auf sein Konto: die Ernennung des verdienten Hofgärtners Franz Boos zum Direktor des Zoos, welche Stellung Boos durch fast vier Jahrzehnte bekleidete, der Auftrag an den großen Jacquin, die in den Gewächshäusern kultivierten exotischen Pflanzen zu beschreiben, woraus Jacquins vierbändiges illustriertes Hauptwerk „Plantarum rariorum horti caesarei Schönbrunnensis descriptiones et icones" entstand, und die Ausstattung einiger Zimmer des Schlosses mit Kunstwerken aus seiner Heimat Florenz.

Nach Leopolds Tod blieb Schönbrunn zehn Jahre lang unbewohnt; das heißt, es lebten hier keine Mitglieder der kaiserlichen Familie, nur die Beamten der Schloßhauptmannschaft, die Gärtner, die nötigsten Handwerker und das stark reduzierte Gesinde. Kaiser Franz II., dem wegen seiner Interventionen zugunsten des bedrohten französischen Königspaares einige Wochen nach seinem Regierungsantritt die Kriegserklärung der Republik auf den Tisch flatterte, mobilisierte ganz Europa gegen das „Gift der Revolution" und ihre Heere, die den Rhein überschritten, in die österreichischen Niederlande einfielen. Kriegszeiten. Wer hatte da noch Muße, sich um ein ausgedehntes, dreistöckiges Lustschloß zu kümmern? Es zu bewohnen? Wer genü-

gend Geld, um es instandzuhalten? Des Herrschers Platz war jetzt in der Hofburg, gegebenenfalls bei der Truppe im Feld; wollte er sich aber erholen, dann hieß für Franz die Devise Laxenburg, wo das Imperiale sich bürgerlich maßvoll und romantisch anließ.

Erst 1800 kommt wieder Leben nach Schönbrunn, aber nicht so sehr im Sinne von Wohnen als von „Séjournieren". In diesem Jahr trifft nämlich Napoleons größte, unversöhnlichste Feindin, Königin Marie Karoline von Neapel, Maria Theresias zehnte Tochter und dreizehntes Kind, mit drei heiratsfähigen und heiratswilligen Töchtern und dem zehnjährigen Sohn Leopold, Prinz von Salerno, in Wien ein. Eheliche, finanzielle und politische Gründe haben der blitzgescheiten, energischen, maskulinen Frau, die ihrem bedauernswert schwerfälligen, zu selbständigem Regieren kaum fähigen Gatten Ferdinand I., König beider Sizilien, siebzehn Kinder geboren hatte, das Dasein in Palermo, wohin man vor der napoleonischen Okkupation geflohen war, unerträglich gemacht. Sie hat Gott und die Welt so lange mit Briefen und Botschaften bombardiert, bis die zweite Koalition gegen den verhaßten Korsen zustandegekommen war; jetzt muß sie dafür büßen. Einstweilen. Ihre Reisebegleiter waren Lord Admiral Horatio Nelson, dessen Geliebte, die wegen ihrer Schönheit und ihres skandalösen Verhältnisses weltbekannte Lady Hamilton, und deren Gatte.

Franz II. empfängt die Tante und Schwiegermutter, er ist in zweiter Ehe mit Karolines ältester Tochter Marie Therese verheiratet, überaus freundlich, nimmt sie ganz und gar in seinen Haushalt und Hofstaat auf. Sie logiert in der Burg, weit lieber jedoch in Schönbrunn oder Laxenburg. In der Hofburg, unter den Augen der „schauerlich, rotgelb wie Karotten geschminkten Hofdamen", fühlten sich die Kaiserkinder wie auch die hochwillkommenen Gespielen aus Neapel doch zu einiger lästig fallender Artigkeit verhalten. In den Schlössern aber tollt und tobt man sich nach Herzenslust aus.

„Zu Mittag", so schildert Conte Corti die Schönbrunner Atmosphäre, „vereint ein großer Hufeisentisch die kaiserliche Familie. Der Oberstküchenmeister bemüht sich, gute Ordnung zu halten, aber da stürmen mit riesigem Lärm die jungen Erzherzoge herein, werfen knapp vor dem Anrichten die sorglich vorbereiteten Schüsseln durcheinander, bohren in die herrlichen Kuchen Löcher, füllen diese mit Wasser und bringen so die Aufwartenden zur Verzweiflung. Selbst der kleine Leopold, den das Treiben nicht wenig begeistert, erklärt der Mutter, seine Vettern wären unerhörte

111

Hanswurste. Nach dem Essen werden oft Pfänderspiele veranstaltet. Die tollste von allen, die sechzehnjährige Prinzessin Antoinette (Toto genannt, Karolines Liebling), muß dem Erzherzog Johann kniend die Hand küssen, um ihr Pfand zurückzubekommen. Dann wird blinde Kuh gespielt. Schließlich muß ein braver alter Diener namens Matthias, der schon ein bißchen komisch ist, daran glauben und wird von der ganzen Gesellschaft zum besten gehalten. In Laxenburg hat man ihm einmal die Traghölzer seines Bettes so geschickt weggenommen, daß nichts davon zu merken war. Er legte sich hinein und krachte auf den Boden. Bei all diesen Scherzen bleiben Kaiser und Kaiserin nicht zurück; mit Freude beteiligen sie sich an den Tollheiten der etwa zwanzig jungen Leute." Nur wenn Kuriere mit hochpolitischen, meistens schlimmen Nachrichten aus Frankreich, Italien, Deutschland, Rußland eintreffen oder Seine Majestät wieder einmal zum Gram der Kaiserin einem amourösen Abenteuer nachpirscht, ist das hohe Paar für einige Zeit nicht zu sehen.

Die Kinder aus Neapel berührt solches wenig, sie leben dem Augenblick, reißen durch ihren Übermut alle mit. „Toto und ich", schreibt die achtzehnjährige Marie Amélie, später als Gattin Louis Philippes Königin von Frankreich, an ihren Bruder Francesco in Palermo, „unterhalten uns mit unserer gewohnten Unverschämtheit oft damit, alle nachzuäffen, und es gelingt uns recht gut. Aber wenn ich dir all den Schabernack, die Bosheiten und Erfindungen Theresens (das ist die Kaiserin), des Kaisers und der Vettern schildern wollte, würde ein Meer von Papier nicht ausreichen."

Für die jüngeren Cousins und Cousinen gibt es natürlich harmlosere Vergnügungen, sie spielen bei Schlechtwetter mit ihren Puppen oder Zinnsoldaten, fahren bei Schönwetter mit Ponywägelchen durch den Park zur Gloriette, besuchen den Zoo, fangen Schmetterlinge, sammeln Heilkräuter in ihren Botanisiertrommeln, spielen Gärtner oder fangen die Kaninchen ein, die man eigens dafür bei den Spielplätzen ausgesetzt hat, auf ausdrücklichen Befehl nur weibliche Tiere, damit die kleinen Prinzen und Prinzessinnen nicht etwa zu früh und zu drastisch aufgeklärt würden.

Zwei Jahre verbringt die Königin in der Heimat. Auf österreichischem Boden hat sie mit den ehrgeizigen Heiratsplänen für ihre Töchter kein rechtes Glück. Der Friede von Amiens, den England und Frankreich im März 1802 schließen, befreit endlich Neapel von den Franzosen, „diesen Blutegeln", wie Karoline sich

ausdrückt. Sie freut sich auf zu Hause, freut sich darauf, die von ihr ins Werk gesetzten Ausgrabungen in Pompeji wieder voranzutreiben, freut sich auf die politischen Aufgaben, die sie erwarten. Ihr Gatte, der im Juni, von Jubelgeschrei empfangen, nach Neapel zurückkehrt, beschwört sie, den Wiener Aufenthalt doch zu beenden, in den Schoß der Familie zurückzukehren; über seinen Sohn, den Kronprinzen, appelliert er an ihr „gutes Herz und ihre Gaben", an diese ganz besonders, weil er ohne sie nicht regieren kann.

Bevor sie Abschied nimmt, läßt sie sich mit ihren Töchtern und dem kleinen Leopold für ein Denkmal porträtieren. Das bronzene Reliefmedaillon mit den fünf Profilen schmückt die Vorderseite einer Vierkantsäule aus grauem Granit, auf dem eine Urne steht. Die Rückseite trägt die Inschrift: „Der kindlichen Zärtlichkeit fuer die unsterbliche Maria Theresia, der Liebe zum theuern Vaterlande, der frohen Rueckerinnerung an jede Freude der sorgenfreien Jugend widmete dieses laendliche Denkmal auf dem Platze, den sie einst als Kind pflegte, nun in dem Kreise ihrer Kinder Maria

Gedenkstein für Marie Karoline, Königin von Neapel, und vier ihrer Kinder, mit denen sie 1800/02 in Schönbrunn weilte.

Caroline, Koenigin beyder Sicilien bey ihrer Anwesenheit im Jahre 1802."

Die „sorgenfreie Jugend" hatte 1768 geendet, damals, als Maria Theresia in einer Denkschrift für die Fünfzehnjährige schrieb: „Die Ehe und ihre Süße ist das einzige wirkliche Glück in dieser Welt . . . In Geschäfte mische Dich nur insoweit, als es der König wünschen wird und Du glaubst, ihm nützlicher sein zu können als andere. Dies ist ein sehr heikler Punkt . . . Das einzige Mittel, Frieden zu bewahren, ist, nur wenige oder gar keine Vertrauten zu haben, kein Geschwätz anzuhören und alle Intrigen von vornherein abzuschneiden . . . Wenn jemand einen andern bei Dir anklagt, so verhafte zuerst den Kläger . . ." Der Platz aber, „den sie einst als Kind pflegte", ist das kleine Geviert neben der „Kaiserfigur" hinter ihrer Hecke gegenüber der Südostecke des Schlosses. Dort steht der rührende Gedenkstein noch heute.

Das Idyll, in das auch eine Wallfahrt nach Mariazell eingebaut war, ist zu Ende, die Königin kehrt über Triest nach Neapel zurück, Schönbrunn verwaist wieder. Drei Jahre später zieht Napoleon hier ein. Marie Karoline, von grenzenlosem Schmerz und Haß erfüllt, den die grimmige Freude über die Vernichtung der französisch-spanischen Flotte durch den befreundeten Nelson vor Trafalgar nur flüchtig zu dämpfen vermag, will wieder wie damals Himmel und Hölle gegen den Todfeind in Bewegung setzen. Aber Napoleon siegt am 2. Dezember 1805 bei Austerlitz über die Heere des Zaren und des Kaisers von Österreich, der sich, der römisch-deutschen Kaiserwürde entsagend, jetzt Franz I. nennt, und entthront noch im selben Monat durch eine in Schönbrunn erlassene Verfügung die Bourbonen in Neapel, gegen das er Truppen in Marsch setzt. Sein Bruder Joseph wird dort als neuer König einziehen. „Ich wünsche diese Schurkin (coquine) endlich zu züchtigen", schreibt er am 14. Dezember an Talleyrand. Am 15. schließt er mit Haugwitz als Bevollmächtigtem einen Vertrag, durch den das koalitionsscheue Preußen Hannover erhält. Am zweiten Weihnachtsfeiertag verliert Österreich in Preßburg, wo der Friede diktiert wird, Venetien an Italien, Tirol,

Napoleons Einzug in Schönbrunn 1809. Stich von François Aubertin nach einer Zeichnung von Alexander Delabarde.

Vorarlberg und Teile Vorderösterreichs an Bayern, den Rest an Baden und Württemberg, im ganzen 66.000 Quadratkilometer mit drei Millionen Einwohnern.

„Schönbrunn, 27. Dezember 1805. Soldaten! Der Friede zwischen mir und dem Kaiser von Österreich ist geschlossen. Ihr habt in dieser Spätsaison zwei Feldzüge durchgeführt und alle Erwartungen erfüllt, die ich in euch gesetzt habe. Ich reise nach meiner Hauptstadt ab. Ich habe Rangerhöhungen und Belohnungen bewilligt denen, die sich am meisten hervorgetan haben. Ich werde alles halten, was ich versprochen habe. Ihr habt euren Kaiser alle Mühen und Gefahren mit euch teilen sehen, ich will nun auch, daß ihr ihn in der ganzen Größe und in dem ganzen Glanze erblicket, der dem Herrscher über das erste Volk der Welt zukommt. Ich gebe in den ersten Tagen des Mai in Paris ein großes Fest; ihr werdet alle daran teilnehmen, und danach werden wir sehen, wohin uns weiter das Wohlergehen unseres Vaterlandes und die Interessen unseres Ruhmes rufen werden . . . Soldaten! Der Gedanke, euch alle in sechs Monaten um mein Schloß aufgestellt zu sehen, tut meinem Herzen wohl, und im voraus erfaßt mich freudige Bewegung."

Das war die Tonart des Tagesbefehls an die Armee. Nicht weniger selbstgefällig klang die gleichzeitig angeschlagene Proklamation an die Bevölkerung:

„Einwohner der Stadt Wien, ich habe den Frieden mit dem Kaiser von Österreich unterzeichnet. Im Begriff, in meine Hauptstadt abzureisen, will ich, daß ihr erfahrt, welche Achtung ich euch entgegenbringe und wie zufrieden ich mit eurer guten Haltung während der Zeit bin, so ihr unter meinem Gesetz gestanden seid. Ich habe euch ein in der Geschichte der Nationen bisher unerhörtes Beispiel gegeben: 10.000 Mann eurer Nationalgarde sind in Waffen geblieben und haben eure Tore bewacht; euer ganzes Arsenal ist in eurer Gewalt geblieben, und während dieser ganzen Zeit war ich den schlimmsten Gefahren des Krieges ausgesetzt. Ich habe mich eurer Ehre, eurer Treue und Redlichkeit anvertraut: ihr habt mein Vertrauen gerechtfertigt . . . Einwohner Wiens, ich weiß, ihr habt alle den Krieg getadelt, den von England gekaufte Minister auf dem Kontinent erregt haben. Euer Herrscher ist über die Schliche dieser bestochenen Minister aufgeklärt; er überläßt sich völlig den großen Eigenschaften, die ihn auszeichnen, und künftig erhoffe ich für euch und für den Kontinent glückliche Tage."

Man atmete auf. Das Schloß war intakt geblieben, sein Inventar durch Souvenirfreudigkeit nicht nennenswert verringert, und auch der Tiergarten hatte nicht

gelitten, Napoleon hatte ihn bereits am Morgen des 13. Mai, einen Tag nach der Kapitulation, unter seinen persönlichen Schutz genommen und nur „1 hier geworfenes junges Känguruh, 6 lappländische Pferde und 2 Biber" für Paris beansprucht, „was mehr wie ein Geschenk als wie eine Forderung betrachtet werden dürfte". Neueren Quellen zufolge sollen es vier Känguruhs und ein Pony-Paar gewesen sein. Die Tiere wurden der Pariser Bevölkerung allen Ernstes als „Kriegstrophäen" der Grande Armée vorgeführt. –

Weder die von Napoleon so schmeichlerisch gepriesene Loyalität der Wiener Bürger, sie war eher ein Gemisch aus Angst und Klugheit, noch die „großen Eigenschaften" des österreichischen Monarchen bildeten ein verläßliches Friedensunterpfand. Vier Jahre, und der Franzosenkaiser mußte zum zweitenmal vor Wien aufmarschieren. Die Stadt wurde am 11. Mai 1809 bombardiert, teilweise in Brand geschossen und kapitulierte am 12., einen Monat nach dem Kriegsmanifest, mit dem Franz I. ganz Deutschland aufgerufen hatte, sich mit ihm zur Niederwerfung Napoleons zu verbünden. Doch kein deutscher Fürst leistete Hilfe, und so standen die Österreicher unter Erzherzog Karl zu Pfingsten (21./22. Mai) bei Aspern und Eßling ganz allein dem leibhaftigen Kriegsgott gegenüber, der diesmal, nach Dutzenden neuen Siegen seit Austerlitz, seine allererste Niederlage erfuhr. Die Anzahl der Toten und Verwundeten war enorm; sie wurde von den Verlusten bei Wagram, wo Napoleon am 5. und 6. Juli wieder siegte, noch übertroffen: 24.000 Mann auf österreichischer Seite, darunter acht Generäle, auf französischer Seite 15.000. Wahrhaft grausig gestaltete sich die fünftägige Verfolgung der Geschlagenen in Richtung Znaim, wo am 11. Juli um Mitternacht der vom Fürsten Liechtenstein vermittelte Waffenstillstand von den Generalen Berthier und Wimpffen unterzeichnet wurde. Dieser Tag, so erinnert sich Napoleon auf St. Helena, „kostete die Franzosen 2000 Tote und Verwundete; die Österreicher verloren deren 3000 und 5 bis 6000 Gefangene. Es war dies ein letzter Sieg, der diesen großen und schönen Feldzug würdig krönte . . ."

Im Mémorial de Sainte-Hélène heißt es gleich darauf: „Nachdem Napoleon die Komplimente des Erzherzogs Karl entgegengenommen hatte, reiste er nach Schönbrunn ab, um alles daran zu setzen, entweder Frieden zu bekommen oder durch eine letzte kurze entscheidende Anstrengung den Krieg zu beenden."

Die Verhandlungen wurden von österreichischer Seite schleppend geführt, verzögerten sich bis tief in den Herbst. „Am 27. September", so erzählt Napoleon, „trafen Liechtenstein und Bubna wieder in Schönbrunn ein und wurden vom Kaiser mit Artigkeiten überhäuft. Nachdem er die Unterhändler am 30. ins Theater geführt und mit Zuvorkommenheiten überschüttet hatte, bat er sie, sich mit ihm in sein Kabinett zu begeben, und legte mit ihnen die Grundzüge des Vertrages fest ... Man hoffte in einigen Tagen zum Ziel zu gelangen, aber bis zum 6. Oktober war noch keine Einigung erzielt. Nun verlor der Kaiser die Geduld und ließ durch Champagny (Herzog von Cadore) ein förmliches Ultimatum stellen, das keine Ausflüchte mehr zuließ."

Acht Tage darauf, am 14. Oktober, wurde der Friede von Schönbrunn unterzeichnet. Daß Napoleon ihn erlebte, hatte er möglicherweise der Wachsamkeit eines seiner Offiziere, des Generals Rapp, zu verdanken, der am Morgen des 11. Oktober am Fuß der Ehrenhof-Freitreppe, über die Napoleon herabgeschritten war, um eine Parade von mehreren Waffengattungen der Garde abzunehmen, einen jungen Mann abwehrte, der sich an den Kaiser herandrängte. Was er denn wolle, fragte ihn Rapp. „Den Kaiser sprechen! Ihn selbst! Meine Angelegenheit duldet keinen Aufschub!" Rapp bedeutete dem Ungestümen, daß er sein Gesuch oder mündliches Anliegen erst „nach beendeter Revue" überreichen beziehungsweise vorbringen könne, und packte den Bittsteller, der sich wenig später als der Pastorensohn Friedrich Staps aus Erfurt entpuppte, an der Brust, wo Staps unter dem Wams ein scharf geschliffenes zweischneidiges Messer versteckt hielt. Was der junge Mann begehre, fragte jetzt Napoleon. „Sire, er wollte Sie ermorden", stieß Rapp hervor.

Napoleon befahl, ihm den Attentäter im Schloß ungefesselt vorzuführen. Er unterhielt sich mit dem Studenten betont gelassen und fragte ihn, ob er ihn auch dann noch ermorden wollte, wenn er ihm in dieser Stunde mehrere beträchtliche Wohltaten erwiese. „Auch dann und immer wieder!"

Ob er Anstifter nennen könne oder Helfershelfer habe, will Napoleon wissen und bekommt zur Antwort: „Die Stimme Gottes treibt mich ganz allein zu dieser Tat." Der Kaiser ist überzeugt, einen Wahnsinnigen vor sich zu haben, und läßt ihn vom Leibarzt Corvisart untersuchen. Da dieser den Mann, sicherlich zu Recht, für normal erklärt, wird Staps am 17. Oktober um sieben Uhr früh in Meidling erschossen. Vorher soll er noch: „Es lebe die Freiheit! Es lebe Deutschland!" gerufen haben. –

Der Friedensvertrag zwingt Österreich zu neuen Gebietsabtretungen und einer gewaltigen Reparationszahlung. Salzburg und das Innviertel fallen an Bayern, Westgalizien an das Herzogtum Warschau, das Gebiet um Tarnopol an Rußland, große Landstriche jenseits der Save samt Istrien und Dalmatien an Napoleons jüngstes Staatengebilde, die Illyrischen Provinzen. Die territorialen Verluste betrugen 100.000 Quadratkilometer mit wiederum drei Millionen Einwohnern, die jährlichen finanziellen Einbußen 11, die Kriegsentschädigung 85 Millionen Goldgulden.

Von den zahlreichen Verfügungen und Briefen, die zwischen den Schlachten und nach Wagram aus dem Kabinett des fremden Kaisers in die von ihm beherrschte Welt hinauseilen oder an Adressaten im Schloß gerichtet sind, ist Napoleons Befehl an den Fürsten von Neuchâtel, Chef des Generalstabes der Deutschen Armee, besonders aufschlußreich:

„Schönbrunn, 29. August 1809. Senden Sie sofort einen Ihrer Offiziere an den General Rusca mit folgenden Instruktionen. General Rusca wird einen intelligenten Offizier zu den Führern der Tiroler (den Siegern in der Andreas-Hofer-Schlacht am Berg Isel) senden, um sie wissen zu lassen, daß ich ihre Sache freundschaftlich zu ordnen wünsche, um nicht genötigt zu sein, Mord und Brand in ihre Berge zu tragen; daß mir, wenn es das Ziel ihres Aufstandes ist, mit Österreich verbunden zu bleiben, nichts übrigbleibt, als ihnen einen ewigen Krieg zu erklären, weil es mein Wille ist, daß sie niemals wieder unter die Herrschaft des Hauses Österreich zurückkehren; daß ich, wenn sie keine Bayern sein wollen, kein Hindernis sähe, sie meinem Königreich Italien anzuschließen ... Wenn das dem Willen der Tiroler entspricht, sollen sie Versammlungen abhalten, sollen mir eine zahlreiche Abordnung schicken, sollen ihre Forderung, mit Italien vereinigt zu werden, vorbringen, kurz, sie sollen sagen, was sie wollen, und ich werde sehen, ob ich es ihnen bewilligen kann ..."

Nicht weniger bezeichnend für die Politik, die jetzt in Schönbrunn gemacht wurde, ist die Ordre, die Napoleon am 19. Juni an den General Miollis, Gouverneur von Rom, gerichtet hatte, nachdem der Kirchenstaat im Vormonat dem Königreich Italien einverleibt worden war, dessen Krone Napoleon seit kurzem trug. In dem Schreiben heißt es: „Sie müssen jeden, der gegen die öffentliche Ruhe und die Sicherheit meiner Soldaten Komplotte anzettelt, und wäre es im Haus des Papstes, verhaften lassen. Ein Priester mißbraucht sein Amt, wenn er Krieg und Ungehorsam gegen die weltliche Macht predigt und die geistlichen

Interessen den Angelegenheiten dieser Welt opfert, von der das Evangelium sagt, daß sie nicht die seine ist."

Einen Monat später schreibt Napoleon an den Polizeiminister Fouché in Paris:

"Schönbrunn, 18. Juli 1809.
Ich erhalte gleichzeitig die beiden beiliegenden Briefe von General Miollis ... Ich bin ärgerlich, daß man den Papst (der Napoleon am zweiten Tag der Schlacht von Wagram exkommuniziert hatte) verhaftet hat; das ist eine große Torheit. Man hätte den Kardinal Pacca verhaften und den Papst ruhig in Rom lassen müssen. Aber schließlich, es ist nichts mehr zu machen; was geschehen ist, ist geschehen."

Auch in Wien war vieles geschehen, was nicht mehr rückgängig gemacht werden konnte und was Teile der Bevölkerung bis zur Weißglut ergrimmte, etwa der Fall des Sattlermeisters Eschenbach, wohnhaft "auf der Wieden Nr. 99", der mit zwei Gesellen und einem Schlosser drei Kanonenrohre aus dem Stadtgraben entwendete und in einem Garten vergrub, wofür die "französische kaiserlich-königliche Militärkommission am 24. Junius 1809" alle Beteiligten zum Tod durch Erschießen verurteilte. Drei Tage später wurde den Bewohnern Wiens durch eine Proklamation vorgehalten, sie hätten sich durch einen "Geist der Unruhe und Unordnung auf Abwege" führen lassen, welcher "aufrührerische Geist sich durch Zusammenrottungen geäußert", in deren Verlauf man sogar "österreichische Kriegsgefangene beim Durchmarsch gewissermaßen mit Gewalt befreit" habe. Noch sei "die Milde Seiner Majestät nicht ermüdet", hieß es weiter, und wer innerhalb dreier Tage "Gefangene und Waffen anzeige", den versichere Napoleon seines Wohlwollens, verdanke doch Wien seine Sicherheit "dem besonderen Schutze Seiner Majestät des Kaisers und Königs."

Die Wirkung war Zähneknirschen und Aufmucken, unter anderem in der Form eines politischen Knittelversgedichtes, heimlich gedruckt und von Hand zu Hand weitergereicht:

Willst du den bösen Geist sehn, schau
Dich um in Schönbrunn recht gut,
Sein Rock ist heut grün und morgen blau
und corsicanisch sein Hut.

Der böse Geist von Wien läßt sich nicht
Durch Belzebub vertreiben,
Dagegen muß man in groß Gewicht
Kanonenpulver verschreiben.

Verschreibt es unser Hofkriegsrath nicht bald,
Wird's Carl, der Held, ordinieren,
Um, weil es schon Noth tut, mit aller Gewalt
Den bösen Geist zu purgieren.

Wer ist denn der böse Geist, sag' he,
Der um in Wien jetzt geht?
Der böse Geist ist – ein mauvais sujet,
Der gar nichts Deutsch versteht.

Der letzte Vers dieser poetischen Attacke wird durch die Tatsache widerlegt oder doch abgeschwächt, daß Napoleon das durch ihn renovierte Schloßtheater am 31. Juli 1809 mit Schillers deutscher Fassung der "Phädra" des Racine eröffnen ließ. Sie gefiel ihm nicht, so gut Deutsch verstand er; aber die Hauptdarstellerin Madame Weißenthurn beeindruckte ihn, er schickte ihr durch einen Adjutanten ein Extrahonorar von 3000 Francs in die Garderobe. Er hörte sich auch deutsche Opern an, zum Beispiel Weigls "Schweizerfamilie" oder Mozarts "Don Giovanni", gab aber doch dem italienischen Repertoire den Vorzug. So berichtete der "Moniteur", Napoleons offizielles Pariser Organ, unter dem 25. September über eine Aufführung von Paesiellos "Barbier von Sevilla", in welcher der "königlich italienische Kammersänger Ronconi, der eben von Mailand angekommen ist", als Almaviva triumphierte. Doch gab man selten eine ganze Oper, meist nur einen Akt, dem dann ein Ballett folgte. Auffallend war, daß Napoleon nicht applaudierte, sondern seinen Beifall ausschließlich durch mehrmaliges Kopfnicken bekundete, auch wenn die Primadonna Taglioni oder Anna Milder hieß (Beethovens unvergleichliche erste Leonore) und sich die Seele aus dem Leibe sang.

Einem zeitgenössischen Bericht zufolge "waren unsere Schauspieler und alles, was mit dem französischen Hoflager zu tun hat, über die zarte Behandlung, die man dort Künstlern widerfahren läßt, sehr erstaunt". Grund zum Ärger gab es nur einmal, als der Imperator das Ballett des Kärntnertor-Theaters samt den Musikern nach Schönbrunn beordert hatte und man absagen mußte, weil französische Offiziere, die aus nicht näher bekannten Gründen in Zorn geraten waren, das Orchester dieses Theaters gestürmt und die Instrumente zertrümmert hatten. Das Schloßtheater aber erlebte während der napoleonischen Besatzung durchaus eine Blütezeit.

Welche Stimmung in dem "niedlichen und wohlgebauten" Rokokoraum herrschte, wenn Napoleon als Zuschauer erschien, davon hat die Schriftstellerin

Karoline Pichler der Nachwelt ein recht lebendiges Bild hinterlassen. Sie erzählt: „Wir fanden die Galerie mit lauter französischer Generalität in strahlenden Uniformen besetzt ... Der Vorhang war noch zugezogen, man wartete auf den Kaiser. Nachdem dies eine feine Weile gedauert und mir Zeit gelassen hatte, einen vergleichenden Rückblick auf unseren väterlichen Monarchen zu werfen, der stets die Ordnung selbst war, pünktlich die Stunde einhielt und nie das Publikum oder die Behörden warten ließ, erscholl plötzlich gegen 8 Uhr ein jäher und lauter Trommelwirbel, der die Ankunft des Kaisers verkündete, und ich konnte abermals nicht umhin, dies unfreundliche Getöse mit dem unheimlichen Gerolle zu vergleichen, womit bei uns eine Feuersbrunst, folglich ein Unglück, angekündigt zu werden pflegt ... Er kam und setzte sich, ein Komödienbuch (Textbuch) in der Hand, in der Loge nieder; hinter ihm standen seine Adjutanten, oder wer die Herren waren ... Da war er nun, der Erderschütterer, der Mensch, der an allen Thronen Europas gerüttelt, manchen schon umgestürzt, manchen seiner besten Grundfesten beraubt hatte! Was konnte er noch tun wollen, er, dem, wie es schien, nichts unmöglich war und in dessen absolutem Willen unser Aller Geschick gegeben schien? Das waren meine Gedanken, während ein Akt des Sargines und dann ein kleines Divertissement vor uns aufgeführt wurde, auf welches meine Seele viel weniger achtete als auf den Furchtbaren da oben in der Loge ...“

Sechs Tage nach der durch Kanonenschüsse kundgemachten Unterzeichnung des Schönbrunner Friedens, am 20. Oktober, fand der Austausch der Ratifikationen statt. „Auf der Stelle“, heißt es in Napoleons Memoiren, „befahl Fürst Berthier dem Marschall Oudinet, der Wien besetzt hatte, aufzubrechen, um der Kaisergarde auf der Straße nach Straßburg zu folgen; dem Marschall Marmont, von Krems über St. Pölten nach Laibach zu ziehen; endlich dem Prinzen Eugène (Beauharnais, Napoleons Stiefsohn), über Ödenburg und Leoben den Rückmarsch nach Italien anzutreten. Gleichzeitig ließ er die unter den Wällen der Hauptstadt angelegten Minen entzünden, und während die Wiener den abziehenden Truppen nachblickten, vernahmen sie schmerzgebeugt den wiederholten Donner der Explosionen, der ihnen die Zerstörung ihrer Mauern verkündigte.“

Napoleon war bereits zwei Tage nach Vertragsabschluß, am 16., aus Schönbrunn abgereist, „um die Verweigerung der Ratifikationen unmöglich zu machen, denn es war nicht wahrscheinlich, daß man ihm

nacheilen würde, um zu melden, daß man den Frieden verweigere.“ –

Kaiser Franz wandte sich, trotz seiner Vorliebe für Laxenburg, nun endlich auch dem vernachlässigten Schönbrunn zu. Er war 1807 Witwer geworden, hatte 1809 Maria Ludovica von Este geheiratet, der das große Schloß gefiel, und so wohnte das Paar hier öfters für einige Zeit. Schon im Jahr seiner Eheschließung hatte Franz zur besseren Pflege der Gärten neue Bewässerungsanlagen bauen lassen.

Was Staatskanzler Kaunitz seinerzeit mit Erfolg bewerkstelligt hatte, eine dauerhafte Aussöhnung mit dem ewigen Störenfried Frankreich, das versuchte nun auch Staatskanzler Metternich. Es war der Triumph seiner Friedenspolitik, als knapp fünf Monate nach Napoleons Abzug, am 13. März 1810, die Wagenkolonne Marie Louisens an Schönbrunn vorbeirollte wie seinerzeit der Hochzeitszug ihrer Großtante Maria Antonia, Richtung Paris. Die zur Ehe mit dem selbstgekrönten Parvenü gezwungene Habsburgertochter, die ihr Herz gerade an einen andern verloren hatte, war am 11. März in der Augustinerkirche in Wien per procurationem getraut worden, Stellvertreter des Bräutigams war Erzherzog Karl gewesen, Napoleons „hochgeschätzter“ Gegner von Aspern und Wagram.

Die wienerische Gefühlsmischung aus Haß, gesunder Widerspenstigkeit und krankhafter Schaulust war jetzt vom obligaten Untertanenjubel abgelöst worden, der sich auf den Plätzen der Stadt „anläßlich der feyerlichen Beleuchtung Wiens am 29ten März bei Gelegenheit des frohen Beylagers Sr. Majestät des Kaisers der Franzosen mit Ihrer Majestät Maria Louise“ in holperig textierten Transparenten Luft machte. Man las: „Liebend schuf ein Gott zum Wohle der Nationen Österreichs Erstgeborne, rührend zog sie hin! Unvergessen wird sie ewig wohnen in den Herzen, die für sie erglühn. Segne du, Jehova, ihren schönen Willen, eines guten Volkes Wünsche zu erfüllen“ (Kohlmarkt). – Oder: „Ein Herz, wie Marie Louise hat, bringt Glück und Segen jedem Staat“ (Wipplingerstraße). – Oder: „Wer kann das alles recht beleuchten, was wir durchs heutige Fest erreichten?“ (Köllnerhof). – „Willkommen, goldenes Zeitalter, Napoleons und Louisens Glück soll blühen wie die Rosen, dies wünschen alle Deutschen wie auch die Franzosen“ (Hoher Markt).

Kaiser Franz hatte an Louises erstem Reisetag außerhalb Wiens zu tun und erwartete die frischgebackene Kaiserin der Franzosen in St. Pölten. Abschied. Umarmung. Tränen. Tu felix Austria nube – aber diesmal

Marie Louise, Erzherzogin von Österreich, später Kaiserin der Franzosen. Stich von Jean Baptiste Gautier.

nicht zum Zweck neuer Landgewinne, sondern nur, um vom neuen Schwiegersohn in Frieden gelassen zu werden. Dafür durfte man schon, nach dem Bonmot des Fürsten von Ligne, „dem Minotaurus eine schöne Färse zum Geschenk machen".

„Jatzt, wo ih'n gsehgn hob, kann ih'n scho gar nimmer leidn", hatte Kaiser Franz nach der ersten Begegnung mit Napoleon geäußert. Und als ihm die Herren seiner Suite am Unglückstag von Wagram entsetzt vor Augen hielten, welcher Zusammenbruch, welcher Verlust ihm und Österreich nun ins Haus stünden, erwiderte er: „No, Laxenburg wird er mir doch lassn." An seiner sarkastischen Beamtenruhe, seiner Staatsräson, aber auch an seiner unerschütterlichen Feindgesinnung ist Napoleon Bonaparte am Ende ebenso gescheitert wie am Haß und am patriotischen Elan der gegen ihn verbündeten Streitkräfte.

Die beiden Aussprüche des Biedermeiermonarchen sind verbürgt, ein dritter leider nur ben trovato, aber er zeigt, wie gut die Wiener ihren Herrscher kannten. Generationen haben bis in unsere Tage daran geglaubt, daß die zwei aus Messing gefertigten Adler auf den Obelisken am Eingang zum Ehrenhof des Schlosses französische Kaiseradler wären, die man auf Geheiß

Napoleons dort angebracht habe. In Wahrheit gehören sie zum Urbestand Schönbrunns, werden in Küchelbeckers Beschreibung von 1730 erwähnt, finden sich schon auf Fischer von Erlachs erstem Entwurf von 1688/90, auf dem Stich von 1744 und auf Meytens' Gruppengemälde der Kaiserfamilie von 1755, wenngleich die Form der Flügel auf allen drei Bildern anders, barocker aussieht; vielleicht hat man die Adler aus irgendeinem Grund einmal ausgetauscht. Würde es sich jedoch bei dem heutigen, moderner wirkenden Paar um napoleonische Wappentiere handeln, dann müßten beide nach links blicken und außerdem Blitzebündel in den Fängen halten. Man tat sich viel auf die österreichische Großzügigkeit und Toleranz zugute, die diese Relikte des verhaßten Imperators auf ihrem Platz beließ; schließlich hatte man den Eroberer ja doch untergekriegt. Ihre Krönung erfuhr die Legende, als man sich eines Tages auch noch erzählte, Franz I. habe, als man ihn nach dem Friedensschluß und dem Abzug Napoleons fragte, ob die feindlichen Aare jetzt nicht abmontiert werden sollten, geantwortet: „Laßts es oben, vielleicht kommt er noch amal . . ."

Er kam nicht mehr, und der angestammte Hausherr konnte nach Leipzig, Elba, Waterloo und dem Kongreßgerangel allmählich daran denken, das Schloß zu überholen. Sein Hofarchitekt Johann Aman erstellte ein Gutachten, dem zu entnehmen war, „daß sich an dem mittleren Teil gegen den Garten außer den schon früher angezeigten Gebrechen (große Balkonplatten, von hölzernen Rutenlagen getragen anstatt von Lagen aus Stein) nun auch das Hauptgesims aus Steinschiefern mit eisernen Reifen zusammengehalten und mit Kohlen und Malter ausgefüllt und ausgelegt vorgefunden habe, woraus sich das jährliche theilwise Herabfallen erklären lasse. Ferner, daß bei einem Hauptgurte im oberen Stockwerke durch den Druck eines darauf gelegenen Rauchfanges ein sehr nachteiliger Schrick (Riß) und nach abgetragenem Rauchfang ein Theil des versteckten Gehölzes angebrannt und verkohlet vorgefunden seye, welches in der Folge einen unvermuteten Brandausbruch herbeygeführt haben würde." Genauso trostlos war es um den Dachstuhl bestellt, an welchem „die unteren Theile der Stuhlsäulen und Sparren so wie die Dram sich in lauter Moder vorgefunden haben, aus welchem hervorgeht, daß bei einem starken Sturmwinde der obere noch haltbare Dachstuhl aus Mangel eines festen Aufstandes herabgestürzt wäre", ein beinahe symbolisch anmutendes Prüfungsergebnis.

Das heroische Intermezzo war vorbei. Der Alltag forderte sein Recht.

Bratenrock und Heldenträume

Franz I. und der Herzog von Reichstadt

Von den fünf Brüdern Franz' I. war der jüngste, Erzherzog Johann, der populärste. Militärische Lorbeeren blieben ihm trotz opfermutiger, zum Teil auch erfolgreicher Unternehmungen gegen französische und bayrische Streitkräfte versagt. Umso segensreicher wirkte er als Förderer von Kunst, Wissenschaft, Ackerbau und Industrie in der Steiermark; er wurde zum Abgott dieses Landes, ganz besonders nachdem er 1829 die Ausseer Postmeisterstochter Anna Plochl geheiratet und ihretwegen dem Wiener Hof entsagt hatte. Wie groß seine Liebe zur alpinen Natur und wie echt sein wissenschaftliches Streben waren, bewies er als junger Mann in Schönbrunn durch die Schaffung des Tirolergartens. Diese südwestliche Anhöhe mit dem Steinbruch unterhalb des Friedhofs zog die jüngeren Mitglieder des Kaiserhauses seit jeher an, ermöglichte sie doch die Illusion einer Land- und Bergpartie innerhalb des eigenen Gartenzauns. Die Bodenwellen des längst aufgelassenen, durch Wald ersetzten Alpinums, das möglicherweise den Maxingpark mit umfaßt hat, sind noch zu erkennen; Josef Öhler berichtet in seiner Beschreibung von Schönbrunn Anfang des vorigen Jahrhunderts, der Erzherzog habe „in einer geräumigen Felsgrube, die nur morgens beschienen wird", Alpenpflanzen ausgesetzt, „die sonst nur auf den obersten Spitzen der höchsten Gebirge wachsen", und er habe ferner an seine Gründung eine „botanische Anlage von Medizinal-, Ökonomie- und Farbpflanzen" samt einem „chemischen Laboratorium" angeschlossen.

An den Rand des Geländes ließ sich Johann zu beschaulicherem Verweilen, als Geräteschuppen und wohl auch als Schutz bei schlechtem Wetter zwei originalgetreue „Tyrolerhäuser" hinbauen. 1873 hat Kaiserin Elisabeth sie neu errichten lassen, 1921 bezog man sie in das Restaurant Tirolergarten ein. Dem aufmerksamen Parkbummler ist ihr verwahrloster Anblick vertraut.

So blühten und gediehen Anno Biedermeier in diesem abgelegenen Winkel Speik und Petergstamm, Kohlröserl, Eisenhut, Almrausch und Edelweiß, Enzian, Soldanellen, Hauswurz, Kratzdistel, Küchenschelle, nicht zu vergessen Zirbelkiefern, Lärchen und Latschen als passende Gefährten. Und wie zu jedem Tiroler Gebirge auch eine Alm gehört, so gab es hier ein paar Steinwürfe weiter etwas ganz Ähnliches: eine primitive Meierei, die später, unter Kaiser Franz Joseph, zu einem Meierhof mit Ackergrund und Hutweide ausgestaltet wurde; Kaiserin Elisabeth hat den angenehmen Fleck immer wieder zum Ziel ihrer Geländeritte gemacht. Heute teilen sich in diese Anlage die Gartenbauschule, deren Schüler hier den Anbau von Gemüse praktizieren, die Forstliche Versuchsanstalt und die Verwaltung der Bundesgärten.

Wer die unscheinbaren Gebäude am Ende der schmalen Privatstraße zwischen Friedhof und Kaserne aufsucht, gerät in eine Idylle, zumal wenn er sich die Neubauten rundum wegdenkt, die das Hetzendorfer Panorama mit den Kaltenleutgebener Bergen, dem Anninger, der Hohen Wand, dem Rosaliengebirge hoffnungslos verstellen. Die alte „Alm" hat im letzten Drittel des vorigen Jahrhunderts einen denkmalschutzwürdigen hölzernen Heuschuppen in Schweizer Art dazubekommen, das dezente Stallgebäude aus Backsteinen mit Fachwerk und erhöhtem „Mittelschiff" gilt im Stil als ungarisch. Im Inneren sind noch die hohen eisernen Säulen vorhanden, hinter denen die Kühe standen, und dicht daneben öffnet sich überraschend ein getäfelter Raum mit einer gepolsterten Sitzgarnitur um den ovalen Tisch. Über der Chaiselongue hängt ein Jugendbildnis der Kaiserin, die während ihrer Ritte hier zu rasten pflegte und sich die obligate kalte, kuhwarme oder saure Milch servieren ließ. Durch seine Stille und Intimität wirkt das kleine Zimmer viel authentischer als Elisabeths Prunkwohnräume unten im Schloß. Aus der Molkerei, die im ältesten Teil an der Straße untergebracht war, versorgte sich die allerhöchste Familie mit frischer Milch, Butter und Topfen.

Der Tirolergarten war Johanns ureigenes Reservat; den übrigen Park mit seinen Sondergärten betreute der Kaiser. 1802 und 1817 erwarb Franz von Hietzinger Bürgern die zwei fruchtbaren, hintereinander liegenden Geländestreifen an der Maxingstraße, um die der Botanische Garten auf das Dreifache, bis zum Maxingpark, erweitert werden konnte. 1819 kam im Osten der nützliche Feldgarten hinzu. Damit hatte Schönbrunn, sieht man vom Erwerb der Schwarzen Weste (1890) ab, nach genau zweihundertfünfzig Jahren seine letzte abrundende Vergrößerung erfahren.

Der arg zusammengeschmolzene Tierbestand des Zoos wurde 1799 recht ansehnlich ergänzt durch den

Ankauf der Wandermenagerie des Schaustellers Albi; der Italiener wollte sie abstoßen. In aller Eile fertigte man neue Käfige an, vor allem für Raubtiere, die seit Maria Theresias Tod endlich eingestellt werden durften.

Der Elefant, in dessen Begleitung Maximilian II. aus Spanien heimgekehrt war (1552), hatte überall, wo er auf seiner Wanderung durchgekommen war, und ganz besonders in Wien ungeheures Aufsehen erregt; Gasthöfe und Privathäuser benannten sich nach dem tonnenschweren Fremdling, er beschäftigte die Gemüter Tag und Nacht. Diese historische Sensation wurde jedoch durch die Aufregung, mit der man 1828 die erste Giraffe erwartete und empfing, weit in den Schatten gestellt. Mehmed Ali, Vizekönig von Ägypten, hatte sie dem Kaiser zum Geschenk gemacht. Das kostbare Tier reiste am 30. März von Alexandria per Schiff über Venedig und die Quarantäne-Insel Poveglia nach Fiume, von hier in ledernen Schnürschuhen, um die Hufe nicht zu stark abzunützen, zu Fuß bis nach Karlstadt (Kroatien), dann wegen deutlicher Ermüdung in einem eigens angefertigten Wagen je nach Straßenbeschaffenheit oder Steigung zwei- bis sechsspännig weiter nach Agram, Warasdin, Steinamanger, Güns, schließlich über Wimpassing und Laxenburg nach Schönbrunn. Die Nachhut bestand aus drei Fuhrwerken für den „Transport-Commissär", die österreichischen und den arabischen Wärter, das Gepäck und diverses Gerät, die Vorhut aus zwei tapfer marschierenden Kühen, von deren Milch die Giraffe sich nährte. Vier bewaffnete Soldaten bildeten den Geleitschutz der Karawane. Am 7. August traf die Giraffe wohlbehalten ein und löste nicht nur eine mehrwöchige Flut von Zeitungsartikeln aus, sondern auch ein „Giraffe-Fest" in Penzing, mit eigens hiefür komponierter Tanzmusik. Schon drei Monate zuvor, im Mai, hatte Bäuerle im Leopoldstädter Theater eine auf die Giraffe bezügliche Posse herausgebracht; sie war so blödsinnig, daß sie trotz der Mitwirkung Ferdinand Raimunds und der Krones ausgepfiffen wurde.

Am ärgsten trieb es die Mode. Hatten die Damen nach der Thronbesteigung Josephs II. Seidenroben, Mantillen, ja sogar Strumpfbänder in „Kaiseraugenblau" getragen, dem anfangs so beliebten Monarchen zur Huldigung, so trug man jetzt vom Hütchen bis zum Tabaksbeutel, vom Handschuh und Halstuch bis zu den Ohrgehängen fast alles „à la Giraffe". Ein Journalist verstieg sich zu folgender schwärmerischer Laudatio: „Die Giraffe wurde auf deutschem Boden noch nie gesehen und ist unter den bis jetzt bekannten Säugethieren das höchste und ihrer buntgescheckten Außenseite wegen das schönste, denn sie hat mit dem Panther die braunen Flecken gemein, welche bei der weiblichen Giraffe ins Röthliche fallen." Und Paganini mußte ein Konzert absagen, weil das Publikum zur Giraffe eilte anstatt zu ihm. Nach zehn Monaten war die bedauernswerte, durch ihre Odyssee überanstrengte Kreatur verendet. Todesursache im zeitgenössischen Diagnose-Jargon: „Abmagerung in Folge eines Knochenfraßes am Gelenkkopfe des Hinterschenkels."

Ob der Rosengärtlein benannte Parkteil zwischen Feldgarten und Rundbassin damals noch zu Recht so hieß oder schon mit Weißbuchenhecken bepflanzt war, kann ebensowenig beantwortet werden wie die Frage nach Entstehungszeit und Zweck der Hietzinger wie der Meidlinger Vertiefung am West- beziehungsweise Ostende des vorderen ebenen Parks. Möglicherweise sind die mit Rasen ausgekleideten beiden Wannen Blumenparterres gewesen. Hundert Jahre alte Karten bezeichnen die Meidlinger Vertiefung als „Exerzierplatz"; an ihrer östlichen Kante, nahe der beliebten, nur zur Sommerszeit geöffneten „Meierei", befanden

Die erste Giraffe in Schönbrunn. Xylographie aus dem ersten Drittel des 19. Jahrhunderts.

Kaiser Franz I. und seine vierte Gemahlin Caroline Augusta bei einer Ausfahrt mit dem Leibkutschierwagen in die Umgebung von Schönbrunn. Farblithographie von Johann Clarot, 1832.

sich Erdwälle, an denen die jungen Erzherzöge üben konnten, wie man eine Bastion erstürmt.

Den Park hat Kaiser Franz nirgends wesentlich verändern lassen, um so gründlicher das Schloß. Wie er seine prächtige Feldmarschallsuniform mit Orden, Schärpe, Zweispitz oder Federnhut nur dann anlegte, wenn der militärisch-politische Anlaß es erforderte oder ein einschlägiges Porträt der Majestät fällig geworden war, sonst aber stets im langschößigen Bratenrock erschien wie ein gewöhnlicher Bürger, den Zylinder auf dem Kopf, so gab er auch einem schmucklosen Bauwerk den Vorzug vor einem geschmückten. Als überzeugter Klassizist befahl er seinem Hofarchitekten Aman, im Zuge der unaufschieblichen Reparaturen am Dach und an den Fassaden den gesamten Rokoko-Dekor abzuräumen. „Ich mag das alles nicht." Johann Aman begann sein Säuberungswerk an der Garten-front des Schlosses, hob das Hauptgesims des Mittel-traktes um 18 Zoll auf gleiche Höhe mit den Gesimsen

der Seitentrakte, begradigte die Fenster des obersten Stockwerks, deretwegen Fries und Architrav – für den Kaiser tadelnswert – unterbrochen gewesen waren, führte das Gesims eckig um das Belvedere herum anstatt rund, wie Pacassi es getan, und ersetzte die hohe Zeiger-Uhr, die keinen Platz mehr hatte, durch den waagrechten, niederen Chronometer der „Vogel-uhr". Gleichzeitig streckte er die Wandpfeiler und rückte die Kapitelle der dadurch entstehenden Riesen-pilaster bis zum Hauptgesims hinauf, so daß die Schäfte jetzt den Eindruck erwecken, als hingen sie vom Dach herunter, anstatt es zu stützen.

Die Horizontale hatte an der Gartenfront gesiegt. Als Aman die Ehrenhofseite in Angriff nehmen wollte, scheint dem Bauherrn die Sache nicht mehr geheuer geworden zu sein; er gestattete noch die klassizi-stische Vereinfachung der Stirnfronten und Nord-fassaden der Seitenflügel, beim Mitteltrakt erhob er Einspruch, insgeheim auch aus Gründen gebotener

121

Sparsamkeit, so daß Schönbrunn dem Geldmangel, seinem alten Glücksstern, die Rettung der letzten Pacassischen Zierate verdankt. Das Schloß, das in dieser Gestalt auf die Nachwelt kam, hatte die Tonart gewechselt, von Maria-Theresianisch auf Franziszeisch. Canalettos Schönbrunngemälde wurden zum Epitaph.

Wie es jenseits der Parkmauer aussah, berührte den Hausherrn wenig, darin glich er seinen Vorgängern. Es gibt eine Farblithographie, die Franz I. mit seiner vierten Gemahlin Caroline Augusta bei einer Ausfahrt mit dem Leibkutschierwagen zeigt. Der Kaiser, in dunklem Gehrock und Zylinder, führt selbst die Zügel, Kutscher und Lakai stehen „hinten auf". Das zweispännige Gefährt, heute in der Wagenburg zu sehen, rollt am linken Wienufer auf einer holperigen, sehr rustikalen Lehmstraße dahin; im Hintergrund die Obelisken und die Brücken-Sphinxe. Das von Johann

Der Herzog von Reichstadt als Kind. Gemälde von Carl von Sales im Schönbrunner Napoleonzimmer.

B. Clarot um 1832 geschaffene Bild zeigt anschaulich, in welch naturbelassene, wenig repräsentative Gegend eine solche Residenz eingebettet gewesen ist. Doch schließlich war nicht einmal der Ehrenhof des Schlosses gepflastert, und ist es bis heute nicht.

Im Inneren, das gleichfalls nach Reparatur lechzte, wurden neue Öfen gesetzt, Böden gelegt, Fenster und Türen überholt oder erneuert, überalterte Betten gegen neue ausgetauscht. 1812, im Jahr, das dem sieggewohnten Schwiegersohn und seiner Großen Armee das Inferno des Rußlandwinters bescherte, ließ Franz mehrere schäbig gewordene Räume der Nobeletage mit „indianischem Papier" (Tapeten aus Fernost) bekleben und schadhafte Vergoldungen mit gelbem Firnis ausbessern, das kam billiger.

Zwei Jahre später, am 21. Mai, kehrte seine Tochter Marie Louise mit dem dreijährigen Exkronprinzen nach Schönbrunn zurück. Als Kaiserin der Franzosen war sie ausgezogen, als einfache Herzogin von Parma schlüpfte sie jetzt Hilfe suchend beim Vater unter. Als ihr Wagen durch die Schloßallee über die Brücke rollte, empfing ihn Jubelgeschrei, das sich laut Polizeibericht rasch bis ins Schloß fortpflanzte. Ausrufe hellen Entzückens begrüßten den zweiten Wagen, in welchem Napoleons Söhnlein saß und herausschaute. „Vivat der Prinz von Parma!" Seine Schönheit, sein Liebreiz nahmen alt und jung, Frau wie Mann gleichermaßen gefangen. Durch alle achtzehn Jahre, die zu leben ihm noch vergönnt waren, bewahrte sich der Adel seines Gesichtes, seiner Gestalt; selbst noch auf dem Totenbett.

Schloß Schönbrunn und sein Park wurden dem Kind und dem Jüngling zur Heimat. Der Knabe, den sein auf den Thron verzichtender Vater 1815 noch rasch als Napoleon II. hatte ausrufen lassen, erhielt einen eigenen Hofstaat, gute, verständige Lehrer, vor allem aber einen neuen Namen: Herzog von Reichstadt; 1818 wurde ihm die böhmische Herrschaft dieses Namens in aller Form übertragen. Was den Vornamen betraf, so rückte jetzt sein zweiter Taufname an die Stelle des ersten; er hieß von nun an Franz, wie sein Großvater, zu dem er gekommen war und der das Kind sofort ins Herz schloß.

Als 1831 in Parma die Cholera ausbrach und Marie Louise zur Linderung der allgemeinen Not ihre Brautgeschenke verkaufte, behielt sie die Wiege des „Königs von Rom" zurück und schickte sie ihrem bereits erkrankten Sohn. Die Wiege, an die Botschafter Fürst Schwarzenberg als Gruß seines Kaisers den St. Stephansorden hatte anheften müssen, war ein Geschenk der

Bürgerschaft von Paris gewesen; sie stellte eine Apotheose auf einen jungen Adler dar – „l'Aiglon!" –, der zum Aufflug nach dem Ruhmesgestirn seines Vaters ansetzt. Als der Prunkgegenstand angekommen und in die Schatzkammer der Hofburg gebracht worden war, tat der Herzog einen weisen Ausspruch: „Niemand kehrt mehr in die Wiege zurück, die er einmal verlassen hat." Ähnlich salomonisch war Jahre vorher die Antwort ausgefallen, die ihm der Großvater gab, als er diesen während eines Spazierganges im Park fragte, ob er bei seiner Geburt tatsächlich König von Rom gewesen sei, ob denn auch Rom zum Reich seines Vaters gehörte und was es denn mit der Sache auf sich habe. Franz I. besann sich kurz und sagte dann: „Schau, ich bin Kaiser von Österreich. Gleichzeitig hab ich aber auch den Titel König von Jerusalem, obwohl mir die Stadt ganz fremd ist, ich hab gar nichts

mit ihr zu tun. Und so, wie ich König von Jerusalem bin, warst du König von Rom . . ."

Kaiser Franz bereitete seinem Liebling eine schöne Kindheit, förderte seine geistige und körperliche Entwicklung und verschleierte oder vergällte ihm seine Herkunft keineswegs. Der Knabe durfte mit seinem aus Frankreich mitgebrachten Phaëton, dessen Kotflügel stilisierten Adlerflügeln glichen, das niedliche Fahrzeug steht ebenfalls in der Wagenburg, im Park umherkutschieren, durfte Reiten lernen, in den einstigen Gemächern Napoleons wohnen, im Bett des immer inniger, immer enthusiastischer verehrten Vaters schlafen, sich beliebige Bilder des „Empereur" an die Wand hängen, später auch Waffen sammeln und sich an den Versen Lord Byrons berauschen. Aber auch eine Büste Franz' I. schmückte seinen Wohnraum, das heutige Napoleonzimmer, und er träumte davon, eines

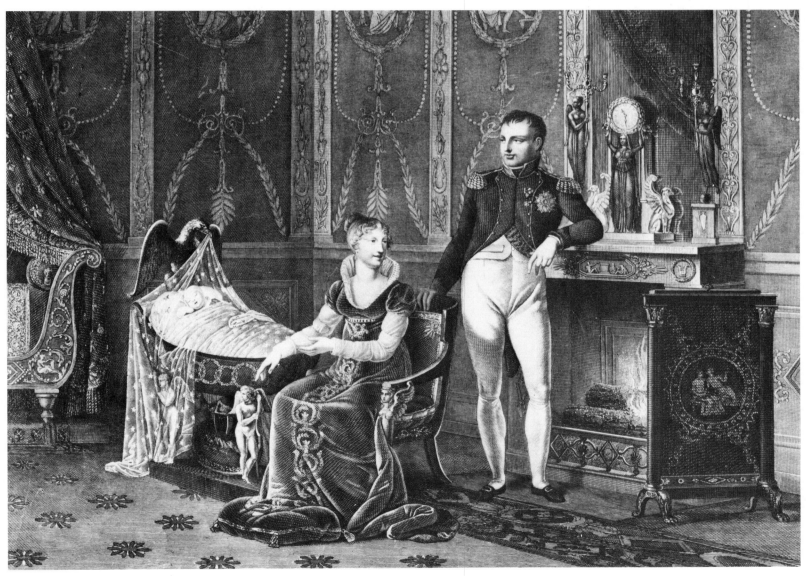

Napoleon und Marie Louise neben der Wiege des Königs von Rom. Stich von Adrien Godefroy nach einem Gemälde von Adolphe Roehm.

Tages als österreichischer Feldmarschall ein zweiter Prinz Eugen zu werden.

Um sein Interesse an der Natur zu beleben, hatte ihm Kaiser Franz unweit der Tiroler Häuser im Alpengarten seines Bruders Johann, „gleichsam auf eigene Verantwortung", wie Realis bemerkt, „eine kleine, nur wenige Klafter betragende Umzäunung" zugewiesen, in der einige Eichen standen und dazwischen „ein kleines von rohen Brettern gezimmertes, nicht einmal angestrichenes Tischchen und Bänkchen". Im Sommer kam der Prinz „täglich um die 11. Stunde" hier herauf und betätigte sich als Gärtner. „Er hatte dazu seinen eigens für ihn verfertigten Apparat von Spaten, Rechen, Sägen u. dgl. im verkleinerten Maßstab . . . Diese Sachen", erzählt Realis weiter, „befanden sich in einer kleinen Requisitenkammer, welche im Rücken der Umzäunung im Bauche eines künstlichen Hügels angebracht war." Nach getaner Arbeit begab sich der Knabe „nach dem Sommerhäuschen, welches ihm erbaut wurde. Es lag ein Paar hundert Schritte entfernt auf der Spitze dieser Anhöhe und gewährte eine vortreffliche Aussicht in die Gegend von St. Veit. Das Häuschen war von Holz, aber sehr geschmackvoll und compendiös. Es war eigentlich nur ein sehr kleines Kabinett mit einem Dach, etwa eine Klafter raumhältig. Die Einrichtung bestand bloß aus einer einfachen Sopha und zwei Stühlen. Die Wände waren mit allerlei Kupferstichen und Zeichnungen bunt durcheinander à la quodlibet beklebt. Hätte man nicht gewußt, für wen dieses Ruheplätzchen bestimmt sei, so würde man es bei einer genauen Durchforschung dieser Bilder vielleicht haben herausbringen können, so charakteristisch war die Wahl derselben." Genaueren Überlieferungen zufolge hat sich der Herzog schon in zartem Alter die geliebte „Robinsonhöhle" unter Anleitung und Mitwirkung seines ersten Erziehers, des Dichters, Juristen und vielseitigen Universitätsprofessors Matthäus von Collin, selbst gebaut.

Reichstadt, mit „Durchlaucht" tituliert, wurde Offizier, brachte es bis zum Oberst, vertauschte den weißen Waffenrock nur mehr selten gegen zivile Kleidung, vergrub sich in Strategie und Taktik, machte sie zu seinem Evangelium. 1830, er war gerade Major geworden, gab man ihm für einige Zeit den fünfunddreißigjährigen, weitgereisten, hochgebildeten Offizier und späteren Staatsmann Anton Prokesch Ritter von Osten als Gesellschafter. Sie wurden Freunde. Im selben Jahr bekam der jugendliche Major regelrechten Unterricht in napoleonischer Geschichte durch den gerade in Wien weilenden ehemaligen Marschall Marmont, Herzog von Ragusa, der jetzt Pair von Frankreich war und Ludwig XVIII. als Diplomat und Hauptmann der Leibwache gedient hatte. Während der Julirevolution war er königlicher Truppenkommandant gewesen. Er hielt mit seinen Ansichten über die Unbeständigkeit des Glücks, die Fragwürdigkeit sogenannter Größe und den Mißbrauch von Macht nicht hinter dem Berg. Trotzdem folgte der Herzog von Reichstadt den Ausführungen des alten Soldaten, der schon in Italien und Ägypten unter Bonaparte gekämpft und 1814 den Verbündeten vor Paris die letzte Schlacht geliefert hatte, mit leuchtenden Augen.

Es fehlte nicht an Plänen, den „jungen Aar" aus dem Schönbrunner Käfig zu entführen. Die Gräfin Camerata, eine leibliche Nichte Napoleons, versuchte ganz offen, in seine Nähe zu gelangen, und appellierte in Briefen an den Franzosen in ihm; auch in Polen, Belgien, Holland, Sardinien hätten rührige Kreise ihn gern zum König gemacht. Doch Metternich und sein Polizeiminister waren wachsam.

„Dreienkelbild" von Johann Ender, 1831. Der Herzog von Reichstadt, Erzherzog Franz Joseph und Prinzessin Karoline von Salerno. Wien, Albertina.

Franz von Reichstadt fühlte sich allmählich mit jeder Faser als Sohn seines großen Vaters; sein untadeliges, auf dem Exerzierfeld wie im Manövergelände gleich temperamentvolles Soldatentum, seine wiederholten Gewaltritte nach Laxenburg, seine Strohfeuer-Liebschaften sowie das hartnäckige Ignorieren und Ableugnen der „Lungensucht", die ihn befallen hatte (und deren Anzeichen Leibarzt Dr. Malfatti, weil Napoleon auf St. Helena an Leberkrebs gestorben war, ebenso hartnäckig für Symptome von Hepatitis erklärte), bis es zu spät war und dem durch strikten Befehl aus der Kaserne nach Schönbrunn beorderten Oberst der schiere Eiter unter pestilenzialischem Gestank aus dem Mund troff, all dies mochte seine Wurzel in den hundert brennenden Wünschen eines, auch denkerisch und literarisch, begabten jungen Mannes gehabt haben, den man zu keiner ihn umfassend befriedigenden Tätigkeit zuließ.

Die durch Memoiren, Briefe und die Krankengeschichte bis ins kleinste überlieferten Vorgänge bei seinem Ableben – er erstickte am Eiterfluß und Luftmangel, seine immer verzweifelteren Angstrufe galten der aus Parma herbeigeeilten, irgendwo im Schloß wartenden Mutter, seine letzten Schreie verkündeten: „Ich gehe unter! Ich gehe unter!" – gehören zum Gräßlichsten, Ergreifendsten der historischen Literatur.

Marie Louise, die ihn seit Antritt ihrer Herrschaft in Parma 1816 nur sechsmal besucht hatte, wollte sogar jetzt gleich wieder abreisen und den Kranken, vor dem es sie ekelte, der Obhut seines Erziehers, des Grafen Dietrichstein, überlassen. Das galoppierend einsetzende Ende hielt sie dann doch in seiner Nähe fest.

Am 22. Juli 1832 hatte der „junge Aar" ausgelitten. Heroische Gefühle und Hoffnungen waren aber nicht nur unter seinem weißen Waffenrock aufgeblüht, auch der Biedermeier-Kaiser im Bratenrock hatte seine Heldenträume gehabt. Ihm waren sie in Erfüllung gegangen, und nun gab er sich der Rückschau hin. Ohne auch nur eine Sekunde lang zu zögern, hatte Franz I. 1813 dem verhaßten Ruhestörer den Krieg erklärt, hatte die „Große oder Böhmische Armee"

Totenmaske des Herzogs von Reichstadt im Gedenkzimmer des Schlosses.

Kaiser Franz I. im Toisonornat mit dem Orden vom Goldenen Vlies. Gemälde von Friedrich von Amerling. Marie Antoinette-Zimmer.

unter Schwarzenberg bei Leipzig eingesetzt und während des Wiener Kongresses der Welt ganz unklassizistisch pompös vordemonstriert, wo sich Europas Sieges-, Macht-, Glanz- und Ordnungszentrum befand, und keine Kosten gescheut. Bei einem Galasouper für mehrere hundert Geladene am 11. Oktober 1814 rauschte in der Orangerie zu Schönbrunn ein echter Wasserfall, standen zwischen den Bäumen Dutzende Statuen und an den Enden der Riesentafel je ein Obelisk. Dreitausendeinhundertsechsunddreißig Lichter erhellten das Gebäude. Gleich aufwendig waren die Inszenierungen im Schloßtheater, dessen Logen und Parkett Kaiser und Könige füllten. Jetzt spielten auch Burgtheaterkräfte auf dieser Bühne. Nicht lang nach Beendigung des Wiener Kongresses trat hier im Rahmen einer familiären Soiree der kleine blondgelockte Reichstadt zum erstenmal auf und deklamierte Verse von Corneille und Racine. Später hat er auch richtige Rollen übernommen, zum Beispiel in Kotzebues „Die beiden blinden Auvergnaten" am Geburtstag des Kaisers. Er soll in seiner Savoyardentracht hinreißend gewesen sein.

Nachdem die kaiserliche Privatschatulle sich wieder erholt hatte, ließ Franz I. an der Stelle des 1809 zusammengeschossenen alten Burgtores das neue Äußere Burgtor als Denkmal für die Völkerschlacht bei Leipzig errichten, versah es mit der gegen Revolution wie Despotie gerichteten Inschrift „Iustitia regnorum fundamentum", kaufte in Rom die seinerzeit von Napoleon bei Antonio Canova bestellte, aus Carraramarmor gemeißelte Gruppe „Theseus besiegt den Kentauren", ließ sie nach Wien schaffen und baute 1823 im Volksgarten einen eigenen Tempel für sie. Nicht mehr Napoleon war jetzt der Theseus, sondern der trockene, reaktionäre, väterliche Monarch im Bürgerkleid. Ganz Wien defilierte mit der Zeit an der Gruppe vorüber und betrachtete den strahlenden Helden mit der erhobenen Keule über dem todgeweihten häßlichen Kentaur; jedermann wußte Bescheid und dankte dem „guten Kaiser".

Als man diesem, er hielt sich gerade in Linz auf, die Nachricht vom Heimgang seines Enkels Reichstadt überbrachte, entfuhr ihm ein merkwürdiges Aperçu über den Dahingegangenen: „Vielleicht ist sein Tod ein Glück für ihn und die Monarchie. Es war alles Üble von ihm zu befürchten, er hätt' meinen Kindern viel Verdruß bereiten können. Er hat ganz verdrehte politische Gesinnungen gehabt, woher bloß? Er hat die Souveränität des Volkes verteidigt! No, das wär' mir recht, wenn meine Untertanen mir sagen täten, daß sie mich nicht mehr haben mögen."

Aber schon im nächsten Augenblick weinte er bitter.

Der letzte Hausherr

Franz Joseph I. – Kaiserin Elisabeth – Kronprinz Rudolf

Am 19. August 1830, einem Donnerstag, erschien im amtlichen Teil der Wiener Zeitung folgende Nachricht: „Ihre kaiserl. Hoheit die durchlauchtige Frau Erzherzogin Sophie, Gemahlin Sr. kaiserl. Hoheit des durchlauchtigen Herrn Erzherzogs Franz Carl, sind gestern den 18ten d. M. um ein Viertel nach neun Uhr Vormittags in dem k. k. Lustschloß Schönbrunn, welches Höchstdieselben bewohnen, von einem Erzherzoge glücklich entbunden worden und befinden sich sammt dem neugebornen Erzherzoge, mit Rücksicht auf die Umstände, bey erwünschtem Wohlseyn. Die feierliche Taufe des neugebornen Erzherzogs wird heute, am 19. d. M., Mittags um 12 Uhr, in Schönbrunn Statt haben und unmittelbar darauf Cercle gehalten werden."

Am 21. November 1916 bringt dieselbe Zeitung an erster Stelle die mit breitem Trauerrand versehene Meldung: „Seine k. u. k. Apostolische Majestät Franz Joseph I. sind heute den 21. d. M. um neun Uhr abends im Schlosse zu Schönbrunn sanft in dem Herrn entschlafen."

Zwischen diesen beiden Nachrichten liegt ein Leben von sechsundachtzig und eine Regierungszeit von achtundsechzig Jahren. Postkutsche und Flugzeug, reitender Bote und Telegraf, Biedermeier und Jugendstil, Absolutismus und parlamentarische Demokratie markieren Anfang und Ende der Epoche, deren gekrönter Repräsentant alle Höhen und Tiefen eines Herrscherlebens zu durchmessen hatte. Es war mit Kriegen, Krisen, gesellschaftlichen und politischen Veränderungen überreich belastet und ist trotzdem als eine Periode unerhörten Friedens und Wohlstandes in die Geschichte eingegangen.

Franz Joseph war der einzige Habsburger, der in Schönbrunn geboren wurde und hier auch gestorben ist. Die Art, in der seine Mutter ihn umsorgte und erziehen ließ, zeigte deutlich, daß Sophie in ihrem Sohn bereits den künftigen Kaiser sah. Es war zwar ein Kronprinz vorhanden, der demnächst auch noch heiraten sollte, Franz Josephs epileptischer Onkel Ferdinand, der ältere Bruder seines Vaters, des nächsten Thronanwärters. Aber mit dem Onkel war nicht viel anzufangen. Der vielseitig interessierte, sehr menschenfreundliche Mann kümmerte sich eifrig um die Belange von Handel, Gewerbe und Industrie, förderte den Eisen-

bahnbau und auch sonst alles Technische, sammelte Bücher, Landkarten, Wappen und war ein begeisterter Naturfreund. Doch zerstörte ihn sein Leiden mit den Jahren so arg, daß er sich eine Art Vormundschaft gefallen lassen mußte, die sogenannte Staatskonferenz, in der Metternich den Vorsitz führte. Er lebte angestrengt und elend, sogar der Gebrauch von Feder und Tinte bereitete ihm zeitweise Schwierigkeiten. „Regieren ist leicht, nur Unterschreiben ist schwer", lautete eines seiner Bonmots. „Was ist das federlose zweifüßige Tier, das sich Kaiser nennt? Eine vollkommene Null, beinahe ein Idiot", urteilte Außenminister Lord Palmerston in einem Brief an den britischen Gesandten in Wien und sprach damit aus, was ganz Europa dachte.

In einem Alter, da der kleine Epileptiker vom Kaiser voll rührender Vaterliebe im Schubkarren durch den Laxenburger Park spazierengeführt worden war, mußte Franz Joseph, der Neffe dieses Knaben, schon Reiten, Lanzenstechen, Französisch, Italienisch, Ungarisch und Tschechisch lernen und erhielt, meist im Beisein der Mutter, von keinem geringeren als dem Staatskanzler Metternich Unterricht in den Methoden der Staatsführung. Als er dreizehn Jahre alt geworden war, überreichte ihm Erzherzogin Sophie die Uniform eines Obersten, zusammen mit einem Offizierspatent, das ihn zum Inhaber eines Kavallerieregiments machte. An diesem Tag schwor er sich, nie wieder zu lügen und sich vor nichts mehr zu fürchten. Er schrieb es auf. Die amerikanische Habsburger-Biographin Dorothy Gies McGuigan bemerkt dazu: „Die sorgfältige Erziehung, die ihm die Mutter angedeihen ließ, wirkte bei Franz Joseph bis an sein Lebensende nach: immer blieb er der brave Junge, ordnungsliebend, pünktlich, fromm und ritterlich."

Seine Zukunft lag nicht im Schoß des Schicksals verborgen, sondern war im klarsichtigen und umsichtigen Intellekt seiner durchlauchtigen Mutter beschlossen, die ihren Erstgeborenen gründlich auf das Kommende vorbereitete. Sie war für alle Eventualitäten gerüstet. Nur eines mag sie überrascht haben: daß ausgerechnet eine Revolution, ein Aufruhr – und sie haßte derlei Entgleisungen der Untertanen aus ganzer Seele – ihr über Nacht die Erfüllung ihrer ehrgeizigen Pläne bescheren würde.

Die Erhebung von 1848 war blutig niedergeschlagen, die Monarchie gerettet, aber der mit Metternichs starrem Regime allzu eng verbundene kranke Monarch mußte gehen. Und als Franz Joseph, achtzehn Jahre alt, im Palais des Erzbischofs von Olmütz, wohin sich der Hof in Sicherheit gebracht hatte, vor seinem zur Abdankung bereiten Onkel in die Knie sank, war Sophie am Ziel, sie war Kaiserinmutter geworden. Gehandelt hatte sie ja schon immer so. Daß ihr bedeutungsloser Herr Gemahl, Erzherzog Franz Karl, mit dem sie eine tief unglückliche Ehe führte, zuvor auf seine Thronrechte hatte verzichten müssen, war pures Nebenbei gewesen, man beachtete es kaum. „Leben tu i bürgerlich, aber fahren will i kaiserlich", äußerte der Betroffene später und fuhr von Stund an nur mehr im Achterzug.

Aller Glanz und alle Hoffnungen versammelten sich jetzt über dem Haupt des knienden Jünglings aus

Schönbrunn, der von seinem Vorgänger dessen Segen erbat. Er bekam ihn. Und als Ferdinand der Gütige die gestammelten Dankesworte des Neffen mit dem gemurmelten, denkwürdigen Ausspruch quittierte: „Is gern g'schehn, sei brav, Gott wird dich schützen", hatte auch das österreichische Biedermeier sein letztes Wort gesprochen. „Nachher packten ich und meine liebe Frau unsere Effekten zusammen", notierte der Exkaiser in sein Reisetagebuch.

Während der Lebens- und Regierungszeit Franz Josephs I. wurde Schönbrunn nicht nur für Wien, sondern für die ganze Donaumonarchie zu einem jedem Kind geläufigen Begriff. Es war, als begänne das Lustschloß im Wiental erst jetzt überallhin auszustrahlen, und zwar noch ehe Franz Joseph es immer offensichtlicher zu seinem wahren Regierungssitz machte. Gewiß, der Kaiser gehörte immer noch zur Hofburg, dort stand er schon in den frühen Vormittagsstunden

Kaiser Franz Joseph trifft am 29. Juni 1914 in Schönbrunn ein und wird vom Wiener Bürgermeister Weiskirchner begrüßt; hinter dem Kaiser Erzherzog-Thronfolger Karl.

am Stehpult im kleinen Audienzzimmer, dort empfing er seine Minister, seine Militärs, Delegationen, Abgeordnete, Architekten, Künstler, in- und ausländische Diplomaten und fast täglich irgendwelche Dekorierte oder Beschenkte, die sich bedanken kamen. Und dort trat er auch, wenn die Arbeit es ihm erlaubte, gerne auf den Balkon hinaus, um der traditionellen, von schmetternder Musik begleiteten Wachablöse beizuwohnen. Aber wenn der Mittag vorüber und das Essen, en famille oder allein am Schreibtisch, eingenommen war, zog es ihn mit zunehmendem Alter und zunehmender Einsamkeit immer unwiderstehlicher nach Schönbrunn, und nicht nur zur Sommerszeit, wenn auch seine Angehörigen es sich dort wohl sein ließen.

Dieser Rhythmus – vormittags Hofburg, nachmittags Schönbrunn, bei Nacht bald draußen, bald wieder herinnen – läßt sich nicht als eine exakte tägliche Gepflogenheit belegen, darüber Genaueres auszukund-

schaften, wäre ebenso kompliziert wie müßig. Tatsache ist, daß in Wien groß und klein diesen Wechsel als etwas sehr Beständiges und vor allem Liebgewohntes zu empfinden begann und so mancher enttäuscht war, wenn er den hohen Herrn einmal nicht zur gewohnten Stunde mit Adjutant, Leibkutscher und Leiblakai stadtaus fahren sah. Die Arbeit wurde im Schloß sogleich fortgesetzt, und wie sich Schönbrunn zu Maria Theresias Lebzeiten immer inniger mit der Kaiserin verband, so jetzt mit der Person Franz Josephs I.

Es wurde zum Mittelpunkt des politischen Orientierungsgefühls der Stadt- und Staatsbürger und zumindest hinsichtlich der Farbe seiner jedermann vertrauten Fassade zu einem Vorbild für Tausende von Schlössern, Schlößchen, adeligen Landsitzen und bürgerlichen Villen zwischen Salzkammergut und Plattensee, Moldau und Mur. Man tünchte sie mit Schönbrunner Gelb, das schon Canalettos Gemälde so nobel, so anheimelnd, so sonnig warm machte. Mit den Jahren und dem wachsenden Einfluß aristokratischer Vorbilder gesellte sich zur Kaisersemmel und zum Kaiserschmarren die Schönbrunner Omelette, mit Marillenmarmelade, warmer Schokoladensauce, Früchten und Schlagobers, und zum wolkenlosen Kaiserwetter das psychologisch bemerkenswerte Schönbrunner Wetter, das zu wenig verläßlich ist, um eine Landpartie zu unternehmen, aber doch zu gut, um einfach daheim zu bleiben.

In den langen Jahrzehnten zwischen Franz Josephs Geburt und Tod erhielt das Ambiente Schönbrunns seine dem Jahrhundertgeist entsprechende bauliche Gestalt und unverwechselbare Atmosphäre. Jedes Schloß, wenn es sich nicht topographisch hochmütig absondert, lockt Anrainer herbei, und was wäre Schönbrunn ohne die verschiedenartigen bewohnten Areale entlang der Mauer seines Parks?

Ältester Fixpunkt im Kranz dieser Bauten und

Anlagen ist die Hietzinger Pfarr- und Wallfahrtskirche, einst ein gotisches Juwel mit Pfarrhof und breiter Toreinfahrt; ein Aquarell aus 1662 hat das dörfliche Idyll festgehalten, die Türken waren noch weit. Später hat man das Gotteshaus barockisiert, Maria Theresia trug vieles zu seinem Schmuck und seinem Schatz bei, was dann 1793, als es gegen die Henker ihrer Tochter in Paris ging, und 1809, als es Napoleon entgegenzutreten galt, ins Münzhaus wanderte. In den vierziger Jahren des vorigen Jahrhunderts verbrachte Pater Joachim Haspinger, der Kampfgefährte Andreas Hofers, als Seelsorger hier seinen Lebensabend. Damals war aus einer vormärzlichen ländlichen Jausenstation gegenüber längst das großartige, berühmte, vielbesuchte Kasino Dommayer geworden, das mit seinen Millefleurs-Bällen, seinen Rosenfesten und den beliebten Täuberlbällen Furore machte. Johann Strauß Vater konzertierte im Dommayer mit seiner Kapelle, sein Freund Joseph Lanner hob hier den Walzer „Die

Die Hietzinger Pfarrkirche. Aquarellierte Federzeichnung aus der ersten Hälfte des 19. Jahrhunderts.

Schönbrunner" aus der Taufe. Der Titel meint nicht etwa die Bewohner oder Genießer des schönen Ortes, sondern die einzelnen Nummern, aus denen sich die Tanzkomposition zusammensetzte, deshalb der Plural; man sagte damals noch „die Walzer" und meinte doch das ganze, eine Opus.

Johann Strauß Sohn debütierte, noch blutjung, beim Dommayer mit seiner ersten eigenen Kapelle (1844). Wenige Schritte daneben, dort, wo – oberhalb des ehrwürdigen urwienerischen Restaurants „Zum weißen Engel" und des lokalhistorisch nicht weniger prominenten, braungetäfelten, behaglichen Café Gröpl – die Maxingstraße anzusteigen beginnt, komponierte er 1874 „Die Fledermaus". Franz Joseph war auf diesen Nachbarn seines Schlosses zeitlebens nicht gut zu sprechen, Strauß hatte sich 1848 für schwarz-gelbe Gemüter etwas zu temperamentvoll auf die Seite der Aufständischen geschlagen.

Zu Beginn des zwanzigsten Jahrhunderts wurde das

Dommayer demoliert, an seine Stelle trat das Schönbrunner Parkhotel, damals eines der modernsten und luxuriösesten der Welt.

Als Schönbrunns letzter Hausherr 1830 zur Welt kam, war Hietzing eine Dorfgemeinde, bestehend aus hundertsechzig Häusern, in denen rund zweitausendzweihundert Menschen wohnten; in der schönen Jahreszeit waren es mehr, Hietzing war eine beliebte Sommerfrische. Zu seinen ständigen Einwohnern zählten immer mehr Angehörige der Hautevolee, auch Mitglieder der weitverzweigten kaiserlichen Familie. Es war unter Adeligen wie Nichtadeligen Mode geworden, sich im Bannkreis der Majestät anzusiedeln; auch ausländische Aristokraten hatten sich früh in dieser ruhigen Gegend niedergelassen, so zum Beispiel der deutsche Freiherr Carl Alexander von Hügel, als Hortologe weltberühmt, oder der Herzog von Braunschweig, der einen Teil der Hügelschen Gärten an der Hietzinger Hauptstraße kaufte und sich dort 1824 eine

Die Gartenfront Schönbrunns um die Jahrhundertwende.

Die Villa der Hofburgschauspielerin Katharina Schratt in der Gloriettegasse 9.

Villa hinbaute, die Braunschweiggasse erinnert an ihn. Schon zwanzig Jahre vorher hatte der Ort mit Zustimmung der k. k. Hofkanzlei seine erste öffentliche Apotheke bekommen, sie hieß „Zum Auge Gottes", ihr Besitzer Pharmaciae Magister Franz Schrammel.

Ein Stück oberhalb des einstöckigen Alt-Wiener Hauses in der Maxingstraße, das Johann Strauß bewohnte, steht in der Gloriettegasse auf Nummer 9 hinter einer hohen Pfortenmauer die ehemalige Villa der Hofschauspielerin Katharina Schratt, sehr herrschaftlich angelegt und schönbrunngelb getüncht wie das Schloß, dem sie durch dreißig Jahre mehr attachiert war als jedes andere Nobeldomizil im Umkreis. Schräg gegenüber der Gloriettegasse springt die Mauer des Parks entlang dem Botanischen Garten weit zurück und umfängt buchtartig den kleinen, steilen Maxingpark unterhalb des Tirolergartens. An diesem Hang stand eine Villa, die sich Franz Josephs Bruder Maximilian im Schweizerhausstil hatte erbauen lassen. Hier

wohnte der spätere Kaiser von Mexiko, bevor er in seine Traumresidenz bei Triest übersiedelte und dort, oberhalb von Miramar, einen botanischen Garten anlegen ließ, der den von Schönbrunn an Großartigkeit und exotischem Reichtum bald übertraf. 1867 starb der romantische Habsburger unter den Kugeln eines Erschießungskommandos seines Feindes Juarez. Vier Jahre später errichteten ihm die Bürger von Hietzing unten vor der Kirche ein Standbild.

Ein Stück weiter oben, auf der Höhe des Bergrükkens, wo sich in den Urzeiten Schönbrunns der so bequem nahe Steinbruch befand, baute man schon vor Franz Josephs Geburt den Hietzinger Friedhof zu einem sehr gepflegten, weiträumigen und durch seine schönen Empire- und Biedermeiergrabsteine stimmungsvollen Areal aus. Hier errichteten der österreichische Hochadel und der ihm nacheifernde gehobene Bürgerstand ihre Mausoleen, und wie es Mode geworden war, sich unten in Hietzing, im Dunstkreis von

Schönbrunn, möglichst repräsentativ anzusiedeln und zu leben, so wurde es Mode, sich hier heroben für die anschließende Ewigkeit einzukaufen. Wer es sich leisten konnte, wohnte in Hietzing und ließ sich hier auch begraben. Vom Feldherrn bis zum Operettenstar fand alles, was Rang und Namen hatte, in Hietzing seine letzte Ruhestätte, Hofrat Grillparzer ebenso wie die Schwestern Fröhlich, Fanny Elßler und die Schratt, Otto Wagner, Kolo Moser, Anton Hanak, Anton Faistauer, Gustav Klimt, Jetty Strauß-Treffz, Franz Glawatsch, die Brüder Hellmesberger, die Brüder Marischka, Henry Eisenbach, Mizzi Zwerenz, Bruno Granichstädten, Auer von Welsbach, Conrad von Hötzendorf, prominente Bürgermeister, Parlamentarier, Diplomaten, Juristen, Industrielle, berühmte Vertreter der Wiener medizinischen Schule, aber auch einige „Zugereiste", wie der nach Österreich geflohene und hier 1809 verstorbene Kammerdiener Ludwigs XVI., Jean Baptiste Clery, der von Kaiser Franz I. eine Apanage erhielt. – Das neue Österreich hat die Tradition des alten übernommen: in Hietzing seine Familiengrabstätte zu haben, verleiht immer noch ein gewisses Ansehen.

Eine ganz andere Stimmung herrscht auf der gegenüberliegenden Seite des Parks, den nach Süden zu der Große Fasangarten abrundete; er hat von seinem Gelände viel Wald und Wiese an die Forstliche Versuchsanstalt, die Obstbauschule und die Maria-Theresien-Kaserne abtreten müssen.

Drüben vor der Südostecke Schönbrunns, auf der Kammhöhe des Grünen Berges, gründeten im Geburtsjahr des Kaisers zwei clevere Berliner mit Namen Gericke und Wagner ein aus mehreren stattlichen Hallen und Galerien bestehendes Vergnügungslokal, dem sie den Namen „Tivoli" gaben, nach der berühmten hochgelegenen Villenvorstadt östlich von Rom. Wie dort, so war auch hier die Aussicht denkbar großartig: man sah auf Schönbrunn hinab, sah auf Wien, sah weit nach allen Himmelsrichtungen, konnte in den fulminant ausgestatteten Innenräumen des Gebäudes speisen, tanzen und sich auf die verschiedenste Art unterhalten. Hauptattraktion war eine Rutschbahn im großen, abwechslungsreich angelegten Garten: man sauste auf soliden Wägelchen aus Eisen zu Tal, es gab viel Gelächter und Geschrei. Volksfeste fanden statt, auch Hahnenkämpfe, und wie drüben auf dem Friedhof Adelige und Bürger einträchtig nebeneinander ruhten, so vergnügte man sich hier in gleicher Eintracht. Als das „Tivoli" wegen zu hoher Spesen in eine Jausenstation umgewandelt wurde, erschienen

sogar die Mitglieder des Kaiserhauses, taten sich gütlich und animierten durch ihre Anwesenheit das große Publikum zu regem Besuch. Die Rechnung ging überall auf, auf der Höhe des Grünen Berges genauso wie drüben in Hietzing, wo so mancher ehrbare Geschäftsmann als Nachbar Seiner Majestät danach trachtete, eines Tages das ansehen- und verkaufsfördernde „k. k. Hoflieferant" aufs Ladenschild schreiben zu dürfen, oder beim Dommayer, wo sich die erzherzogliche Jeunesse dorée gleichfalls nicht ungern „unters Volk" mischte, besonders bei Faschingsbällen mit Maskenzwang; das zog die Wiener in Scharen aus der Stadt in das prächtige Kasino hinaus, denn es tanzte sich halt ganz anders so unmittelbar neben der Kaiserfamilie, es war beinahe wie Hofball.

Zwischen dem „Tivoli" und dem Maria-Theresien-Tor des Schönbrunner Parks wölbte sich, massiv und dennoch unvergleichlich elegant, die Tivolibrücke über die Grünbergstraße, die einst von der großen Hausfrau als Hohlweg angelegt worden war, damit man leichter über den Berg nach Altmannsdorf und weiter nach Laxenburg gelangen konnte. Die 1770 nach einem Entwurf von Isidor Canevale errichtete, mit dem Monogramm MTh gezierte Brücke war ein besonders schönes Exemplar spätbarocker Zweckbaukunst. Zu „Kaisers Zeiten" hätte sich niemand träumen lassen, daß man sie eines Tages abtragen würde, um die Straße erweitern zu können. 1964 ist es geschehen. Die Sphinxe aus Sandstein sind noch vorhanden und bewachen den neuen, brettgeraden Viadukt aus Beton. Es war eine schmerzliche Amputation.

Am Fuß des Berges, Ecke Grünbergstraße – Schönbrunner Straße, ging es in der zweiten Hälfte des vorigen Jahrhunderts gleichfalls recht lebhaft zu: in „Weigls Vergnügungsetablissement" mit der Katharinenhalle im Dreherpark (nach dem Bierbrauer und Bürgerkönig Anton Dreher). Beim Weigl war immer etwas los. Entweder veranstaltete der Wiener Männergesangs-Verein eine Sommerliedertafel, oder eine Militärkapelle gab ein Konzert, oder Artisten produzierten sich; auch Volkssänger traten gelegentlich auf, Laienbühnen gaben lustige Theaterabende (zu Allerseelen spielten sie natürlich „Der Müller und sein Kind"), Sparvereine hatten beim Weigl ihren Treffpunkt, und im Saal wie im Garten konnte man zu jeder Tageszeit bürgerlich wohlfeil speisen. Tempi passati. Heute erhebt sich an dieser Stelle das Servicewerk einer großen Automobilfabrik.

Auf der anderen Seite der Straße, dicht am Meidlinger Tor von Schönbrunn, steht, sonnig gelb wie das

Schloß, die Chaire-Villa. Der Name müßte mit einem Akzent auf dem letzten Vokal gesprochen werden. Doch da dieses griechische Wort für „Sei gegrüßt" in griechischen Buchstaben auf der Tafel über dem Mittelfenster der Villa steht: XAIPE, heißt sie in Wien seit Urvätertagen die „Xaipe-Villa", gesprochen wie geschrieben! In der schönen, 1789 erbauten Suburbanvilla, die einem Freiherrn von Wetzlar gehörte, haben Beethoven und der Pianist Josef Wölfl um das Jahr 1800 einen Wettstreit im Klavierspiel ausgetragen. In den Tagen der 48er-Revolution gehörte die Villa einem reichen Privatier namens Mayer von Also-Rußbach, bei dem sich allwöchentlich freiheitlich gesinnte Künstler und Gelehrte trafen. Zum Schönbrunner Schloß steht das vornehme Gebäude in keinerlei Beziehung. Aber seltsam: denkt man sich die erhöht stehende, weithin sichtbare Villa weg, so büßt das Meidlinger Tor mit dem kleinen Platz und der alten Apotheke augenblicklich seinen Zauber ein. Ehe der Schönbrunnbesucher den Park betritt, heißt ihn die „Xaipe-Villa" willkommen.

Der Bogen des Ambiente ist abgeschritten, nun spannt sich noch die Sehne des Wienflusses vom Anfang zum Ende, von Meidling nach Hietzing. Sie hat ihre Gestalt durch die endgültige Regulierung des „verflixten Bacherls" zur Jahrhundertwende und durch den gleichzeitig erfolgten Ausbau des Wientalstranges der Stadtbahn erhalten. Als man von Weidlingau herein die mächtigen Staubecken baute und Otto Wagner seine damals aufsehenerregenden Stadtbahnstationen schuf, war Franz Joseph bereits der „alte Kaiser" geworden. Für ihn baute Wagner am unteren Ende des schloßseitigen Bahnsteigs jenen, man möchte fast sagen, liebevoll entworfenen Pavillon als private Station, ein Hauptwerk des Jugendstils und zugleich ein sehr persönliches Kunstwerk, das mit seiner Kuppel wie ein Gruß an Fischer von Erlach und die nie gebauten Pavillons des ersten Schönbrunn-Entwurfes von 1688/90 anmutet. Franz Joseph I. hat diese Privatstation nur ein einziges Mal benützt, am 9. Mai 1898, dem Eröffnungstag der Stadtbahn. Da stieg er hier ein, machte eine Rundfahrt und stieg hier wieder aus. Bald darauf wurde der Pavillon gegen den Gleiskörper abgemauert und fortan – über zwei Weltkriege hinweg – als Atelier an Maler und Bildhauer vermietet.

Die von Löwen und Sphinxen bewachte Schönbrunner Schloßbrücke wurde so mächtig verbreitert, daß man sie als solche kaum mehr bemerkt, sie wurde zum bloßen Schmuck eines Platzes, man fährt und geht auch meistens um sie herum wie um ein Denkmal. Die flußaufwärts gelegene Maria-Annen-Brücke – eine Kettenbrücke, die am 17. April 1843 eingeweiht und nach der Gemahlin des fünf Jahre später abdankenden Kaisers Ferdinand benannt worden war – wurde 1890 durch die erste Franz-Josephs-Brücke ersetzt, der bald eine zweite folgte, die mit der Stadtbahnstation Hietzing organisch verbunden wurde. Für ihre Westbalustrade schuf der Bildhauer Artur Strasser die zwei großen Bronzeadler, deren jeder zwischen den gespreizten Schwingen die Habsburger Hauskrone trägt, eine ganz aus dem Geist der Ringstraßenzeit geborene, zum benachbarten Schloß hinüberweisende Geste der Huldigung, obwohl beide Adler Schönbrunn den Rücken kehren.

Zur Zeit, als im Park unweit der Orangerie noch die Kattermühle stand, lief parallel zu einer alten Römerstraße, der heutigen Gumpendorfer Straße, vom Wiener Glacis ein steil ansetzender Kammweg westwärts ins Niederösterreichische. Zwischen diesem Kammweg und dem Wienfluß waren die nach Süden absinkenden Hänge mit Wein bepflanzt; der lehmige Boden, man denke an den noch heute lebendigen Vorstadtnamen „Laimgrube", brachte gute Erträge, das berühmteste Ried hieß „Im Schöff". Im Lauf der Jahrhunderte wurde aus diesem alten Kammweg, an welchem sich zahlreiche Handwerksbetriebe ansiedelten, die heutige Mariahilfer Straße. In ihrer Gestalt und Funktion als größte, imposanteste Wiener Geschäftsstraße ist auch sie ein typisches Produkt der franzisko-josephinischen Ära. Für die schaulustigen Wiener des Fin de siècle und des beginnenden zwanzigsten Jahrhunderts hatte die lange Straße aber auch noch eine zweite Bedeutung: über sie ist der Kaiser – die Legende sagt: täglich – von der Hofburg kommend nach Schönbrunn gefahren, und zwar zu so exakt gleicher Stunde, daß man nach dem Hofwagen seine Uhr hätte richten können: der Kaiser kommt, es ist halb zwei. Das Coupé fuhr in regelmäßigem Trab, jeder konnte Seine Majestät sehen, konnte den Kaiser vom Trottoir aus grüßen, ihm zuwinken, er dankte immer wieder, und alt und jung hatten ihre Freude. Scharfe Sicherheitsmaßnahmen gab es nicht, die Habsburger bewegten sich zum Erstaunen aller ausländischen Herrscher und Diplomaten völlig sicher und unbehelligt unter der Bevölkerung. Außer den paar schnauzbärtigen Polizeimännern mit der funkelnden Pickelhaube und dem Brustschild, die gerade in der Mariahilfer Straße ihren Dienst versahen und am Gehsteigrand stramm salutierten, war kein Uniformierter zu erblicken. Weit und breit kein Geleit. Nur ein einziger Polizist zu Pferde ritt in vorge-

Das Haupttor zum Ehrenhof des Schlosses mit den beiden von Adlern gekrönten Obelisken, aufgenommen um die Jahrhundertwende.

schriebenem Abstand vor der zweispännigen Equipage her, damit die Fahrbahn möglichst frei blieb. Dieser berittene Polizist war Jahre hindurch immer derselbe, er hieß Prohaska. Also sagten die am Straßenrand Wartenden anstatt „Der Kaiser kommt" häufig auch „Der Prohaska kommt". Es war schließlich dasselbe, und eines Tages hatte der Kaiser einen Spitz- oder besser Deckmanen, den man mit der Zeit in der ganzen Monarchie kannte und immer dann verwendete, wenn

man den „obersten Kriegsherrn" einmal gefahrlos kritisieren wollte.

Das Leibcoupé rollte auf das Obeliskentor zu, die Wache trat unter Trommelwirbel ins Gewehr, der Wagen rollte durch den Ehrenhof, hielt in der Durchfahrt, der Kaiser stieg aus und begab sich, gefolgt vom Adjutanten, über die Blaue Stiege in sein Arbeitszimmer.

Von seinem Schreibtisch aus herrschte er nicht nur über das Vierzig-Millionen-Reich der Doppelmonar-

Panorama der Umgebung des Schlosses, im Hintergrund die Gloriette. Lithographie aus der ersten Hälfte des 19. Jahrhunderts.

chie, sondern zugleich auch über das kleinere Imperium seines geliebten Schlosses. Als Chef de famille war ihm das Wohl und Wehe seiner näheren und weiteren Verwandten anvertraut, die in bald größerer, bald kleinerer Zahl mit ihm Schönbrunn bewohnten, und er war für sie alle zu erreichen, wenn sie ihn brauchten, nicht anders als in der Hofburg. Als Hausherr aber gebot er zugleich über alles Leben und Treiben in den Nebengebäuden zwischen Hietzinger und Meidlinger Tor. Was sich dort begab, was in den langgestreckten einstöckigen Bauten untergebracht war und den klaglosen Tagesablauf der kaiserlichen Familie, ihrer Gäste und Mitarbeiter zu gewährleisten hatte, sprang durch seine übersichtliche Baugliederung ungleich deutlicher ins Auge als drinnen in der Burg, wo Herrschaft und Dienerschaft auf weit engerem Raum in ein und

demselben Bauwerk beisammen lebten und arbeiteten. Als Karl VI. die Schönbrunner Nebengebäude fertigstellen ließ, bekam jeder Trakt seine Bestimmung. Dann aber versank Schönbrunn in einen Dornröschenschlaf, war verlassen, verfiel. Die verbliebenen kümmerlichen Reste der Dienerschaft versahen in Haus und Garten nur mehr eine Art Notdienst, und erst als Maria Theresia einzog und alles neu ordnete, bekamen auch die Nebengebäude wieder eine festgelegte Tradition. Sie erhielt sich, mit geringfügigen Umwidmungen, bis ans Ende der Ära Franz Josephs.

Betrat man dazumal den Ehrenhof von Norden her, so hatte man im östlichen der beiden einstöckigen Kavalierstrakte die Unterkünfte der Kavaliere vor sich, das Erdgeschoß barg Wirtschaftsräume und Magazine. Im westlichen Trakt wohnten oben gleichfalls Hofher-

Das Arbeitszimmer Kaiser Franz Josephs in dem Zustand, in dem es sich am Sterbetag befunden hat.

136

ren, ebenerdig waren bis zum Ende der Monarchie die Kuriere mit ihren Pferden untergebracht, reitende Boten mußten trotz Telephon und Telegraph nach wie vor zur Hand sein. Nach ihrer Vermählung mit dem Erzherzog Franz Salvator von Österreich (1890) übersiedelte Erzherzogin Valerie, Franz Josephs jüngere Tochter, aus dem Schloß ins Stockwerk dieses rechten Ehrenhoftraktes, der seither ihren Namen führt.

An den Valerietrakt schloß sich in Richtung Hietzing der Post- und Wäscherhof, dann kam das Hietzinger „Viereckl" mit dem zur inneren Fahrstraße schauenden Fürstenstöckel und dem an der Schönbrunner Schloßallee gelegenen Stöckel mit dem Dr. Fürst-Gang, nach einem Arzt, der hier wohnte. Es folgt – die Trakte und Höfe heißen heute genauso wie damals – der Hundshof mit dem Bereitergang, dahinter liegt der trapezförmige Fuhrhof, in dem es zwei Gaststätten gab, eine mit Kaffeehausbetrieb, und vor dem Fuhrhof der ehemalige Pferdestall, heute Magazin für die nicht zur Ausstellung bestimmten Fahrzeuge der Wagenburg, die unmittelbar davor an der inneren Fahrstraße liegt; bis 1918 war die große Halle die Winterreitschule von Schönbrunn. Der Fuhrhof geht in den Bauhof über, der spitz zulaufend vor dem Gittertor nahe der Stadtbahnstation Hietzing endet.

Hinter dem östlichen Kavalierstrakt liegt der Küchenhof. Die Küche war im anschließenden Meidlinger „Viereckl" zu ebener Erde eingerichtet, der Gang ober ihr heißt Kochgang, hier logierten die Köche. In rechtem Winkel schließt sich, zur Fahrstraße schauend, das Zuckerbäckerstöckel an, und das Stöckel diesem gegenüber, an der Schönbrunner Schloßstraße, wo sich die lange Parkplatzzeile fast bis zur Grünbergstraße erstreckt, heißt Kontrollorgang. Den Osttrakt des „Viereckls" durchzieht der „Feuerleutgang", und zwischen diesem und der anschließenden Großen Orangerie befindet sich seit urdenklichen Zeiten ein Lebensmittelladen, in dem die Frauen der Hofbediensteten einkaufen konnten und nicht erst nach Meidling oder Hietzing pilgern mußten. Und warum hat der Laden gerade hier seinen Platz? Wegen des frischen Gemüses und der Gewürze, die er aus der benachbarten Orangerie oder dem Feldgarten schräg gegenüber in bester Hofküchenqualität beziehen konnte.

Im Meidlinger „Viereckl" war unterhalb des „Feuerleutganges" die Erste Gardekompanie untergebracht, die Zweite war dort stationiert, wo heute die Schloßgarage ist, knapp vor der Einmündung der Schönbrunner Schloßstraße in die Grünbergstraße. Zwischen beiden „Ubikationen" läuft der Finstere Gang an der Hinter-

seite der Großen Orangerie; Gitter in seiner Decke spenden Licht, ein Altärchen an der Mauer Trost. An diesem Gang hausten oder werkten die Sattler, die Wäscherinnen unter der Fuchtel der Kämmerin, die Laternanzünder und das geringere Küchenpersonal. Auch Klosette gab es hier.

Das heutige Restaurant innerhalb des Meidlinger Tores war die Kantine für die Gardesoldaten, denen der Schutz Schönbrunns und seines Hausherrn oblag, nebst verschiedenen repräsentativen Aufgaben in den Vorzimmern und Sälen. Sie hatten die Torwachen zu stellen und die hundertein Kanonenschüsse abzufeuern, sooft im Schloß ein männliches Habsburgerkind geboren wurde. Bei den Mädchen genügten einundzwanzig. Der halbkreisförmige Abschluß der Großen Orangerie im Osten heißt Schabrackenhaus; auch dieser Name spricht, wie alle andern, für sich: hier waren Reitpferde untergebracht. Dahinter, im Gemäuer versteckt, liegt der kleine Apothekenhof mit seinem Brunnen. Die von Maria Theresia gegründete Schloßapotheke, nach der er benannt ist, befindet sich außerhalb des Schmiedeeisengitters des Meidlinger Tores. Hier bekam die gesamte Einwohnerschaft des Schlosses, von der kaiserlichen Familie und dem Obersthofmeister über die Arcieren- und Trabantenleibgarde bis zum letzten Sänftenknecht, Heubinder und Brunnenschöpfer, dazu sämtliche Arme der Umgebung, die Arzneien ausgefolgt, die die Hofmedici im Krankheitsfalle verschrieben. Die Beschickung der Offizin, sie war eine Expositur der (Alten) Hofapotheke in der Stallburg, erfolgte bis ins neunzehnte Jahrhundert auf eine recht urtümliche Art. Rückte der sommerliche Termin, zu welchem der Hof nach Schönbrunn zu übersiedeln gedachte, heran, so belud man in der Stallburg in Wien einen ganz gewöhnlichen Leiterwagen mit den Medikamenten, die man voraussichtlich benötigen würde, und war der Wagen voll, dann schwang sich der zuständige Magister in die begleitende Kalesche und fort ging's, ins Grüne. Die kaiserliche Sommerapotheke in Laxenburg wurde auf die gleiche Weise versorgt. Die Dienstvorschrift für den Apotheker, die sehr auf dessen Moral und die seiner Mitarbeiter bedacht war, enthielt den bemerkenswerten Passus, er habe die Rezepte für den Kaiser, die Kaiserin und den Thronfolger „besonders genau" auszufertigen; bei Patienten minderen Ranges fielen kleine Ungenauigkeiten anscheinend nicht so ins Gewicht. Auch durfte er den Inhalt von Rezepten für den allerhöchsten Personenkreis nur dem Leibarzt, niemals anderen Hofärzten bekanntgeben.

„Ubikation" der Leibgarde-Infanteriekompanie im „Meidlinger Viereckl" östlich des Ehrenhofes; das Gardewachtzimmer zur Zeit der Jahrhundertwende.

Als Napoleon 1809 Schönbrunn usurpierte und die Nebengebäude mit Soldaten vollstopfte, als wären es Kasernen, geriet das Räderwerk der internen Dienstleistungen aus dem Takt. Doch bald nach dem Abzug der Franzosen war alles wieder auf dem Posten, dafür sorgte schon der gute, aber ebenso ordnungsliebende Kaiser Franz. Und als Franz Joseph zur Welt kam, lief alles längst wieder so am Schnürchen, wie er es dann als Herrscher bis an sein Ende gewohnt war.

Franz Josephs Kindheit und Jugend sind innig mit Schönbrunn verflochten, und es lohnt sich, einen Blick auf diese Jahre zu werfen, weil einem dabei das Mannes- wie das Greisenalter dieser hart geprüften Persönlichkeit in einem Licht zu erscheinen beginnt, das unsere Anteilnahme an seinem Schicksal vertieft, unsere Toleranz gegenüber den so emsig durchforschten Schattenseiten seiner Biographie erweitert. Wer immer nur den weißbärtigen Herrn vor sich sieht, der an seinem Schreibtisch beamtenfleißig ganze Ströme verschiedenster Akten, militärischer oder diplomatischer Geheimberichte und unzähliger Gesuche aus allen Teilen seines Reiches aufarbeitet und sich zwischendurch dem Studium in- und ausländischer Presseartikel und der Fachbeiträge in „Danzer's Armeezeitung"

hingibt – angeblich hat Franz Joseph sein Leben lang kein Buch gelesen –, der vergißt leicht, daß dieser zeitweilig grantige bis unwirsche, soldatisch starrköpfige und prinzipiell mißtrauische Pflichtmensch im Waffenrock auch einmal ein Baby gewesen ist, und zwar ein ganz entzückendes. Daß er ein ungemein liebenswürdiger Knabe und junger Mann war, der freilich nur zu bald in politische Nöte und militärische Katastrophen hineingerissen wurde. Über drei Generationen hinweg war er ständig mit der Aufgabe konfrontiert, die vielen auseinanderstrebenden Völker seines Staates bei der Stange zu halten und ihnen inmitten eines immer unruhiger werdenden Europa Frieden zu verschaffen. Dies stellte ihn zwangsläufig vor immer schwierigere Situationen, deren Ursache er durchaus nicht nur in den Umständen suchte, sondern vorbildlich selbstkritisch auch bei sich selbst. „Ich hab halt eine unglückliche Hand", meinte er 1898, zwei Monate nach dem Tod seiner Frau, in einem Gespräch mit den Künstlern der soeben eröffneten Secession. Es war, als faßte er in diese landläufige Formel die ganze Tragik seines Lebens und Regierens zusammen.

Der freudigen Nachricht von der Geburt des Erzherzogs Franz Joseph am 18. August 1830 ließ die Wie-

Der Ehrenhof des Schlosses um 1900. Im Vordergrund der Brunnen mit allegorischen Steinfiguren von Johann Baptist Hagenauer, die die Vereinigung der Königreiche Galizien und Lodomerien mit Siebenbürgen versinnbildlichen.

ner Zeitung täglich ein Bulletin über den Gesundheitszustand von Mutter und Kind folgen. Ihr lakonischer Tenor: „Nach dem ärztlichen Berichte schreiten Beyde in dem erwünschten Befinden fort." Am 27. August erschien das Abschlußkommuniqué: „Die durchlauchtige Wöchnerin befindet sich auch heute, am neunten Tage nach der mit schwierigen Umständen begleiteten Entbindung, sehr wohl. Dieser vorzüglich günstige Verlauf der wichtigsten Tage des Wochenbettes ist hauptsächlich der Erfüllung der Mutterpflicht des Selbstsäugens, welcher sich Ihre Kaiserl. Hoheit unterziehen, zu danken." Diese so treuherzig klingenden Zeilen waren in Wirklichkeit raffiniert überlegt. Sophie wollte allen gesund empfindenden Müttern im Kaisertum Österreich sagen, daß auch sie zu ihnen gehöre, während sich die nur auf ihr Amüsement bedachten Damen der aristokratischen und sonstigen höheren Kreise, in denen die böhmischen Ammen aus und ein gingen, durch das Verhalten der Erzherzogin beschämt fühlen sollten.

Sophies Mutter, die verwitwete Königin Karoline von Bayern, die gekommen war, um der Tochter in ihrer schweren Stunde beizustehen, und die mit ihren Ratschlägen der wackeren Hebamme Schmalzl wie

auch deren erklärten Gegnern, den beigezogenen Doktoren, gehörig auf die Nerven gefallen ist und zwei volle Tage nicht geschlafen hat, schildert jedem Besucher immer wieder, wie grausam schwer die Geburt gewesen sei, wie engelgleich die Erzherzogin die Schmerzen ertragen und daß sie ein „kräftiges und wohlgeformtes Kind" zur Welt gebracht habe. Die andere in Schönbrunn weilende Tochter, Sophies Zwillingsschwester Marie, Königin von Sachsen, schreibt an den Gemahl: „Großer Gott, es waren dreiundvierzig schreckliche, in Todesangst verbrachte Stunden", und beendet ihr Lamento mit der Prophezeiung, daß bei der Taufe alle aussehen würden „wie Gespenster in Gala".

Der Taufakt findet im Zeremoniensaal statt, Fürsterzbischof Graf Firmian spendet das Sakrament, assistiert von mehreren infulierten Prälaten und „in Beyseyn sämtlicher hier anwesenden höchsten Familienmitglieder mit dem herkömmlichen Gepränge". Obersthofmeister Graf Goëß trägt den Täufling auf einem „reichen Kissen, dessen Spitzen von zwey k. k. Kämmerern gehalten wurden". Das diplomatische Corps ist vollzählig erschienen, ebenso der gesamte Hofstaat.

Der Rückschauende kann sich bei diesen offiziösen Berichten des Gefühls nicht erwehren, daß alle diese hohen Herrschaften, einschließlich des Reporters, sich insgeheim bewußt waren, der Taufe ihres künftigen Monarchen beizuwohnen. Besonderen Eindruck machte auf den Zeitungsmann der päpstliche Nuntius. Dieser sei, so schreibt er, „im vollen Train mit drey sechsspännigen Zügen unter Vorantretung seiner Dienerschaft in Gala zu Schönbrunn vorgefahren. Die k. k. Leibgarden", heißt es dann noch, „gleichfalls in Gala, hatten das Appartement besetzt und leisteten im Cortège die gewöhnliche Nebenbegleitung"; sie sind also offenbar links und rechts von den hinter dem Täufling folgenden Persönlichkeiten hergeschritten. In der Großen Galerie hielt Erzherzog Franz Karl, der Vater, Cercle und nahm dabei die Glückwünsche des Hofstaates und des diplomatischen Corps entgegen.

Taufpate war der tiefbewegte Kaiser. Die drei Namen, die er dem Priester genannt hatte und die der neugeborene Prinz fortan führen würde, sollten an Franz I., Ahnherrn des Hauses Habsburg-Lothringen, an Joseph II., den Kaiser, den das Volk noch immer liebend verehrte, und an Karl VI., den letzten Habsburger aus Mannesstamm, erinnern. Unter den Geschenken des Paten befand sich ein ganz besonderes, nämlich der Befehl, daß diesem Kind, wenn es ausfuhr, stets sechs Pferde vor den Wagen zu spannen seien. Das war unerhört.

Glückliche Tage in Schönbrunn, denen glückliche Jahre eines außergewöhnlich liebreizenden Kindes folgten, das sich in seinem Gebaren, in seinen Freuden und Leiden, Wünschen und Ideen nicht im geringsten von anderen ähnlich aufgeweckten, gesunden Kindern unterschied. Wer sich von ihm eine Vorstellung machen will, der braucht sich nur die Bildnisse Franz Josephs aus seinem ersten bis zwölften Lebensjahr anzusehen, die aus der Hand der besten Maler und Miniaturisten der Zeit – Ender, Fendi, Stieler, Waldmüller – auf uns gekommen sind, und gleichzeitig in den Aufzeichnungen der Mutter und der Kinderfrau zu blättern, die geradezu darin wetteifern, den Charme der Gemälde zu bestätigen.

Er wird Franzi gerufen, seine Aja aus unerfindlichen Gründen Ilb. Ihr richtiger Name ist Louise Freiin von Sturmfeder. Sie ist einundvierzig Jahre alt. Die Liebe zwischen beiden ist übergroß, auf Franzis Seite so groß, daß er mit vier Jahren zu seiner Ilb sagt: „Wenn du einmal stirbst, lasse ich dich ausstopfen."

Noch ist er ein winziger, wenn auch strammer Säugling. Von der Zange, die bei der Geburt angewen-

Erzherzogin Sophie mit ihrem Sohn Franz Joseph. Gemälde von Josef Stieler, 1831.

det werden mußte, sind am Kopf drei kleine, unbedeutende Wunden zurückgeblieben. Dr. Johann Malfatti, der Leibarzt, ordnet an, sie alle Viertelstunden mit feuchten Umschlägen zu behandeln, rund um die Uhr. Die Wunden können nicht vernarben, das Baby nicht schlafen.

Die „Kindskammer" des kleinen Erzherzogs besteht aus der Aja, der Kindsfrau Cäcilie Ascher, dem Kindsmädchen Leopoldine Huber, zwei Leiblakaien, einer Kindsköchin, einem Kammerweib, einem Kammerweib für das Kammerweib und einer Küchenmagd. Ein Hofstaat! Der Bub entwickelt sich prächtig, bald kann man ihm das Babykleidchen anziehen, das ihm seine Großmutter, die Königin von Bayern, geschenkt hat, und ihm das blauseidene Häubchen mit der großen Seitenmasche aufsetzen.

In einem solchen Häubchen hat Johann Ender ihn gemalt: Franz Joseph liegt in einem mit Seide umhüllten und ausgekleideten Korb, bedeckt seine Blöße mit dem Windelzipfel und blickt auf den Beschauer. Die Parallele zum Jesuskind in der Krippe drängt sich geradezu auf und ist von der Mutter, der Aja und sämtlichen weiblichen Verwandten sicherlich sofort bemerkt und beredet worden, zumal das Porträt als

Weihnachtsgeschenk für den Papa bestellt war. Erzherzogin Sophie findet ihr Bübchen „à croquer", zum Anbeißen, und Franz Josephs Cousin, der Herzog von Reichstadt, Napoleons Sohn, pflichtet ihr bei: „Er sieht aus wie Erdbeergefrorenes mit Schlagobers."

Die ständig feuchtgehaltenen Wunden am Kopf des Säuglings haben lange nicht heilen wollen, erst recht nicht, als man sie auf Anordnung der Ärzte auch noch mit Lapis behandelte, zu deutsch Höllenstein. „Das Kind des ärmsten Taglöhners wird nicht so gequält", klagt die Aja.

Wer mehr in den Buben vernarrt ist, seine Mutter oder Baronin Sturmfeder, ist nicht zu entscheiden, sie gehen beide in seiner Pflege und der Sorge um ihn auf. Doch bei aller Vergötterung hält Erzherzogin Sophie es „bei einem so kleinen Kerl (un petit chou) doch für etwas zu viel", daß jedesmal, wenn man ihn im Kinderwagen aus dem Schloß zur Orangerie hinüberfährt, damit er Luft und Sonne hat, die Wache unter Trommelwirbel ins Gewehr tritt.

Das erste Weihnachten ist da. Erzherzog Franz Karl bekommt das Ender-Porträt, der Porträtierte einen Wurstel, einen Seiltänzer, zwei Tamburine und einen komischen Kapuziner, der an einem Glockenstrang zieht und wirklich läutet; seine ersten Spielsachen. Zwei Jahre später wird Waldmüller ihn bereits mit Tschako, Säbel, Gewehr, Trommel, Fahne und Soldatenfiguren malen, wenn auch noch im mädchenhaften Kinderkleid.

Anfang Jänner 1831 teilt Sophie ihrer Mutter einiges über den zufriedenstellenden Appetit ihres Sohnes mit. Wenn die gute Ilb ihm ein Kalbfleischbouillon reicht, dann „schnappt er ordentlich danach, bläst die Backen auf" und strahlt „wie ein rechter Bonvivant". Einen Monat später hat die Mutter Grund, sich über seine großen Ärmchen zu freuen, „die so stark und dick sind wie die eines Bauernbuben". Dazwischen, am 27. Jänner, hat man den Geburtstag der Erzherzogin gefeiert. Bei Conte Corti liest man im ersten Band seiner Franz-Joseph-Trilogie: „Sophie ist außer sich vor Freude, als Franzi mit einem riesigen Blumenstrauß angerückt kommt, in dessen Mitte Vergißmeinnicht die Worte ‚Liebe Mutter' bilden." Als sie den Kleinen aufhebt und, ihn auf dem Schoß haltend, den nicht enden wollenden Zug von Gratulanten empfängt, ist der Knirps kein bißchen verwirrt. „Ein anderes Kind hätte geweint, Franzi aber zeigt sich begeistert; er liebt es, von vielen Leuten umgeben zu sein und zu sehen, daß man sich um ihn kümmert."

Schönbrunn, Ende Februar 1831. Man erwartet die Prinzessin Maria Anna von Sardinien, die künftige Kronprinzessin; sie wird Ferdinand heiraten, Metternich will es. Schon einmal ist eine bedauernswerte Kaiserbraut in Schönbrunn eingezogen, Maria Josepha von Bayern, Josephs II. zweite Gemahlin; und drei durchlauchtigte Bräute sind von hier mit begreiflichem Herzklopfen in eine alles andere als rosige Zukunft abgereist: Marie Antoinette, Marie Karoline, Marie Louise. Aber so steinunglücklich wie diese Italienerin ist keine von ihnen gewesen, und keine hat es so herzzerreißend gezeigt, obwohl sie sich tapfer um Haltung bemüht. Man bringt ihr den kleinen, sechs Monate alten zukünftigen Neffen, sie ist sofort von seinem Liebreiz hingerissen und richtet sich wieder etwas auf. „Daß Gott erbarm" – in diesen Seufzer faßt der alte Kaiser die ganze Situation zusammen.

Schönbrunn, Juli 1831. Das Schloß wird zerniert, ein Militärkordon läßt niemand durch, die „Gottesgeißel der Cholera" geht um. Sophie, die sich wieder schwanger fühlt, ist halb rasend vor Angst. Sie flieht mit Franzi über Gmunden nach Ischl, dessen Bädern sie ihren „Prinzen aus dem Salz" zu verdanken hat. In Gmunden macht sie beim Salinendirektor Schiller Station, der einen riesenhaften, aber außergewöhnlich gutmütigen Hund besitzt, auf dem Franzi herumreiten darf. Er ist wieder einmal „in high spirits", wie die Mutter es nennt.

Schönbrunn wird unterdessen vollends zur Festung; auch Metternich und die Herren seiner Kanzlei schließen sich dort ein. Für den Winter plant man, Franzi gemeinsam mit dem jungvermählten Kronprinzenpaar nach Prag auf den Hradschin zu verfrachten, weil man dort oben vor den Bazillen, die ihr Unwesen doch mehr im Tale trieben, sicherer sei, heißt es. Dr. Malfatti, der offenherzig zugibt, „daß weder er noch seine Kollegen von Cholera auch nur das geringste verstünden", will auf Numero Sicher gehen, bekommt einen tüchtigen Anfall von Gicht und verreist ins Gebirge.

Ende August – die Cholera wütet noch immer, aber mehr im Westen – kehrt Sophie mit ihrem „petit chou" zum Gatten nach Schönbrunn zurück. Sie bleibt im Schloß, vertraut der ländlichen Umwelt, der guten Luft und dem reinen Trinkwasser aus der alten Quelle mehr als der Höhenlage des Hradschin. Außerdem ist ihr die Vorstellung, daß sie sich von Franzi trennen sollte, unerträglich. Der Knabe wird verspätet, aber um so reichlicher mit Geburtstagsgeschenken überhäuft, unter denen sich eine wunderschöne silberne Suppenschüssel mit der Inschrift „Zum vollendeten ersten

Lebensjahre von Deinem Großvater" und ein winziges Ischlerhütchen mit Gamsbart befinden. Der Hut ist sofort sein Favorit, er sieht mit ihm urkomisch aus und würde am liebsten mit ihm ins Bett gehen.

Der Kordon um das Schloß scheint seine Wirkung zu tun, niemand wird krank, man beruhigt sich. Bis eines Tages plötzlich ein Nordlicht über dem Wienerwald aufstrahlt und die Gemüter erregt. Am 1. Oktober 1831 verläßt ein kurioser Brief das Schloß. Er ist durchstochen, damit die Krankheitskeime, falls welche in den Umschlag geraten sein sollten, den Empfänger, in diesem Fall die Königinwitwe Karoline von Bayern, nicht in Gefahr bringen, sondern rechtzeitig entweichen. Erzherzogin Sophie schreibt an die Mutter: „Es schien ein wundervolles Brandschauspiel, aber . . . wir glauben alle, daß diese Dünste in der Atmosphäre auf die Cholera Einfluß nehmen. Wenn sie bei Euch erscheinen, liebe Mutter, dann seht Euch vor, dann ist der Feind nicht fern! Man sagt, daß ein Pechpflaster das beste Vorbeugungsmittel ist, aber man soll nicht zuviel Gebrauch davon machen. Viele Menschen haben sich umgebracht, indem sie ihre Nerven, noch bevor die Cholera da war, mit Gegenmitteln aufrührten. Und dann verfielen sie ihr umso leichter."

Franzi hat seinen ersten Zahn bekommen, hat seine ersten drolligen Versuche gemacht, zu pfeifen wie ein Erwachsener, und kann seit dem 10. September allein gehen. Habsburgerlippe hat er noch keine; die Mutter stellt es befriedigt fest und hofft, es werde so bleiben. Nur mit der Nase ist sie nicht einverstanden, sie ist „an der Wurzel ein bißchen plattgedrückt. Das ist der einzige Fehler dieses entzückenden und liebenswürdigen kleinen Gesichtchens. Ich suche die Nase geradezurichten, indem ich sie manchmal stark presse." Doch wird Sophie für den kleinen Mangel reichlich durch den Umstand entschädigt, daß Franzi die hellblauen Augen ihrer Schwester Elisabeth, Königin von Preußen, geerbt hat – jene Augen, die jedem, der Franz Joseph gekannt hat, vertraut waren und auch noch beim Greis von besonderer Schönheit und Leuchtkraft gewesen sein sollen. Auf dem bekannten Dreienkelbild, das Johann Ender 1832 im Auftrag der Erzherzogin für Kaiser Franz malt – es zeigt den Herzog von Reichstadt mit dem kleinen Franz Joseph im Kinderkleidchen auf den Knien, dazu die neunjährige Prinzessin Lina Salerno –, bezaubern diese blauen Augen dadurch besonders, daß sie zu dem dunklen, unverkennbar napoleonischen Blick des schon todgeweihten Reichstadt in starkem Kontrast stehen.

Ein Jahr später schuf derselbe Maler ein Bildnis Sophies mit zwei Knaben: an ihrer Schulter lehnt Franz Joseph, auf ihrem Knie sitzt der eineinhalb Jahre alte Erzherzog Ferdinand Max, der spätere Kaiser Maximilian von Mexiko, dessen Kindheit und Jugend mit Schönbrunn genauso innig verflochten sind wie die seines älteren Bruders, um dessen Erstgeburt er ihn zeitlebens beneidet hat. Dieser Neid war schließlich mit schuld daran, daß sich Ferdinand Max von Napoleon III. so willig dazu überreden ließ, „für mexikanische Affen seine Haut zu Markte zu tragen", wie Alexander von Hübner, österreichischer Botschafter in Rom, das sonderbare Abenteuer charakterisierte.

Franzi ist neunzehn Monate alt und schon ein kleiner Souverän. Will er ausgehen, so reißt er am Klingelzug, und wenn daraufhin ein Mitglied der „Kindskammer" erscheint, fragt er: „Wagen da?" Er will, daß man vorfährt! Es ist keineswegs Ausfluß von Hochmut; so stolz Erzherzogin Sophie selber ist, so streng achtet sie auf eine vernünftige, gesunde Charakterbildung, Baronin Sturmfeder weiß Bescheid. Auch wenn der Kleine von sich selbst in der dritten Person als „Zerzezog" spricht, was Erzherzog heißen soll, so geschieht dies genauso kindlich wie bei jedem anderen Kind: „Zerzezog lauft da! Zerzezog steht da, ja, ja, der Zerzezog!" Fragt ihn aber die Mutter: „Wo ist denn mein Herzbub?", dann zeigt er auf sich und sagt: „Da ist er!"

Er hat einen kleinen Spaten bekommen und darf damit im Garten umgraben. Er tut es so ernst und wichtigtuerisch, wie eben Kinder seines Alters „arbeiten". Manchmal wirft er sich den Sand mit dem Spaten ins Gesicht und in die Haare, dann muß er mit Seife und rohen Eiern gereinigt werden. Er wehrt sich und heult. Ist die Prozedur zu Ende und bringt man ihn zu Bett, dann sagt er tröstend und getröstet: „Franzi wieder brav ist." Weint er, so kommentiert er: „Franzi unartig, Franzi weint." Er ist neugierig und eine rechte Plaudertasche, die alles, was sie erlebt, sich sofort verbal zu Bewußtsein bringt. Muß er lachen, dann lacht er, sagt aber gleichzeitig: „Franzi lacht."

Wenn er eines Soldaten ansichtig wird, gar eines von der prächtigen Garde, dann sind der Spaten und jedes andere Spielzeug vergessen; vergessen auch jedes Ungemach, das sein Herz eben noch bewegte. „Der Kleine ist in dem Augenblick ganz elektrisiert, da er auch nur den Zipfel eines Soldaten sieht", erinnert sich Aja Ilb.

Sein Brüderchen Ferdinand Max, das am 6. Juli 1832 zur Welt kam, ohne der Mutter viel Not zu bereiten, liebt er von Herzen. Niest der Säugling, dann

142

ruft Franzi: „Gott helf, Bübchen", und schreit der Kleine aus Leibeskräften, dann brüllt ihm Franzi mit gleicher Lautstärke ins Ohr: „Nicht weinen, Bübchen! Still sein, Bübchen!"

Peter Fendi malt die beiden 1833, und es wird eines der reizendsten Genrebildchen des Biedermeier: Der kleine Max kriecht im Baybkittelchen mit entblößtem Hinterteil, den Kopf mit einem Häubchen bedeckt, auf ein offenes Zaungatter zu; sommerliche Vegetation und eine weite Landschaft sind angedeutet. Hinter dem Baby aber folgt der kleine Franz Joseph mit einem riesigen Postillionhut auf dem Kopf, hat eine Bluse, ein Röckchen und ein Schürzchen an, hält in der Linken eine zünftige Peitsche und in der Rechten die Zügel, mit denen er den krabbelnden Bruder als Pferdchen leitet. Das Antlitz des kleinen blonden Kutschers aber hat durch den milchig zarten Teint und den zum Himmel gerichteten Blick einen noch ganz und gar unirdischen Ausdruck, proprio celeste, wie die Italiener beim Anblick solcher Kindergesichter gerne ausrufen.

Mit seinem böhmischen Kammermädchen unterhält sich Franzi auf böhmisch, mit den paar Brocken, die er aufgeschnappt hat – eine Konversation, an welcher der Maler Daffinger, der den Buben einige Monate später in einem karmesinroten, goldgestickten Kleid porträtiert, unendlichen Spaß hat.

Dann aber ereignet sich etwas, was auch den nüchternsten Kenner von Franz Josephs Leben und Schicksal aufhorchen läßt. Franzi erscheint am Namenstag seines Stiefonkels, König Ludwigs I. von Bayern, vor der in Schönbrunn weilenden Großmutter Karoline mit einem für ihn überdimensionalen Bukett und antwortet auf die Frage, ob denn das nicht viel zu schwer für ihn sei, ohne eine Sekunde zu überlegen: „Ich trag gern, was schwer ist."

Am 18. August 1833 bekommt Franzi ein ganz besonderes Geschenk: eine komplette, vorschriftsmäßig geschneiderte und adjustierte Grenadieruniform samt den dazugehörigen Waffen. Er ist sprachlos vor Glück. So strahlend wie dieser Schönbrunner Sommertag ist für ihn bis dahin noch keiner gewesen. Sein Bruder Max darf ihm zuletzt auch noch eine Fahne überreichen, Herz, was willst du noch mehr! Der lebende Esel mit dem fauteuilartigen Sicherheitssattel und die silberne Gießkanne, die ihm der Kaiser überreicht, sinken zu zweitrangigen Zutaten herab, die Uniform, die Waffen übertrumpfen alles.

Was sich am Abend dieses Tages in den Bubenzimmern im Schloß zugetragen hat, erzählt Conte Corti folgendermaßen:

„Vor dem Schlafengehen stellt sich Franzi, der schon beim Essen seiner Suppe bemerkenswert ruhig gewesen ist, mit ernster Miene, die Flinte in den Arm gelegt, neben Maxi. Dann zeigt er plötzlich auf sich: ‚Der Soldat denkt.'

Ilb fragt: ‚An was denkt er denn?'

‚An den lieben Gott.'

‚Da haben Sie ganz recht, danken Sie ihm nur tüchtig, daß er Ihnen durch Ihre guten Eltern so viel Freude gemacht hat', erwidert Ilb.

Da sagt Franzi unaufgefordert weiter: ‚Ich denke auch an die Verstorbenen.'

‚Ja, gibt es denn Tote, die Sie noch gekannt haben?'

‚O ja, der gute Reichstadt.'" – Franzi hat den im Jahr zuvor verstorbenen Sohn Napoleons ebenso herzlich geliebt wie dieser ihn.

Dem kindlichen Totengedenken folgen bald darauf die Fragen nach dem Mysterium des Zurweltkommens, des Kinderkriegens. Einen Dialog über dieses heikle Thema hat Conte Corti einem Brief der Erzherzogin Sophie an ihre Mutter vom 27. Mai 1834 entnommen:

„Franzi liebt es leidenschaftlich, wenn die Mutter ihm aus der Zeit erzählt, da sie selber ein Kind war. Da kann er nicht genug fragen: ‚Wie haben Sie denn das gemacht, wie Sie vom Himmel auf den Boden gefallen sind? Sie werden ja nicht gewußt haben, wo Sie hin sollen? Sind Sie vom Himmel heruntergeworfen worden oder sind Sie auf einer Leiter herabgestiegen?'

Die Erzherzogin antwortet: ‚Der liebe Gott weiß am besten, wie er Kinder auf die Erde schicken soll, und damals war ich zu klein, um es zu wissen.'

Franzi aber gibt nicht nach: ‚Aber jetzt werden Sie es doch wissen', meint er.

Die bedrängte Erzherzogin weiß nicht mehr, was sie sagen soll. Da mischt sich Ilb ein: ‚Nun, die Kinder kommen ja auf die Erde geflogen.'

‚Ah, sie fliegen? Haben sie Flügel?'

‚Ja, freilich.'

‚Bin ich auch so gekommen?'

‚Ja, sicherlich.'

‚Wo sind meine Flügel?'"

Der Kindermund ist unerschöpflich. Sein Brüderchen Karl Ludwig ist geboren, es hat eine Amme bekommen müssen. Franzi sieht, wie der Kleine gestillt wird, und erklärt bald darauf der Gräfin Schönborn: „Der kleine Kerl kann noch nicht essen, er trinkt aus dem Magen der Frau Marie." Ein Jahr später (1834) gesellen sich zu den somatologischen bereits theologische Fragen. Franzi wundert sich, daß damals in Babel „nicht genug Menschen von einer Sprache da waren, die den Turm hätten fertigbauen können". Kopfschüttelnd nimmt er, wieder ein Jahr älter geworden, zur Kenntnis, daß die göttliche Dreifaltigkeit weder von Geistlichen noch von Heiligen wirklich begriffen werden kann. Nach einigen Tagen kommt er nochmals auf das Thema zurück und meint: „Da hat Christus ja zu sich selbst beten müssen, wie er auf der Erde war, weil er Gott ist, nicht wahr?"

Der Bilderbogen mit diesem Kind als Helden wird immer bunter, immer reicher. Franzi bekommt an seinem fünften Geburtstag eine richtig funktionierende fahrbare Feuerspritze. Einen Esel hat er bereits, der wird jetzt vorgespannt und muß das Gerät, das unentwegt in Tätigkeit gesetzt wird, durch den Schönbrunner Park ziehen. (Wie viele Feuerspritzen hat er nicht als Kaiser den Freiwilligen Feuerwehren in der ganzen Monarchie dadurch verschafft, daß er die Hälfte der Kosten, manchmal auch die ganzen, aus seiner Privatschatulle zahlte!) Die kleinen Metternich und die Prinzessin Carola Wasa sind zum Kinderfest bei Franzi und Maxi geladen, ein Holzstoß wird aufgebaut, angezündet und das Feuer unter Jubel und Geschrei gelöscht. Hernach gibt es einen zweistöckigen Geburtstagskuchen, von dem Maxi sofort ein erstes und nicht zu kleines Stück haben will. Aber der ritterliche große Bruder duldet solches nicht: Zuerst müssen die Damen, die kleine Carola und Melanie Metternich, ihr Kuchenstück kriegen.

Man muß aber auch daran denken, den nun schon ins sechste Lebensjahr schreitenden Buben von seiner Aja Ilb zu trennen und ihm einen Primo Ajo zu geben, den – wer denn sonst? – Fürst Metternich aussucht. Die Wahl fällt auf den Grafen Heinrich Bombelles, einen durch und durch verläßlichen, antirevolutionären französischen Emigranten. Dieser, Franzis erster Lehrer, ordnet ab jetzt an, was zu geschehen hat. Die arme Sturmfeder ist völlig geknickt, sie muß in ein anderes Domizil übersiedeln, sie leidet. Franzi ist auch nicht gerade glücklich, aber er fügt sich, besonders als er merkt, daß er noch immer ein recht schönes, heiteres Kinderleben führen darf, mit Ausflügen nach Hainbach oder Mauerbach, mit Kriegsspiel und Rauferei. Einmal trägt sein geliebter Bruder Maxi sogar eine Blessur davon – Franzi erschrickt bis ins Innerste. Da sie beide Französisch zu lernen begonnen haben und auch beim Spielen stets üben sollen, kommt es während ihrer Schlachten oft zu Wortgefechten, bei denen Fremdsprache und Muttersprache drollig durcheinanderpurzeln: „Voulez vous jouer la bataille avec moi, alors je vous schlagerai tot!"

Die Zug- und Reitesel der Kinder werden gegen drei verläßlichere und auch temperamentvollere Ponys vertauscht, man spannt sie vor die drei Kinderkutschen und prescht vollbesetzt durch den Park bis zum Obelisken mit der Sibyllengrotte. Oberhalb ist ein Teich. Hier bekommen die Kinder Schwimmunterricht. Auch ein „Schinakel" ist da, in dem so lang und so ausgiebig geschaukelt wird, bis es umkippt – einfach herrlich! Auch Scheibenschießen mit dem Flobertgewehr, das am Geburtstag Anno 36 fällig wurde, ist herrlich, Franzi übt stundenlang vor der Scheibe, wird immer treffsicherer. Und herrlich ist das Feuerwerk, das den Geburtstag beschließt. Es findet im Rosengärtlein statt, und Franzi ist von dem Krachen der Explosionen und dem roten, grünen, gelben Sprühregen der Raketen überwältigt. Seine Augen leuchten, seine Wangen glühen. „Ich möchte die ganze Nacht ein Feuerwerk haben", sagt er noch im Bett vor dem Einschlafen.

Wie ein unirdischer Schatten, lieblich und blaß, begleitet eine Schwester namens Anna die drei Buben; der vierte und letzte kommt 1842 zur Welt. Das Schwesterchen, bei dem die gleiche schwere Krankheit auftritt, an der der kaiserliche Onkel leidet, stirbt fünfjährig unter furchtbaren Krämpfen. Das Kind war ziemlich dick, hatte kleine Fettbrüstchen. Als Franzi sie einmal nackt zu sehen bekam, schloß sich daran eine Serie bohrender Fragen an die Mutter, die in Verlegenheit geriet, als ihr Bub die „Auswüchse" der Schwester mit denen des Kindsmädchens Leopoldine in Beziehung brachte und so lange keine Ruhe gab, bis er für sich die Überzeugung gewonnen hatte, daß die Natur alle Frauen mit zwei solchen Dingern auszustatten beliebt.

Ein Jahr nach dem traurigen Hingang der kleinen Anna werden den beiden jungen Männern in Schönbrunn die noch verbliebenen Milchzähne vom Zahnarzt gezogen, und beide erweisen sich dabei als ausgesprochen tapfer.

In Maxi wächst ein kleiner Poet heran. So fragt er die Mutter eines Tages, ob sie ihm wohl erlaube, „in das Land zu gehen, wo die Orangen blühen". Wo denn das wäre, will Sophie wissen und denkt vielleicht an die Orangerie. Aber nein, ihr Bub nimmt sie bei der Hand und führt sie mit dem Ruf: „Dort, dort hinten!" zu Kaiser Ferdinands Balkon, der ganz vollgestellt ist mit Topfblumen und Orangenbäumchen.

Jahre später wird Maxis Phantasie noch ganz andere Ideen gebären, zum Beispiel die Erschaffung eines ihm ganz allein gehörenden Territoriums nahe dem Tirolergarten auf der waldigen Höhe von Schönbrunn. Die

Blick über Obeliskenallee und Rundbassin auf den Obelisken im Südosten des Parks.

Oben links: Parkstatue von Prokop; Äneas rettet seinen Vater Anchises und seinen Sohn Askanius aus Troja. Oben rechts: Die von Wilhelm Beyer geschaffenen Parkstatuen Alexanders des Großen und seiner Mutter Olympias sollen zeitgenössischer Überlieferung zufolge Portraitähnlichkeit mit Josephs II. und seiner ersten Gemahlin, Isabella von Parma, besitzen. Gegenüberliegende Seite: Parkstatue der Artemisia.

Oben: Der 1777 von Johann Ferdinand von Hohenberg errichtete, mit unechten Hieroglyphen versehene Obelisk an der Südostseite des Parks auf dem Unterbau einer Felsgrotte. Gegenüberliegende Seite: Blick auf das Bassin des Neptunbrunnens.

Oben: Brunnenfigur der Nymphe Egeria, ein Werk des Bildhauers Wilhelm Beyer,
am Schönen Brunnen, der dem Schloß seinen Namen gegeben hat.
Gegenüberliegende Seite: Die Römische Ruine, nach einem Entwurf Hohenbergs
1776 errichtet, spiegelt das Interesse des Rokoko an einer romantisierten Antike
wider. Das Wasser des Tümpels kommt aus einem eigenen Stollen im Berghang.
Im Schilf die bildhauerischen Allegorien der Flüsse Moldau und Elbe.

Oben: Blick auf Blumenparterre, Neptunbrunnen und Gloriette durch das Stiegengitter der südlichen Freitreppe. Unten: Blick auf die Gloriette. Gegenüberliegende Seite: Dachbrüstung der Gloriette. Im Zug der Parkausstattung wurde diese klassizistische Aussichts-Säulenhalle 1775 von Hohenberg an jenem höchsten Punkt des Parks errichtet, an dem nach Fischer von Erlachs erstem Entwurf das Schloß hätte stehen sollen.

Oben: Das von Hohenberg erbaute Chinesische Taubenhaus in der Nähe des Schönen Brunnens. Gegenüberliegende Seite: Pavillon im Kammergarten an der Westseite des Schlosses.

Oben, unten und gegenüberliegende Seite: Das Palmenhaus. 1882 eröffnete Kaiser Franz Joseph im westlichen Teil des
Schönbrunner Schloßparks in der Nähe des Hietzinger Tores das vom Architekten Sengschmid geplante und von der Firma
Gridl erbaute Glashaus für die größte Sammlung fremdländischer Pflanzen zur damaligen Zeit.

Oben: Gesims des Frühstückspavillons. Unten: Eingang an der Ostseite des Tiergartens mit den Initialen der Kaiserin Maria Theresia. Gegenüberliegende Seite: Eingangstor an der Nordseite des Tiergartens.

Blick auf den Frühstückspavillon im Tiergarten. In diesem von Nicolas Jadot geschaffenen Gebäude pflegten Maria Theresia und ihr Gemahl Franz Stephan manchmal das Frühstück einzunehmen.

Geschichte ist so gut wie in Vergessenheit geraten. Wer weiß noch, daß der junge Eigenbrötler sich dort oben aus Holz ein Häuschen gebaut und zur Einweihung eine Menge hoher wie untergeordneter Gäste geladen hat, die er mit vor der Brust gekreuzten Händen und tiefen Verneigungen empfängt, um sie dann mit Salz und Brot willkommen zu heißen? Max servierte ein opulentes Frühstück, deklamierte einen gereimten Begrüßungsspruch, ließ einen champagnergefüllten roten Glaspokal in die Runde gehen, sein kaiserlicher Bruder, man schrieb bereits 1850, mußte ebenso daraus trinken wie die anwesende Köchin, und zum Abschluß der Feier öffnete er eine unter den Tischen versteckte Falltür in einen unterirdischen Gang, durch den man in den Tirolergarten gelangen konnte. Er hatte Monate an die Verwirklichung dieses „Etablissements" verwendet, das seine Mutter „eine große Narrheit" nannte, „aber mein guter Maxi kann nur durch Erfahrung klug werden . . ." Er hatte seiner Holzhütte und ihrem bewaldeten Areal natürlich auch einen Namen gegeben: Maxing, nach dem Muster von Hietzing, Penzing, Meidling. Der Name ging auf die Villa über, die sich der Erzherzog später an der Hetzendorfer Straße unterhalb seiner kindischen Gründung bauen ließ, und als die Hietzinger Gemeindeväter den stimmungsvollen einstigen Bergweg in Maxingstraße umbenannten, war die neue Ortsbezeichnung in die amtliche Topographie Wiens eingegangen.

Er blieb sein Leben lang ein Schwärmer, mit einer tiefen Neigung für alles Zeremonielle, und ein verhinderter Poet. Als 1867 nach seiner Hinrichtung mit dem Leichnam auch seine Bücherei aus Mexiko nach Wien gelangte, sie befindet sich in der Obhut der Nationalbibliothek, zeigte es sich, daß die vorhandenen Lyrikbände und die meiste andere Belletristik äußerst zerlesen waren, während die Werke über Nationalökonomie und Sozialwissenschaften einen nagelneuen Eindruck machen, bei den meisten sind nur die allerersten Bogen aufgeschnitten, ihr Inhalt hat diesen Kaiser sichtlich gelangweilt.

Es gibt noch eine andere Schönbrunner Episode um Franz Josephs jüngeren Bruder. Sie führt wieder in die Kinderzeit zurück und kann den Biographen erneut aufhorchen lassen, ihn zu recht unwissenschaftlichen Gedanken verführen. Es war am 3. November 1841. Zwischen der jungen Hofdame Nani Herberstein und dem neunjährigen, empfindsamen Knaben Maxi kommt es auf dem Spielplatz der Knaben im Park zu einem seltsamen Wortwechsel. Das Turnprogramm der Buben hat für diesen Tag Speerwerfen vorgesehen.

Franzi tut freudig mit. Maxi hingegen kann Speerwerfen nicht leiden, er fürchtet, jemanden durch einen ungeschickten oder unglücklichen Wurf zu verletzen. Nani Herberstein sagt auf französisch, sie wüßte schon, daß er nicht um ein Kaiserreich (pas pour un empire) einen dieser spitzigen Speere schleudern würde. „Was sie da sagt!" erwidert der neunjährige Erzherzog zornig. „Ich will gar kein Kaiserreich haben, das wäre mir gar nicht angenehm, es würde mir viel zuviel Unannehmlichkeiten und Sorgen machen." Was er denn lieber haben wollte, fragt die Hofdame und bekommt zur Antwort: „Ein schönes Haus und einen großen Garten am Ufer des Meeres!" – Beides hat er bekommen, das Haus und den Garten. Und ein Kaiserreich obendrein, mit tausend Unannehmlichkeiten. –

Die Jahre gehen hin. Dunkles Gewölk ballt sich über Europa zusammen, auch über Österreich, dessen liberalem Bürgertum das Metternichsystem von Tag zu Tag unerträglicher wird. Franz Joseph dient bei der Kavallerie, wird zur Artillerie versetzt, exerziert auf der Schmelz, lernt in seinem Unterrichtszimmer alles, was ein österreichischer Thronfolger, der er noch gar nicht ist, lernen muß: Geschichte, Jus, Ethnologie, Naturgeschichte, Physik, Chemie, allgemeine technische Fächer, Ökonomie, Wirtschaftsgeographie, Religionsgeschichte, habsburgische Familienkunde, Grundbegriffe der Kunst, Heraldik, Freihandzeichnen, Armeekunde, Strategie, Taktik, Waffenkunde, Ballistik, das ganze Soldatenhandwerk. Er vervollkommnet sich täglich in den wichtigsten Sprachen der Völker des Kaisertums Österreich und erweitert seinen Gesichtskreis durch Reisen. Fünfzig Hauslehrer, die sein Sohn einmal haben wird, hat er nicht, aber die wenigen, die ihm seine Mutter zuteilt, sind tüchtig genug und weltanschaulich absolut zuverlässig, unter ihnen findet sich kein einziger Liberaler. In die Finessen der Staatskunst führt ihn Fürst Metternich ein, dem Konstitutionen und Parlamente ein Graus sind. Auch die Erzherzogin würde nie eine andere Staatsphilosophie und Regierungspraxis dulden als diese. Ein Herrscher hat absolut und konservativ zu herrschen, sonst ist er keiner, und sie hält sich auch im Bereich der Familie für ihre Person an die gleiche eiserne Richtschnur.

Der Frühling 1848 bringt dann alles, was diese Frau in den Tod hinein haßt: Pressefreiheit, Aufhebung der Zensur, eine konstitutionelle Verfassung für die Erbländer.

Ihr achtzehnjähriger Franzi geht als Ordonnanzoffizier zu den Truppen Radetzkys ins aufständische Oberitalien, macht die drei Sturmangriffe auf das strategisch

Erzherzog Ferdinand Max, der älteste Bruder Franz Josephs, 1864–67 Kaiser Maximilian I. von Mexiko.

wichtige Dorf Santa Lucia, „ganz nahe bei Verona", mit, gerät durch Artilleriebeschuß in höchste Gefahr, wird von den Soldaten, in denen dieser unerschrockene Prinz Zuversicht und frischen Patriotismus erweckt, mehrmals umjubelt. Santa Lucia fällt. Wenige Tage später hält Sophie in Schönbrunn einen Brief ihres Sohnes in Händen. Datum: 6. Mai, bemerkenswerteste und für die Mutter aufwühlendste Zeile: „Ich habe zum ersten Mal die Kanonenkugeln um mich pfeifen gehört und bin ganz glücklich." Der Feldmarschall anerkennt seine Tatenlust und Kaltblütigkeit, nimmt ihn aber, keinen Widerspruch duldend, aus der Gefechtslinie zurück und behält ihn bis zum Ende des Feldzuges bei seinem unmittelbaren Gefolge.

Schönbrunn ist von den Bürgerkriegswirren unberührt geblieben, kein erregter Volkshaufe stürmt durch den lehmigen Ehrenhof zum Schloß, Schönbrunn ist auch in dieser Hinsicht kein Versailles. Für kurze Zeit „besetzt" wurde lediglich das Schloßtheater, vom Hauptmann der Studentenkompanie Friedrich Kaiser,

einem Theaterdirektor und Rädelsführer des Aufstandes. Er veranstaltete mit Dilettanten zugunsten armer revolutionärer Hochschüler, die er zu ihrer besonderen Genugtuung in Hofkutschen nach Schönbrunn befördern ließ, eine „demokratische Vorstellung". Man spielte, vom vollbesetzten Haus lebhaft beklatscht, zwei Stücke, „Die Königin von sechzehn Jahren" und „Lebendig oder tot". Bäuerles „Wiener Allgemeine Theaterzeitung" widmete der Aufführung eine halb opportunistisch gute, halb ironische Kritik, die mit der Feststellung endete: „Herr Kossack und seine gut eingeübte Musikkapelle füllten zweckmäßig die Zwischenakte aus." –

Metternich hat sich nach England abgesetzt, der Hof nach Innsbruck in Sicherheit gebracht. Im Juli trifft Franz Joseph, der sich in Tirol vom Kaiserpaar und der Mutter getrennt hat, von Ischl kommend in Linz ein, wo er sich wieder mit seiner Familie vereinigt. Auf fünf Dampfschiffen geht es nach Wien weiter, aber man hält es für ratsam, den Kaiser und die Kaiserin samt dem Gefolge zunächst in das ruhigere Schönbrunn zu bringen, nicht gleich in die Hofburg inmitten der immer noch aufgebrachten Stadt.

Man landet in Nußdorf. Die Wagenfahrt von dort bis ins Schloß durch ein dichtes Schutzspalier von Nationalgarden dauert volle vier Stunden.

„Ich freue mich ungeheuer stark", hat Franz Joseph als Kind gesagt, wenn es nach längeren Aufenthalten in Wien, Laxenburg oder Ischl wieder nach Schönbrunn ging. Das gleiche Gefühl mag jetzt im Heimkehrer aufsteigen, der den Krieg kennengelernt und sich seither in vielen Unterredungen mit Politikern und Militärs über die immer bedrohlicher werdende Lage in Ungarn, Böhmen und Kroatien informiert hat. Er feiert zwar seinen Geburtstag beinahe so geruhsam und glücklich wie früher, die Eltern schenken ihm eine sündteure Kassette mit Malutensilien, er will sich künstlerisch betätigen, er hat in Italien und Innsbruck ein ganzes Album mit Skizzen gefüllt. Außer dem Malkasten bekommt er auch noch zwei wunderschöne Tabakspfeifen, er hat sich im Feld das Rauchen angewöhnt.

Aber aus dem Idyll des Dilettanten, der im Schönbrunner Park „vor der Natur" malt und dabei sein Pfeifchen schmaucht, wird nichts. Zu groß ist die allgemeine Unruhe rund um die politische Neuordnung des Reiches, zu groß sind die Entscheidungen, die auf den jungen Erzherzog warten, den seine Mutter bereits in ihre Pläne eingeweiht hat, die zugleich die der konservativen Militärkreise sind. Mit dem Kaiser

Kaiserin Maria Anna und Erzherzogin Sophie geleiten den jungen Franz Joseph zum Thron, um den die drei Feldmarschälle Windisch-Graetz, Radetzky und Jellačić versammelt sind.

und dem Vater, der sich zum Ärger seiner Gattin als Liberaler fühlt und deklariert, genau wie seine berühmten Onkel, die Erzherzöge Johann und Karl, fährt Franz Joseph im offenen Wagen durch Wien, lebhaft akklamiert. Denn auch der fanatischeste Märzrebell weiß, daß sein Rebellieren im Grunde nur gegen Metternich gerichtet war, nicht gegen Ferdinand I., der ihnen allen die ersehnte Verfassung gutmütig gönnt.

Ein Brief, den Sophie aus Schönbrunn an den Erzherzog Ludwig schreibt, den jüngsten Bruder des vor dreizehn Jahren verstorbenen Kaisers Franz, gibt die Stimmung dieser Wochen wieder: „In Wien hat man aber doch Hochachtung vor den Truppen, man fühlt, daß man sie sehr benötigt. Die herrlichen Siege in Italien mögen wohl das Ihrige dazu beitragen . . . Mein Mann gibt Dienstag und Freitag auf ausdrückliche Bitte des Ministers Freiherrn von Doblhoff allgemeine Audienzen, ein Beweis, daß das Gefühl für ein patriarchalisches Verhältnis noch nicht erloschen ist . . . Nur bei der Fahrt des Kaisers von Nußdorf nach Schön-

brunn wollten einige Wühler zischen. Das Volk packte sie aber derb, und einer wurde verwundet." Im Antwortschreiben Ludwigs an die Erzherzogin heißt es: „Ich glaube daher, es wäre vorderhand, solange Sie in Schönbrunn sind, am besten, wenn er (Franzi) bei Ihnen bliebe. Später muß es sich entscheiden, ob die Lage sich so verschlimmert, daß der Kaiser unmöglich in Wien bleiben kann, oder ob . . ."

Es gibt kein „oder ob". Die Lage verschlimmert sich, der Kaiser muß weg. Die Militärs und die konservativen Politiker haben Oberwasser bekommen, am 6. Oktober beginnen die mörderischen Barrikadenkämpfe zwischen den Nationalgarden und den regulären Truppen unter Feldmarschall Windisch-Graetz und Feldmarschalleutnant Jellačić, Banus von Kroatien. Wien wird gnadenlos bombardiert und zurückerobert.

Der Hof hat in der Festung Olmütz Zuflucht gesucht. Dort schlägt Franz Josephs große Stunde. —

Nun war er der Hausherr, sowohl in der Hofburg wie in Schönbrunn. Und wie er sich in der „Burg seiner Väter" – im Gegensatz zu seinen fortschrittlichen Anordnungen für die Demolierung der Basteien Wiens und die Schaffung der Ringstraße – nur sehr ungern zu Neuerungen oder Zubauten überreden ließ, so sollte auch Schönbrunn bleiben, wie er es bekommen hatte und seit Kindertagen liebte. Sein Verhältnis zu diesem Schloß war ihm schon sehr früh bewußt geworden. Mit dreizehn Jahren hatte er von seinem Erzieher Bombelles ein wohlvorbereitetes Aufsatzthema gestellt bekommen: er sollte Schönbrunn mit Laxenburg vergleichen. Franz Joseph schrieb: „Wer das Großartige, das Kaiserliche, das Symmetrische, die bestimmten Formen liebt, den wird Schönbrunn mehr ansprechen als Laxenburg; für den, der das Abwechselnde, das Freundliche, das Wasser, die Natur selbst vorzieht, hat Laxenburg mehr Reiz. Ich jedoch werde immer Schönbrunn höher schätzen."

Er entwickelte keinerlei Bauherrenehrgeiz, befahl nur, dafür Sorge zu tragen, daß die Fassaden und Dächer in gutem Zustand blieben. Erst die bevorstehende Eheschließung Franz Josephs (1854) machte

verschiedene Instandsetzungsarbeiten nötig, verbunden mit nicht immer glücklichen Adaptierungen und Ausschmückungen, etwa im Bereich der Blauen Stiege, die ein „modernes" Geländer, dazupassende abscheuliche Türverkleidungen, nach einiger Zeit eine Kaiserbüste aus schneeweißem Marmor und später, mit der Einleitung des elektrischen Lichts, auch noch geschmacklose bronzene Appliken bekam. Wie schön mag dieses Treppenhaus gewesen sein, als der große Pacassi es seiner Kaiserin übergab.

Gegen das Jahr 1873, als Wien Weltausstellungsstadt wurde und der Kaiser hohe Gäste erwarten mußte, nahmen diese Arbeiten größere Ausmaße an. Doch ging alles in so klug angesetzten Etappen vor sich, daß Schönbrunn nie und nirgends den Anblick einer Baustelle bot.

Zugleich mit der Blauen Stiege, über die der Kaiser in seine Arbeits- und Wohnräume gelangte und die auch jeder Besucher und Mitarbeiter benützen mußte, stattete man den ganzen Westtrakt neu aus. Hier richtete man auch die Wohnung der jungen Kaiserin

Der Schönbrunner Park zu Zeit der Jahrhundertwende. Blick vom östlichen Najadenbrunnen zur Römischen Ruine.

ein; die acht Räume ihrer Zimmerflucht lagen entlang dem Kammergarten zwischen dem Terrassenkabinett an der Nordwestecke und dem parkseitigen Frühstückszimmer an der Südwestecke. Die Zimmer Franz Josephs blickten nach Norden. Das Mobiliar aus den Tagen Josephs II. wurde durch neue, im Stil zwar ähnliche, aber zum Teil bequemere und nicht mehr so wertvolle Möbel ersetzt. Dem Kaiser, wie schon seinen näheren Vorgängern, war der lebendige Alltag wichtiger als museale Rücksichten, auch wenn damit gegen das Kodizill verstoßen wurde, das Maria Theresia am 29. Mai 1767 ihrem Testament beifügen ließ: „Was meine wenige habschaft betrifet, offerire meinem Sohn, des Kaisers liebden (Joseph II.), deren 3 Schlösser: Lachsenburg, Belveder und Schönbrunn samt einrichtung gantz, wie Ich solche eingerichtet und meubliret habe, mit der Bitte, welche in dem nemlichen Stand, wie sie dermalen sich befinden, bey Unserem Haus beständig zu lassen."

Als Audienzzimmer diente dem Kaiser das Nußbaumzimmer, so benannt nach der mit 1766 datierten Nußholztäfelung, die mit dem weiß-goldenen Prunkofen und der echten Vergoldung des achtundvierzigkerzigen geschnitzten Holzlusters einen äußerst noblen Kontrast bildet. Arbeitszimmer und Schlafzimmer, beide von den Sitzmöbeln bis zu den Tapeten aus braunem Rips betont bürgerlich, bekommen durch die schlichte Schreibtischgarnitur, den Betschemel und das obligate eiserne Soldatenbett jenes Gepräge von Bescheidenheit, das allen Wohnräumen Franz Josephs eigen ist, in der Hofburg nicht anders als in seinen Jagdschlössern.

In den Zimmern der Kaiserin bestimmen blaue Lyoneser Seide, weiß-goldene Lambris mit Brokatbespannung und roter Seidenbrokat die Wohnatmosphäre, dazu kommen anmutige Genrebilder, Pastellporträts von Liotard und zwei Gemälde (Ernte, Weinlese) von Philipp Hackert, den Goethe geschätzt hat: künstlerischer Kontrapunkt zu den militärisch-dynastischen Bildnissen, Gips- und Marmorbüsten in den Franz-Joseph-Räumen.

Das zur Zimmerflucht der Kaiserin gehörende

Das Audienzzimmer Kaiser Franz Josephs.

Das Schlaf- und Sterbezimmer Kaiser Franz Josephs.

gemeinsame Schlafzimmer beeindruckt neuerlich durch die blaue Seide aus Lyon, aus der nicht nur die Wandbespannungen, sondern auch die Vorhänge hergestellt sind, und durch das überladene, im obligaten Huldigungsstil gehaltene Mobiliar aus Palisanderholz, das die Wiener Tischlerinnung dem jungen Paar zum Geschenk gemacht hat.

Zur allgemeinen Instandsetzung kam vor 1873 auch eine neue Aufgliederung der Räumlichkeiten im „Corps de logis" und dem anschließenden, von Maria Theresia bevorzugten Ostflügel. Der Komplex von den beiden Rosazimmern bis zum Zeremoniensaal wurde für Zwecke der Repräsentation, der Komplex vom Blauen Chinesischen Salon bis zum Gobelinsalon zur Unterbringung von Gästen ausgestaltet. Jetzt erst bekamen das Napoleonzimmer mit seinen Nußholzmöbeln – es war einst Maria Theresias Schlafzimmer – und der als Audienzraum verwendete Gobelinsalon ihre Wandbespannungen: Brüsseler Tapisserien aus

dem achtzehnten Jahrhundert, mit niederländischen Volksszenen, zu denen sich im Napoleonzimmer Szenen aus dem Soldatenleben gesellen; Napoleon hat sie also nie gesehen. Die Kartons schuf der bekannte Schlachtenmaler Hyacinth de la Pegna. Auf den Sitzen und Lehnen der sechs Fauteuils im Gobelinsalon sind die Monate des Jahres dargestellt, acht Personen haben an ihnen rund zwölf Jahre gearbeitet.

Kronprinz Rudolf wohnte im südöstlichen und östlichen Erdgeschoß, mit dem Kronprinzengarten davor, seine ältere Schwester Gisela bis zu ihrer Vermählung 1873 ebenfalls zu ebener Erde, aber im Westtrakt, Valerie, die jüngere Schwester, in der Nobeletage darüber, nachdem sie wegen der vom Vater angeordneten Gruppierung in Repräsentations- und Gästezimmer ihre Wohnung an der Südostecke des Schlosses hatte räumen müssen. Auch Franz Josephs Vater, Erzherzogin Sophie war 1872 gestorben, mußte seine Wohnung an der Ostseite des Meidlinger Flügels

166

verlassen, sie wurde in Fremdenzimmer umgewandelt. Der Erzherzog bekam an der Nordseite, anschließend an den ehelichen Schlafraum, Franz Josephs Geburtszimmer, zwei Räume, Schreibzimmer und Salon. In diesem Salon, in welchem vier lebensgroße Ölbildnisse verschiedener Familienmitglieder, Werke des Hofmalers Martin van Meytens, das Interesse der Besucher erregen, hängt der schwerste und schönste Kristallkronleuchter des Schlosses. Hier steht auch einer der kostbarsten weiß-goldenen Kachelöfen Schönbrunns, „schwungvoll konzipiert, reich gegliedert", wie der offizielle Führer mit berechtigtem Stolz vermerkt.

Die einige Monate vor der Kaiserhochzeit begonnenen Arbeiten fanden erst zwischen 1881 und 1908 ihren endgültigen Abschluß. Während dieser letzten Etappe bekam die Nobeletage eine Warmluftheizung und Intarsienböden, das gesamte Schloß englische Klosetts, Telefonanschlüsse und elektrisches Licht. Die Jahrhunderte der Leibstühle und Senkgruben, der Kerzen- und Petroleumbeleuchtung waren zu Ende. Die elektrischen Installationen hat kein Geringerer als Thomas Alva Edison, der Erfinder der Glühbirne, des Telephons und Grammophons, persönlich ins Werk gesetzt und bis zur Fertigstellung überwacht; dem genialen Amerikaner lag viel an diesem Auftrag, es ging um industrielle Werbung. Edison wohnte im Parkhotel und reiste von hier aus noch in andere Gegenden Österreichs, zum Beispiel nach Steyr, das er zur ersten voll elektrifizierten Stadt Europas machte.

Franz Joseph blieb noch eine ganze Weile seiner Petroleumschreibtischlampe treu, wie er denn auch einen Telephonhörer nur widerwillig zur Hand nahm und mit dem gleichen Widerwillen in ein Automobil stieg. Als Franz von Matsch ihn ein Jahr vor seinem Tod am Schreibtisch malen durfte, das Bild hängt im Arbeitszimmer, hatte der Kaiser jedoch schon eine elektrische Schreibtischlampe, die typische ärarische Beamtenlampe mit dem verstellbaren kegelförmigen Glasschirm, innen weiß, außen dunkelgrün.

Als Schönbrunns Kronleuchter im neuen, kalten Licht erstrahlten und auch die Nebengebäude mit Strom versorgt waren, legte Edison Rechnung. Zu seinem Erstaunen wollte ihm Franz Joseph weder sein Honorar auszahlen noch die aufgelaufenen Material- und Arbeitskosten erstatten. Die Verhandlungen zogen sich peinlich lange hin, bis endlich Bürgermeister Lueger dem Kaiser das Angebot machte, die anstehenden Schulden durch die Stadt Wien begleichen zu lassen, was Franz Joseph ohne Umschweife annahm. –
Damals erst, genau: im Sommer 1891, schabte man

die aus Maria Theresias Tagen stammenden Wandmalereien in der Sala terrena ab, und als man an die Renovierung der benachbarten ebenerdigen Südzimmer ging, kamen unter der „spalierten Stoffbespannung" die schönen spätbarocken Fresken von Johann Bergl zum Vorschein. Die Zimmer heißen heute nach diesem Maler, um die Jahrhundertwende und noch Jahrzehnte später hießen sie Goëß-Appartements, nach einer Hofdame der Kaiserin. Die Fresken in einem Teil der anschließenden neun Erdgeschoßräume, die zur Wohnung des Kronprinzen gehörten, waren schon früher bekannt gewesen.

Wie fast alle seine Vorgänger mußte auch Franz Joseph eines Tages tief in die Tasche greifen, um wieder einmal dem Erbübel Schönbrunns, seinem chronischen Wassermangel, abzuhelfen. Trinkwasser gab es dank Lueger seit 1870 aus dem Rosenhügel-Reservoir der Ersten Wiener Hochquellenleitung zur Genüge, aber es haperte empfindlich mit dem Nutzwasser für die Brunnen und Teiche des Parks und für die Menagerie; die unter Joseph II. angelegte Holzrohrleitung spendete von Jahr zu Jahr geringere Mengen, der „vasto pelago", den der schwärmerische Metastasio einst überall hervorsprudeln sah, drohte zu versiegen. Also baute die Schloßhauptmannschaft in den achtziger Jahren vier neue große Wasserleitungen. Die erste, die Hofküchen-Wasserleitung, führte vom Fuchsfeld zur Rauchgasse und von hier über die Tivoli-Anhöhe zum Meidlinger Tor, wo sie sich mit der zweiten, der Grünberg-Wasserleitung vereinigte, die beim Meidlinger Tor ihre Brunnenstube hatte. Die dritte, die Lainzer Wasserleitung, hatte ihre Quelle bei der Hofwiesengasse, führte längs der Lainzer Straße zum Küniglberg und von dort entlang der Tiroler Gasse in den Zoo. Die vierte und letzte war die St. Veiter Wasserleitung; ihre Quelle entsprang beim Schloß Ober St. Veit, das Wasser floß an der Auhofstraße entlang zum Hietzinger Tor.

Zusätzliches Trinkwasser kam aus der alten Albertinischen Wasserleitung, die ihr Entstehen dem rührigen Gatten von Maria Theresias Lieblingstochter Christine verdankte und erstmals den Südwesten Wiens versorgt hatte, das Reservoir befand sich in Hütteldorf. Um aber für alle Eventualitäten gerüstet zu sein, hob man Ende des neunzehnten Jahrhunderts im alten Reservegarten unweit der Bärenloge des Zoos auch noch sechs mächtige Zisternen aus und sorgte obendrein durch neue Brunnen für einen Vorrat an Grundwasser. –
Als Franz Joseph den Thron bestieg, war rundum alles altväterisch und Schönbrunn überholungsbedürf-

tig. Aber in den ersten Zeiten nach 1848 führte man nur die allernötigsten Reparaturen durch, zuviel andere, brennendere Sorgen und Pflichten lasteten auf dem jungen Monarchen. Der Krieg in Italien mußte beendet, das unruhige Böhmen mußte befriedet, das revoltierende Ungarn – zu Franz Josephs Schmerz mit russischer Hilfe – niedergerungen, das Odium von 258 Hinrichtungen meist magyarischer Patrioten, das Franz Joseph lang anhaftete, mußte ertragen werden: der Ausgleich mit der zweiten Reichshälfte (1867) und die Krönung in Budapest waren noch fern, sehr fern.

So machte sich der „konstitutionelle Kaiser", als den ihn der Reichstag zu Kremsier stürmisch gefeiert hatte, zunächst an eine Aufgabe, die ihm wichtiger als alles andere schien: die Wiederherstellung des Absolutismus, den er, der Metternichschüler und unerbittlichen Hüter des Legitimitätsprinzips, als das Alleinseligmachende ansah. Nach drei Jahren beharrlicher Arbeit war er am Ziel. „Wir haben das Konstitutionelle über Bord geworfen, und Österreich hat nur mehr *einen* Herrn", meldete er der Mutter nach Bad Ischl. „Wir", das waren er und sein Ministerpräsident Fürst Schwarzenberg, überzeugter Befürworter der Gewalt. „Gott sei gelobt", schrieb Erzherzogin Sophie an den Rand des Briefes.

In diesen ersten Regierungsjahren Franz Josephs entfaltete die Kaiserinmutter eine rege gesellschaftliche Tätigkeit. Es war, als wollte sie die innenpolitisch angespannte Gegenwart nicht zur Kenntnis nehmen, wenigstens nicht vor den Augen der Untertanen, und diesen eine gefestigte, friedliche, von starker Hand gesicherte Zukunft durch allerlei Festlichkeiten vorspiegeln, bei denen man tanzte, sich zwanglos unterhielt und von goldenen Tellern speiste. Alles „en famille", versteht sich, aber doch in einem klug erweiterten Rahmen, damit die Öffentlichkeit genug Wind davon bekäme und wieder zuversichtlicher würde, höfischer Glanz erschien Sophie als ein wirksames Volksheilmittel nach niedergeschlagenen Revolten; ihr kaiserlicher Sohn und sein Ministerpräsident hielten mehr vom Bau neuer Kasernen als Zwingburgen vor den Toren der Hauptstadt.

Nebenbei hatten diese kleineren und größeren Feste – Geburtstagsfeiern, Jubiläen, Tanzereien –, die Sophie zu jeder Jahreszeit und meistens an ihrem Wohnsitz Schönbrunn veranstaltete, auch den Zweck, dem jungen Monarchen und seinen heranwachsenden Brüdern möglichst oft Gelegenheit zu geben, sich im Umgang mit Gleichaltrigen beiderlei Geschlechts und auch mit älteren Herrschaften zu üben und zu bewähren. Die

Erzherzogin entwickelte dabei viel Phantasie und Geschmack. Von einem solchen Schönbrunner Ball am Faschingdienstag 1851 gibt es eine reizvolle Schilderung, ein farbenschillerndes Miniaturgemälde: „Beim Eröffnungskotillon bildeten Husarenoffiziere in scharlachroten Uniformen einen Kreis, Mädchen, die hübschesten Komtessen, in weißen Kleidern, stellten sich in einem größeren Kreis rings um sie auf, Ulanenoffiziere, gefolgt von Mädchen in Rosa, schlossen sich an, den äußersten Kreis bildeten Kürassiere in weißgoldenen Uniformen, und dann tanzten alle einen Walzer mit schwierigen Figuren. Kurz vor Mitternacht, nachdem Knallfrösche gestreut worden waren und die Jugend sich schreiend und lachend ausgetobt hatte, intonierte das Orchester die letzte Polka, die jung und alt unwiderstehlich aufs Parkett zwang. Bald aber wurde die Musik leiser und immer leiser und verstummte beim Klang der Mitternachtsglocken. Aschermittwoch. Die Tanzenden sagten einander Lebewohl, der Fasching war zu Ende, die Fastenzeit hatte begonnen."

Alle diese Feste verblaßten jedoch vor dem überwältigenden Empfang, den Schönbrunn im Frühling 1854 erlebte, als man die schöne, junge Prinzessin Elisabeth, Franz Josephs Cousine und Braut, willkommen hieß. Sie war am Nachmittag im Schloß eingetroffen, der Kaiser und seine Mutter hatten sie abgeholt, Herzog Ludwig in Bayern war ihr Reisemarschall gewesen. Das Dampfschiff, aus Passau kommend, hatte in Nußdorf angelegt, begrüßt von einer unendlichen, am Ufer und an den Hängen des Leopoldsberges versammelten Menschenmenge. Die Fahrt vom Landeplatz zum Schloß – die klassische Strecke, auf der schon Leopold I. nach seiner Frankfurter Kaiserkrönung Einzug gehalten hatte – war durch unzählige Triumphbogen gegangen, durch ein Meer von Blumen, einen Wald von Fahnen. Tausende hatten die Straßen gesäumt und dem immer wieder errötenden, anmutig dankenden Mädchen zugejubelt.

Endlich bogen die beiden offenen Wagen mit der Kaiserkrone, voran der Kaiser mit dem Herzog, dahinter Elisabeth mit ihrer Tante und Schwiegermutter in spe, in den Ehrenhof ein und hielten vor der Durchfahrt unterhalb der Freitreppe. Der gesamte Hofstaat der Braut war hier zur Begrüßung angetreten, mit ihm alle in Wien anwesenden Erzherzöge. Die Erzherzoginnen erwarteten das hohe Paar auf dem Treppenabsatz der von Blumen strotzenden Blauen Stiege und geleiteten es nach überstandener allgemeiner Vorstellung in die Große Galerie hinauf. Dort – unter Daniel Grans

Feierlicher Einzug der Herzogin Elisabeth als Braut Kaiser Franz Josephs in Wien, 1854. Lithographie von F. Werner.

Deckenfresko, sozusagen sub auspiciis Majestatis Suae Mariae Theresiae – überreichte Franz Joseph seiner künftigen Gemahlin die Hochzeitsgeschenke. Was die große Hausfrau einst durch die Vermählung Josephs II. mit einer Bayernprinzessin nach argen Zerwürfnissen befestigen wollte, was dann Napoleons Schachzüge so gründlich gestört hatten, die Freundschaft der beiden katholisch-deutschen Nachbarländer, das schien jetzt durch die Herzensbeziehung zweier junger, ineinander wahrhaft verliebter Menschen für immer besiegelt. Von dem, was Elisabeth Jahrzehnte später einmal ihrer Tochter Valerie anvertraute: „Die Ehe ist eine widersinnige Einrichtung, als fünfzehnjähriges Kind wird man verkauft und tut einen Schwur, den man nicht versteht und nie mehr lösen kann", davon fiel nicht der leiseste Schatten in diese glückliche Stunde.

Die Hochzeitsgeschenke sind in der Galerie so präsentiert, als ob es sich um eine Ausstellung handelte, und es ist auch eine: ob Familienmitglied, Gardeoffizier, Kavalier, Hofdame oder Lakai, jeder soll die Sachen sehen und bewundern können. Exkaiser Ferdi-

nand und Exkaiserin Maria Anna haben aus Prag kostbaren Schmuck gesendet, Schwiegermutter und Tante Sophie stellt sich mit einer Tiara und einem Halsband aus Opalen und Diamanten ein, Franz Josephs Stiefgroßmutter Karoline Augusta, Witwe Kaiser Franz' I., übergibt Elisabeth mit einer Umarmung die Diamantengirlande des Sternkreuzordens, und der Bräutigam, strahlend vor Glück, zeigt bescheiden auf sein Geschenk, das alle anderen an Wert und Bedeutung übertrifft: eine überwältigend schöne, funkelnde Diamantkrone, die Elisabeth zur Hochzeit tragen wird. Gerade in dieser Krone mit ihren vielen Zacken verfängt sich die Mantille der Stiefgroßmutter, die mit dem Lorgnon vor den Augen von Geschenk zu Geschenk schreitet; das Schmuckstück fällt zu Boden und muß der verbogenen Zacken wegen eilends zum Hofjuwelier gebracht werden. Ein böses Omen? Jedenfalls tagelang Stoff für Domestikengeflüster.

Am anderen Tag geht es sechsspännig aus Schönbrunn hinaus und hinüber zur Favorita, denn ein uraltes ungeschriebenes habsburgisches Hausgesetz will, daß die Kaiserbräute von der Wieden her in die Stadt und die Hofburg Einzug halten. „Elisabeth hat mit Tränen der Aufregung in den Augen die herrliche goldstrotzende Glaskarosse bestiegen, die von acht schneeweißen Lipizzanern mit silberdurchflochtenen Mähnen gezogen wird." So kann man es in allen Darstellungen dieses Ereignisses lesen. Aber die Sache bedarf einer Korrektur: der Maler Philipp Fleischer, der am 23. April 1854 mit dabei war, und die heutige Wagenburg in Schönbrunn liefern sie. Auf Fleischers Gemälde fährt nämlich ein Gala-Staatswagen gerade auf die neue Elisabethbrücke hinauf, und dieses Gefährt rechtfertigt durch nichts die Bezeichnung „goldstrotzend". Davon, wie exakt der Künstler gesehen und gemalt hat, kann man sich in der Schönbrunner Wagenburg überzeugen, dort steht genau das Fahrzeug, das sein Bild zeigt. Es wurde 1805 von dem Pariser Wagenbauer Jacquin für die in Mailand stattfindende Krönung Napoleons I. zum König von Italien hergestellt. Ursprünglich war es in der Tat vergoldet gewesen und schwarz ausgeschlagen. Von seiner ersten Ausstattung sind aber nur mehr der gemalte Fries und die geschnitzten Stäbe vorhanden. Der Wagen kam später nach Wien und wurde hier für den Gebrauch des Hofes umgearbeitet; sein Anblick war bescheiden. Für die Krönung Kaiser Karls in Budapest wurde er 1916 bronziert. Napoleon Bonaparte, Prinzessin Sisi, Kaiser Karl der Letzte – man steht vor dem ehrwürdigen Gefährt und macht sich so seine Gedanken.

An die franzisko-josephinische Ära erinnern in der Wagenburg noch viele andere Schaustücke: der zweisitzige Gala-Staatswagen Kaiser Franz Josephs, eine Schöpfung des Wiener Wagenbauers Carl Marius (1890), mit vergoldetem Zierat in Messingguß, mit vier Laternen und einer reichgestickten Bockdecke, oder das Leibcoupé aus 1887, mit welchem Franz Joseph aus der Stadt nach Schönbrunn zu fahren pflegte. Wenige Schritte daneben steht die solide Miniaturkutsche aus seinen Kindertagen, mit den Plätzen für Kaiser, Adjutant, Kutscher und Leiblakai, denn was der Großpapa und der Onkel hatten, mußte natürlich auch er haben. In der Südwestecke der ehemaligen Reitschule aber steht, hoch und schwarz, ganz in der Art barocker, in Lederriemen hängender Prunkkarossen konzipiert, der Leichenwagen, mit welchem Franz Joseph am 27. November 1916 seine letzte Fahrt von Schönbrunn in die Hofburg antrat. Das Gefährt ist ein Erzeugnis der Hofsattlerei (1876/77) und war nur für Begräbnisse gekrönter Mitglieder des Herrscherhauses bestimmt. –

Bedenkt man die Weiträumigkeit der Entscheidungen, die dieser Herrscher zu treffen hatte, die Fülle der Erschütterungen, die er zu bewältigen, und die Risiken, die er einzugehen hatte, dazu die dauernden Gefahren, von denen er umgeben war, dann erscheint einem die Regierung des letzten Hausherrn von Schönbrunn weitaus lastenreicher als die des ersten. Nur daß eben an die Stelle der Siege und Landgewinne Josephs I. bei Franz Joseph die weit zahlreicheren Verluste traten. Schließlich auch noch der Zusammenbruch des Reiches. Kein Mangel an blutiger Dramatik. Sehr karg bemessene Perioden der Freude. Und wer ungetrübten Auges in diese fast sieben Jahrzehnte hineinschaut, der sieht über Schönbrunn immer häufiger und immer dunkler Wolken aufsteigen, vergleichbar den Gewitterfronten, die sich zuweilen im Sommer hinter dem so sonnig-behaglich daliegenden Schloß auftürmen und es doppelt schön erscheinen lassen.

1851 Silvesterpatent: Aufhebung der Märzverfassung, Proklamation des Militärstaates. 1852 Rückkehr Metternichs, der als „Fels der Ordnung" beraten will. 1854 Entsendung von Truppen in die anläßlich des Krimkrieges von Rußland besetzten Donaufürstentümer, wodurch den Westmächten die Eroberung Sebastopols möglich wird; tiefste Verstimmung des Zaren, der sich für sein Eingreifen in Ungarn 1848 Dank und Waffenhilfe erhoffen durfte. 1859 Ultimatum an Sardinien, Übernahme des Oberbefehls in Italien durch Franz Joseph persönlich, Niederlage von Solferino, Verlust der Lombardei, der Toskana, der Herzogtümer Parma und Modena; Ende des Absolutismus, Julimanifest: konstitutionelle Gehversuche. 1860 Oktoberdiplom: ständisch-föderalistische Reichsverfassung. 1863 Verlust des Vorsitzes beim deutschen Fürstentag in Frankfurt. 1866 Königgrätz und Verlust Venetiens; die Preußen nähern sich Wien, wo man in den Straßen bereits „Vivat Kaiser Maximilian!" rufen hört; Flucht der Kaiserin und ihrer Kinder nach Budapest, politische Aktivitäten Elisabeths zugunsten der ungarischen Liberalen und ihres Wortführers Déak.

Ein langer Reigen aus Kompromissen und Rettungsaktionen führt vom Staatsgrundgesetz, das allen Bürgern ohne Unterschied der Nation und Konfession Glaubensfreiheit und Gleichheit vor dem Gesetz zusichert, über die unselige Sprachenverordnung und den Armeebefehl von Chlopy, der als Gegenschlag gegen die Bestrebungen ungarischer Radikaler die Unteilbarkeit der Streitkräfte dekretiert, bis zu den ersten Reichsratswahlen, der unheilvollen, brutalen Annexion Bosniens, der Gründung des Dreibundes, der Ablehnung

Kaiser Franz Joseph und Kronprinz Rudolf, umgeben von männlichen Mitgliedern der Dynastie Habsburg, in einem gartenseitigen Raum des Schlosses. Lithographie von Vinzenz Katzler, 1863.

des Beitritts zur Entente cordiale und der Ermordung des Thronfolgerpaares in Sarajewo. Es war, wenn auch intermittierend, der unheimlich konsequente Abstieg eines Imperiums aus seinem Abend in die Nacht.

Öfter als andere Schlösser seines Formats fungierte Schönbrunn während des neunzehnten Jahrhunderts als Nebenschauplatz der europäischen Geschichte. Die Entscheidungen fielen in den Staatskanzleien oder in den Parlamenten, auf den Barrikaden oder auf den Schlachtfeldern, immer mehr auch in den Zentren der Hochfinanz, der Rüstungsindustrie, der Presse. Die adeligen Potentaten aber, die das alles vordergründig repräsentierten, trafen einander in ihren Residenzen, am liebsten in den Lustschlössern, und empfingen dort auch zahlreiche andere Prominenz: Minister, Diplomaten, Feldherren, Künstler, Techniker, Abordnungen verschiedenster Vereine und Behörden. Dazwischen aber auch ganz unscheinbare, dem Hausherrn oder

seiner Familie liebwerte, vertraute Menschen, deren Aus- und Eingehen die Zeitungen nicht erwähnten. So erschien zum Beispiel im Juni 1880 in Schönbrunn ein angeheiratetes Mitglied des Hauses Habsburg, das alle durch seine unendliche Bescheidenheit rührte: die Gräfin Meran, Witwe nach dem Erzherzog Johann, die einstige Postmeisterstochter aus Aussee. Sie wollte Elisabeth einen Besuch abstatten. „Sie adoriert die Kaiserin", heißt es im Tagebuch der Gräfin Festetics, „und darum suchte sie mich auf, und sie, die Achtzigjährige, ließ mich fragen, wann ich sie empfangen wolle. Sie war zu herzig."

Aber auch anonyme Repräsentanten der vierzig Millionen Untertanen erschienen bald aus diesem, bald aus jenem Anlaß in Uniform, Zivil oder Tracht im Schloß oder im Park, vornehmlich im Gartenparterre. Dort gratulierten im Mai 1908 achtzigtausend Schulkinder dem Kaiser zu seinem sechzigjährigen Regierungsjubiläum. Am nächsten Tag wußte ganz Wien: Der Kaiser ist unter ständigem freundlichem Befragen und Anreden so geduldig und geschickt wechselnd durch die riesige Schar der Kinder geschritten, daß jedes den Eindruck mit nach Hause nehmen konnte, es habe Franz Joseph I. aus nächster Nähe gesehen, ihn ganz persönlich erlebt.

Einen Monat später defilierte auf demselben Platz das Husarenregiment Nr. 1, das aus Hermannstadt nach Wien versetzt worden war. Zehn Jahre zuvor, als man „das Fünfzigjährige" beging, waren an einem heißen Junitag viertausend Jäger aus allen Teilen der Monarchie im Gartenparterre angetreten, um „ihrem Allerhöchsten Waidmann zu huldigen". Erzherzog Thronfolger Franz Ferdinand überreichte dem Kaiser, der im Jagdanzug erschien, mit dem Gruß „Waidmannsheil!" nach Jägerart einen kostbaren „Bruch", ein Tannenzweiglein aus Gold. Waldhörner wurden geblasen, Franz Joseph dankte, wie man liest, „mit ein paar kernigen Worten" und sagte hernach müde zu Feldzeugmeister Beck: „Dieses verfluchte Jubeljahr."

Die Tradition solcher Empfänge reichte weit zurück. Als man 1858 das Zentenarium der Gründung des Maria-Theresien-Ordens feierte, waren im Gartenparterre unzählige Tische gedeckt worden, an denen die Vertreter sämtlicher Regimenter der Armee, Offiziere und Mannschaften, zur Feier des Tages speisten, indes drinnen im Schloß, in der Großen Galerie, Franz Joseph beim Festbankett – Fritz l'Allemand hat den Augenblick auf seinem großen Gemälde im Billardzimmer festgehalten – sein Glas auf Maria Theresia erhob und von einer Abordnung Soldaten eine in Gold gefaßte Gewehrkugel zum Geschenk erhielt, die auf dem Schlachtfeld von Kolin gefunden worden war. Nach dem Essen ging der Kaiser in den Garten und dort von Tisch zu Tisch, unterhielt sich stundenlang mit den Leuten über Herkunft und soldatische Laufbahn. Eine Militärkapelle sorgte für Musik, ein Burgschauspieler pries in hohen Worten sämtliche bisherigen Theresienritter, und zum Schluß führte man noch „Wallensteins Lager" auf.

Schönbrunn als Bühne für Massenszenen, aber auch für intimere Auftritte. So konferierte Seine Majestät am 24. August 1864 mit König Wilhelm I. von Preußen über die Idee einer Aufteilung der Herzogtümer Schleswig, Holstein und Lauenburg zwischen Preußen und Österreich. Wenige Tage darauf empfing Franz Joseph den Sieger von Lissa, Konteradmiral Tegetthoff, und

Jubiläumshuldigung der österreichischen Waidmänner für Kaiser Franz Joseph am 25. Juni 1898.

lud ihn zum Essen ein. Nach dem Unglücksjahr 1866 stattete Sultan Abdul Aziz dem Kaiser einen Freundschaftsbesuch mit politischen Akzenten ab und wurde nach Tisch von Franz Joseph zu einer „Pirutschade" durch den Park eingeladen. Das seltsame, nur der wienerischen Hofsprache geläufige Wort, es müßte eigentlich „Barutschade" ausgesprochen werden, kommt von baroccio, dem italienischen Wort für den hohen zweirädrigen Karren der Sizilianer, aber auch für derbere vierrädrige Wagen. In Schönbrunn und Laxenburg absolvierte man diese beliebten Rundfahrten mit dynastischen Gästen in bequemen offenen, zweispännigen Wagen; zur Barockzeit waren hierfür eigene Pirutsch-Wägelchen in Gebrauch, kleine Gefährte, ähnlich dem maria-theresianischen Karussellwagen in der Wagenburg.

1869 erscheinen die Teilnehmer des deutschen Eisenbahnerkongresses in Schönbrunn. Dann ist wieder ein Herrscher an der Reihe: unter allerschärfstem Polizeischutz trifft Zar Alexander II. im Schloß ein, wo die beiden Monarchen einen von der Geschichte nicht als solchen registrierten „Vertrag von Schönbrunn" aushandeln, eine Art Nichtangriffspakt; der Friede Europas steht auf wackeligen Beinen. Das war im Mai 1873. Im Juni erscheint die zweiundsechzigjährige Kaiserin Augusta, Gemahlin Wilhelms I., zu Besuch, und Franz Joseph empfängt sie, laut Generaladjutant Graf Crenneville, „pflichtdurchdrungen, aimable und rührend aufmerksam". Diese Frau, die laut Crenneville „famös Komödie spielt" und wegen ihrer sehr lauten, pathetischen Redeweise sofort im ganzen Schloß den Spitznamen „das Nebelhorn" bekommt, kehrt in allem und jedem die Kaiserin heraus, die beachtet sein will. Dabei ist sie eine gescheite Frau, aber halt doch „eine Preußin". So fragt sie weithin hörbar den Generaladjutanten Grafen Pejacsevich, dem ein Arm fehlt: „Wo haben Sie den verloren, Graf?" Und als sie zur Antwort bekommt: „Bei Königgrätz", erschrickt sie zwar einen Moment über ihren Fauxpas, macht aber gleich alles gut, indem sie mit echter Anteilnahme sagt: „Das ist doppelt bedauerlich . . ." Die Gräfin Festetics aber notiert in ihrem Tagebuch: „Der Cercle war noch nicht ganz aus, da wurde sie von unseren Hofleuten schon in Fetzen gerissen. Ich hatte solche Angst, es könnte ihren Suiten zu Ohren kommen, und diese Freundschaft ist doch eine Lebensbedingung für Österreich. Überhaupt Friede und Freundschaft nach allen Seiten." Blitzartig erhellt die simple Notiz einer Hofdame die wahre Stimmung, die in der angeblich so geruhsamen guten

alten Zeit geherrscht hat, und nicht nur in den führenden Kreisen. – Ein halbes Jahr später ist Augusta neuerlich in Schönbrunn zu Gast, diesmal in Begleitung ihres Gatten König Wilhelms I. und seines Kanzlers Bismarck. Auch Zar Alexander II. von Rußland und König Leopold von Belgien gehören zur illustren Gesellschaft. Sie alle sind zur Weltausstellung nach Wien gekommen, Franz Joseph hat gut daran getan, die Fremdenappartements zu vermehren und instandsetzen zu lassen. Mitglieder des Burgtheaters geben im Schloßtheater eine Galavorstellung, und wieder einmal steht Lessings „Emilia Galotti" auf dem Programm; es ist beinahe, als hätten sich die hohen Herrschaften dieses Stück, in welchem der regierende Adel und seine Hofschranzen schlecht genug wegkommen, von Zeit zu Zeit wie eine Art warnenden Spiegels vorhalten lassen.–

Eine tour d'horizon durch eine solche Auswahl offizieller und privater Besuche und Ereignisse in Schloß und Park bietet nicht mehr als eine Handvoll Steinchen aus einem Riesenmosaik, einem gigantischen Besuchs- und Zeremonialprogramm, dessen bloße Aufzählung ein dickes Buch füllen würde. Nur die Liste der 250.000 Audienzen, die Franz Joseph zwischen

Das österreichische Herrscherpaar empfängt am 8. Juli 1857 König Friedrich Wilhelm IV. von Preußen auf der Freitreppe zum Ehrenhof.

173

1848 und 1916 an seinem Stehpult in der Hofburg gegeben hat, könnte sein Volumen übertreffen.

Im April 1901 geben Mitglieder des Hochadels – der Programmzettel nennt die Namen Ceschi, Kielmannsegg, Stirbey, Larisch, Croy, Fürstenberg u. v. a. – viermal im Rahmen eines Théâtre paré einen Abend zu wohltätigen Zwecken. Das Schloßtheater ist jedesmal vollbesetzt. Aufgeführt wird Aubers komische Oper „Der schwarze Domino" und ein Tanzdivertissement nach Melodien von Jules Massenet; Kiebitz bei der Generalprobe war der deutsche Kronprinz Friedrich Wilhelm, an dessen Freundschaft Franz Joseph viel gelegen ist.

Im September 1903 gibt der Kaiser in der Großen Galerie ein „Déjeuner dinatoire" für Zar Nikolaus II.; im Frühling 1905 kommt König Alfonso von Spanien zu einem Freundschaftsbesuch nach Schönbrunn, man bietet ihm eine Galavorstellung im Schloßtheater; im Frühsommer 1906 halten Franz Joseph I. und Kaiser Wilhelm II. Cercle bei einem Konzert des Wiener Männergesangvereins, ebenfalls in der Galerie; zwei Jahre später erscheint der Deutsche Kaiser von neuem und hält im Marie-Antoinette-Zimmer vor den versammelten deutschen Fürsten die Glückwunschansprache aus Anlaß von Franz Josephs sechzigjährigem Regierungsjubiläum, Franz von Matsch hat die Situation mit farbphotographischer Naturalistik im Großgemälde festgehalten, es hängt in Franz Josephs Schlafzimmer. Wieder zwei Jahre später, im September 1910, gratuliert Wilhelm dem Kaiser zum achtzigsten Geburtstag, bekräftigt das „feste, innige Friedensbündnis" zwischen Deutschland und Österreich, feiert aber gleich darauf als Gast des Bürgermeisters im Wiener Rathaus lautstark und säbelrasselnd die „schimmernde Wehr" seiner Armee.

Am 2. Dezember 1908, auf den Tag genau sechzig Jahre nach Olmütz, bereiten Franz Josephs Enkelkinder dem Kaiser eine besondere Freude: Sie führen, unter der Regie von Hugo Thimig, im Schloßtheater ein kleines Stück mit dem beziehungsreichen Titel „Am grünen Tisch" auf und tanzen in Vormärzkostümen Alt-Wiener Ländler. Es gelingt alles sehr schön und freut den Kaiser sehr, auch wenn Ballettmeister Haßreiter von der Hofoper bei den Proben verzweifelt ausgerufen hat: „Meine Herrschaften, Sie tanzen wie die Kamele!" Den Epilog, der die Huldigung abschloß, hat Prinzessin Valerie selbst gedichtet. Genau ein Jahr später nimmt der Kaiser mit Suite und Familie im Gartenparterre die Huldigung des lenkbaren Luftballons „Parseval" entgegen: der Ballon macht über Schönbrunn eine Probefahrt, ehe die Militärverwaltung ihn übernimmt. Im April 1909 gibt es eine Friedenshuldigung, diesmal im Ehrenhof, Anlaß: die Bosnienkrise; neben dem Kaiser auf dem Balkon steht Bürgermeister Lueger, schon vom Tode gezeichnet, mit seinen vier Vizebürgermeistern. Im Juni 1913 bringt der Niederösterreichische Sängerbund aus Anlaß seines fünfzigjährigen Jubiläums dem Kaiser ein Huldigungsständchen. Ein Jahr später, zehn Tage vor Sarajewo, folgt Franz Joseph, in Generaluniform mit dem papageiengrünen Federnhut, über die südliche Freitreppe einer Fahne, die man vor ihm her in das Gartenparterre trägt, wo sie nach einer Feldmesse unter Salutschüssen geweiht und dann der k. k. Militärakademie übergeben wird. Schließlich nehmen der Kaiser und die anwesenden Erzherzöge das Defilé der Akademiezöglinge ab, die vom Meidlinger Tor heranmarschieren. Ein Jahr später, am 24. Juni 1915, ist der Ehrenhof Schauplatz einer Huldigung anläßlich der Wiedereinnahme der Festung Lemberg; neben dem Kaiser auf dem Balkon steht sein neuer Thronfolger Erzherzog Karl mit Familie und alle vier Wiener Bürgermeister. –

Kronprinz Rudolf hat in Schönbrunn so gut wie keine Lebensspuren hinterlassen. Man weiß, wo sein Appartement war, das er, als er heranwuchs, immer seltener und zuletzt gar nicht mehr benützte. In der Wagenburg steht der Ponywagen, den er mit acht Jahren bekam, ein Erzeugnis aus der Werkstatt des Cesare Sala in Mailand (um 1860); er ähnelt dem Phaëton des „Roi de Rome" und trägt an den Ecken seines Baldachins als Zierat vier Habsburgerkronen. Mit diesem Wagen kutschierte der Kronprinz durch den Park wie seinerzeit sein Vater und dessen Geschwister in ihren Kinderkutschen.

Der Kronprinzengarten ist verlassen und ohne Lebenszeichen; die Fruchtbäume, die hier traditionsgemäß blühten und reiften – im Kammergarten auf der Westseite gab es nur Blumen –, sind bis auf ein reich tragendes Birnenspalier verschwunden, und nur die verwitterte Rokokomauer von Nicolas Jadot erinnert an entschwundenen Glanz. Die Orte von Rudolfs politischen, militärischen und privaten Tätigkeiten waren die Hofburg, die Garnisonen Österreich-Ungarns, die er ohne Rücksicht auf seine immer anfälliger werdende Gesundheit gewissenhaft inspizierte, die Schlösser der wenigen Aristokraten, auf deren Freundschaft er Wert legte, einige wissenschaftliche Institute, volkstümliche Wirtshäuser, Heurigenschenken und, nicht zu vergessen, die Vogelparadiese an der Donau und in anderen, oft weit entfernten Auwald-

Kaiser Franz Joseph nimmt vor der Gartenfront des Schlosses eine Parade ab.

revieren der Monarchie, die ihn als geschulten Ornithologen anlockten.

Aus den frühen Jahren, da er jeden Sommer die klassischen, ebenerdigen Schönbrunner Kronprinzenzimmer bewohnte, ist nur eine einzige markante, im Zusammenhang mit seiner Lebensgeschichte merkwürdig erscheinende Begebenheit überliefert. Sie trug sich 1868 zu.

Der zehnjährige Rudolf ging damals in Begleitung des Grafen Pálffy im Park spazieren, als sie plötzlich in der Nähe der Gloriette durch grauenhafte Rufe aus ihrem Gespräch aufgeschreckt wurden: ein junger Mann hatte aus unglücklicher Liebe Laugenessenz getrunken. Conte Corti erzählt den Hergang genauer: „Die furchtbaren Schmerzen lassen ihn laut um Hilfe schreien, und Graf Pálffy stürzt herbei, um zu helfen. Sofort wird Doktor Widerhofer geholt und alles Menschenmögliche getan, aber es nützt nichts mehr, man kann den jungen Menschen nicht retten. Das geht dem Kleinen nicht mehr aus dem Sinn, immer wieder erzählt er die Einzelheiten der Katastrophe und fragt, wie und warum es zum Selbstmord gekommen sei und ob denn Menschen wirklich so unglücklich sein könnten, dergleichen zu tun.“

Im Grunde sind auch die Lebensspuren seiner Mutter, der Kaiserin Elisabeth, die materiellen wie die biographisch erfaßbaren, karg; ihre Kontakte zu Schönbrunn waren, sieht man von der Winterreitschule, den Reitbahnen im Kammergarten und der Orangerie und den Reitpfaden im Park ab, oberflächlich. In ihren Briefen kommt sie auf das Schloß kaum zu sprechen, auch als Datumsort scheint es verhältnismäßig selten auf. Man wird zwar als Besucher durch ihre Zimmer geführt, doch gerade hier kommt einem eine Stelle aus einem Brief in den Sinn, den Franz Joseph am 5. Dezember 1893 aus der Hofburg an die ferne Gattin schrieb und deren Inhalt für Schönbrunn womöglich noch mehr zutraf: „Ich gewöhne mich nur langsam an die Einsamkeit. Die Augenblicke bei Deinem Frühstück und die gemeinsamen Abende gehen mir sehr ab, und schon zweimal war ich auf meinem Weg zur Bellaria in Deinen Zimmern, wo zwar alle Möbel verhängt sind, wo mich aber alles so wehmütig an Dich erinnert.“ Die Adressatin war vier Tage vorher nach Miramar abgereist, um von dort ins sonnige Algerien überzusetzen. Ihre hysterische Unrast, von Kennern sarkastisch als „Kaiserinnenweh“ bezeichnet, hatte sie schon früh und für immer längere

175

Kaiserin Elisabeth im Jahre 1867.

Zeit vom Gatten und den Kindern weg in die Ferne getrieben, nach Ungarn, nach Italien, nach Nordafrika, in die Schweiz und, so oft wie nur möglich, in ihr „Achilleion" auf Korfu, zu ungestörter Lektüre des geliebten Heine und des vergötterten Homer im griechischen Original unter südlichem Himmel mit klassischer Pflanzenwelt. Besann sie sich dann wieder und kehrte heim, um sich, auffallend gut gelaunt, dem Kaiser und den Kindern zu widmen, so geschah dies meistens über den Winter, also in der Hofburg und nur selten in Schönbrunn.

Doch hat sie sich in den ersten Jahrzehnten ihrer Ehe dort auch manchmal recht wohlgefühlt und es begrüßt, wenn der Hof, wie etwa im April 1866, in das Schloß übersiedelte. „Das Wetter ist jetzt herrlich", schreibt sie am 24. an ihre Vorleserin Ida von Ferenczy, „und ich freue mich auch, die Stadt zu verlassen und mehr Freiheit zu genießen, um so mehr, da ich die Erlaubnis habe, wenn es mich freut, auch allein in den Stall zu gehen."

Der Stall, die Pferde, die Hunde – ihr Dorado! Es war die Jugendzeit und ihr mütterliches Erbteil, was da aus ihr sprach, ohne Tiere konnte und wollte sie nicht sein. Doch hatte sie gottlob nicht den Ehrgeiz, es mit der Tierliebe ihrer Mutter, der Herzogin in Bayern, aufzunehmen, von der eine Hofdame, die Landgräfin Fürstenberg, entsetzt berichtete: „Sie lebt nur ihren Hunden, sie hat stets welche auf dem Schoß, neben sich oder unter dem Arm, sie knackt Flöhe selbst bei Tisch und auf den Eßtellern."

Am 1. Mai 1866 schreibt Elisabeth an die Mutter: „Ich feiere den 1. Mai dieses Jahres nicht auf die gewöhnliche, langweilige Art, sondern bleibe, mich mit meinem Husten entschuldigend, ruhig hier (in Schönbrunn), was ohne Vergleich angenehmer ist, als mit einer Erzherzogin im Schritt, angegafft von Hunderten Menschen, die Allee (die Hauptallee im Prater) auf und ab zu fahren . . . Nach Füred (am Plattensee) gehe ich nicht, da die Zeitverhältnisse so traurig sind, der Krieg vor der Türe, und so mag ich den Kaiser nicht verlassen."

In Schönbrunn, dem Lustschloß, wo bei allen Fenstern Natur hereinschaute und die Etikette gelockerter war als in der Hofburg, fand die Kaiserin hin und wieder zum Übermut ihrer Jungmädchenjahre in Possenhofen zurück. So züchtete sie einmal im Herbst 1865 den Hofdamen einer Tischgesellschaft, die sich zusammengefunden hatte, um Franz Josephs Namenstag (4. Oktober, Franz von Assisi) zu feiern, einen solennen Schwips an, indem sie sie zwang, ihre Champagnergläser in einem Zuge zu leeren, sooft auf das Wohl Seiner Majestät getrunken wurde. Elisabeth unterhielt sich wie schon lange nicht mehr, besonders über den Grafen Königsegg-Aulendorf, der ängstlich um die „Contenance" seiner Gattin Paula besorgt war, und über die Gräfin Lilli Hunyady, die „kaum mehr stehen konnte". Die Kaiserin hatte sich im Sommer vorher erfolgreich gegen die Tyrannei ihrer Schwiegermutter aufgelehnt, und zwar in Form eines Ultimatums an ihren Mann, mit dem sie seine Hörigkeit gegenüber der Erzherzogin und deren pädagogischen Direktiven endgültig brach; mit ein Grund für ihre gute Laune. Der gesundheitlich zarte Kronprinz war vom Joch der ihn ständig überfordernden und sinnlos spartanischen Erziehung des Grafen Gondrecourt erlöst und dem vernünftigen Oberst Latour von Thurnberg in Obhut gegeben worden. Elisabeth und Rudolf waren von nun ab Verbündete, die Kaiserin sah in ihrem siebenjährigen Buben so etwas wie einen kleinen Freund; bezeichnenderweise setzte sie sich noch am selben Abend hin und schrieb ihm in die Hofburg ein Briefchen, darin sie ihm die Champagnerschwipsgeschichte ausführlich erzählte. „Bei Tisch haben wir viel gelacht . . ."

Ihre Kinder hat Elisabeth nicht in Schönbrunn zur Welt gebracht, sie zog für die Entbindungen das abgelegenere Laxenburg vor. Dort erschien dann, je näher der Termin heranrückte, desto öfter und stets unangemeldet und ebenso unerwünscht die „böse Frau", wie Elisabeth ihre Tante und Schwiegermutter im vertrauten Kreis zu nennen pflegte. Dabei war Sophie im Grunde ihres Herzens, und nicht nur aus dynastischen Gründen, rührend um das Wohl und Wehe der Schwangeren besorgt und sparte nicht mit Ratschlägen. So hatte sie schon zwei Monate nach der Hochzeit des jungen Paares an ihren Sohn geschrieben: „Auch glaube ich, daß Sisi sich nicht zu sehr mit ihren Papageien abgeben sollte, da zumal in den ersten Monaten man sich so leicht an den Tieren verschaut, die Kinder Ähnlichkeit mit ihnen erhalten. Sie sollte lieber sich beim Spiegel und Dich anschauen. Dieses Verschauen lass' ich mir gefallen . . ."

Vier Jahre danach kam als drittes Kind der ersehnte Thronfolger zur Welt. Dem mit unbeschreiblicher Freude begrüßten Ereignis waren dunkle Befürchtungen und Sorgen vorangegangen. Daß der russische Zar, dem Franz Joseph so viel verdankte, sich wieder einmal ganz besonders verstimmt zeigte und in Italien Unruhen auszubrechen schienen, die das ganze österreichische Venetien in Gefahr bringen konnten, so daß der Kaiser seinem für Ruhe und Ordnung verantwortlichen Bruder Max in Triest ein sehr deutliches Handschreiben verpassen mußte, war für die aufgeregte Umgebung noch hinzunehmen. Daß aber am 16. August 1858, fünf Tage vor der Entbindung, der große Luster im Zeremoniensaal von Schönbrunn mit ohrenbetäubendem Getöse von der Decke auf den Parkettboden krachte und in tausend Stücke ging, war ein schreckliches Vorzeichen, zumal sich dieses Unglück schon zum zweitenmal in zwei Jahren ereignete. Man mußte es der Schwangeren unter allen Umständen verheimlichen, um eine Frühgeburt hintanzuhalten. „Ich werde mich wohl hüten, bei Hofe unter einem Luster zu sitzen", schrieb Sophies Obersthofmeister Graf Nikolaus Szécsen noch am selben Tag an seine Gattin in Gyöngyösszentkereszt.

Wenn bei einer schwangeren Kaiserin die Wehen einsetzten, dann bediente sich die Hofsprache eines ebenso dezenten wie kuriosen Ausdrucks, um den Tatbestand publik zu machen. Er lautete: „Ihre Maje-

stät geht zum Kinde." Traf ein Telegramm dieses Inhalts in Schönbrunn ein, dann ließ Sophie anspannen und begab sich nach Laxenburg, wo sie zuerst in der Schloßkapelle das Allerheiligste aussetzen ließ und dann ans Bett der Kreißenden eilte, um ihr, der Hebamme und dem Arzt beizustehen. Wurde es, was bei der ungemein schweren Geburt des Kronprinzen der Fall war, allzu dramatisch, dann sank die Erzherzogin unweit des Bettes in die Knie und betete, heiße Tränen vergießend. –

Unter den Bilddokumenten aus Franz Josephs Regierungszeit mit Schauplatz Schönbrunn gibt es nur zwei, auf denen Elisabeth zu sehen ist: einen Druck „Als glückliche Neuvermählte", auf welchem der Kaiser seiner jungen Frau im Park eine Rose überreicht, und einen gleich kitschigen Stahlstich aus 1855, der die beiden Arm in Arm auf dem Gloriettehügel zeigt: Franz Joseph als Oberstinhaber eines Ulanenregiments, Elisabeth in einem schulterfreien Spitzenkleid. Auf Fotos und anderen Bilddokumenten offizieller Anlässe in Schönbrunn ist die Kaiserin bis zu ihrem Tod nicht zu finden. Sie verstand es, bei allen politischen, militärischen und dynastisch-familiären Anlässen im Hintergrund zu bleiben oder gänzlich zu fehlen. Für Franz Josephs Geschmack viel zu oft zog sie sich auf dem Höhepunkt einer Veranstaltung oder Begegnung unter irgendeinem Vorwand in ihre Gemächer zurück, wenn sie nicht überhaupt dort geblieben war und sich entschuldigen ließ. So empfindet man sie wie ein Schattenwesen, das man automatisch bei allem und jedem als anwesend mitdenkt, schließlich war sie die Kaiserin; aber man tut es doch stets mit der Einschränkung: sofern Ihre Majestät nicht gerade im Ausland oder unpäßlich war.

Franz Joseph ist mit Schönbrunn untrennbar verbunden, Elisabeth gar nicht. Erst ihr Tod schuf einen makabren Konnex zwischen ihr und dem Schloß. Denn Franz Joseph hat die Nachricht von ihrer Ermordung hier erhalten, nicht, wie Generationen geglaubt haben, in der Hofburg und auch nicht aus dem Munde der Burgschauspielerin Schratt, die man laut Legende vorgeschickt habe, weil sich angeblich niemand anderer getraute, dem Kaiser die finstere Kunde zu überbringen. In Wahrheit ging alles viel einfacher vor sich, unter ganz alltäglichen Umständen. Conte Corti hat sie genau ermittelt.

„Kaiser Franz Joseph", heißt es in seinem Elisabeth-Buch, „ist am selben Tage (10. September 1898) in Schönbrunn geblieben, hat daher etwas mehr freie Zeit als gewöhnlich und benützt sie dazu, um der Kaiserin zu schreiben. Er erhält stets auch die Briefe seiner Frau an Valerie, damit er mehr Nachrichten hat, und freut sich, daß in dem Namenstag-Gratulationsbrief an Valerie Günstiges über ihr Befinden steht. ‚Sehr erfreut hat mich die bessere Stimmung', schreibt er an seine ferne Gemahlin, ‚die Deinen Brief durchweht, und Deine Zufriedenheit mit dem Wetter, der Luft und Deiner Wohnung samt Terrasse, welche einen wunderbaren Ausblick auf Berge und See gewähren muß. Daß Du dennoch eine Art Heimweh nach unserer lieben Villa Hermes gefühlt hast, hat mich gerührt.' Franz Joseph berichtet, daß er am Tag vorher wieder dort gewesen sei und viel an sie gedacht habe. Vom Wetter spricht er und von den Hirschen, die melden. Dann berichtet er ausführlich von der gleichfalls fern weilenden Freundin (Katharina Schratt), die eine gehetzte Gebirgstour macht und über deren starke Tagesleistungen er sich wundert. ‚Heute bleibe ich hier', schließt der Brief, ‚und um halb neun Uhr reise ich vom Staatsbahnhof ab. Isten veled szeretett angyolom (Gott befohlen, geliebter Engel). Dich von ganzem Herzen umarmend, Dein Kleiner.'

Den Tag verbringt Franz Joseph mit der Durchsicht der Staatsakten, dann mit den Vorbereitungen für die Abreise zu den Manövern. Um halb fünf Uhr nachmittags trifft der Generaladjutant Graf Paar aus der Hofburg ein und meldet sich dringend zur Audienz beim Kaiser. Leichenblaß hält er ein Telegramm in der Hand. Es ist aus Genf und berichtet: ‚Ihre Majestät die Kaiserin gefährlich verletzt. Bitte Seiner Majestät schonend melden.'

Graf Paar tritt in das Arbeitszimmer des Kaisers. Franz Joseph blickt vom Schreibtisch auf. ‚Was ist denn, mein lieber Paar?' – ‚Majestät', erwidert stockend der General, ‚Majestät werden heute abend nicht abreisen können. Ich habe leider eine sehr schlechte Nachricht erhalten.'

Franz Joseph springt auf. ‚Aus Genf!' ruft er sofort und nimmt dem Grafen hastig die Depesche aus der Hand. Erschüttert taumelt er zurück. ‚Nun muß doch bald eine zweite Nachricht eintreffen. Telegraphieren, telephonieren Sie! Trachten Sie, Näheres zu erfahren!'

Da hört man draußen auf dem Korridor Schritte. Ein Adjutant mit einem neuen Telegramm aus Genf. Der Kaiser nimmt es in höchster Aufregung an sich. In seiner Hast, es zu öffnen, reißt er es mitten entzwei. ‚Ihre Majestät die Kaiserin soeben verschieden', liest er zu Tode erschrocken. ‚Mir bleibt doch gar nichts erspart auf dieser Welt.' Schluchzend sinkt er auf den Schreibtischsessel nieder und legt weinend den Kopf auf die Arme. Dann fährt er auf und nimmt sich zusammen. ‚Die Kinder müssen zuerst verständigt werden.' Schon fliegt die Hiobsbotschaft an Valerie nach Wallsee (dem Wohnsitz ihres Gatten Franz Salvator) und an Gisela (verehelichte Prinzessin von Bayern) nach München. Beide reisen augenblicklich nach Wien ab . . .''

Franz Josephs letzter Brief ist nicht mehr in Elisabeths Hände gelangt. Neun Tage zuvor, am 1. September, hatte er ihr einen Brief geschrieben, in dem gleichfalls von ihrem klassizistischen Lieblingssitz im Lainzer Tiergarten die Rede ist: „Ich bin in die Villa Hermes gefahren, um etwas Luft zu schöpfen . . . Vor dem Tore des Tiergartens war eine große Menge Schwalben versammelt, die sich offenbar schon zur Reise rüsten . . . Viel und mit recht wehmütigem Gefühle habe ich zu Deinem Fenster hinaufgeblickt und mich dabei in Gedanken in die Tage zurückversetzt, welche wir zusammen in der lieben Villa zubrachten. Abends nahm ich saure und süße Milch aus Deiner Meierei . . . Dein Kl(einer)."

Das waren die letzten Zeilen, die Elisabeth aus Schönbrunn erhalten hat.

Katharina Schratt hatte ihre große Tour in die Ischler Bergwelt sofort abgebrochen und war nach Wien geeilt. Schon am Tag nach Elisabeths Tod, dem 11. September 1898, schreibt der Kaiser an die Vertraute: „Teuerste Freundin, das ist schön, daß Sie gekommen sind, mit wem kann ich besser von der Verklärten sprechen als mit Ihnen?" Die allmorgendlichen gemeinsamen Spaziergänge im Kammergarten von Schönbrunn werden wieder aufgenommen, manchmal ist auch Valerie dabei. „Ich weiß, wie tief und schwer er leidet, und stehe machtlos vor all diesem Weh", vermerkt sie in ihrem Tagebuch.

Frau Schratt ist weniger machtlos. Zu innig ist das Freundschaftsband zwischen ihr und dem Kaiser geknüpft, und es mag ihnen beiden wie ein Vermächtnis über den Tod hinaus erschienen sein, daß Elisabeth schon dreizehn Jahre zuvor diese Freundschaft auf so elegante, menschliche Art gefördert hat.

Mit Rücksicht darauf, daß Handel, Gewerbe und Industrie durch das jähe Absagen der noch ausständigen, bereits in vollem Umfang vorbereiteten Schlußfeierlichkeiten des Jubeljahres 1898 schon genug Schaden erlitten haben, ordnet Franz Joseph zu Neujahr an, daß die Hoftrauer ab dem 17. Jänner 1899 in Hofhalbtrauer umzuwandeln und der Fasching „wie sonst" zu begehen sei.

Die Villa der damals fünfundvierzig Jahre alten

Schauspielerin in der Gloriettegasse 9 war in vergangenen Jahrzehnten ein an heitersten Tumult gewöhnter Treffpunkt für die verschiedensten Leute aus Kunst, Theater, Diplomatie und Armee gewesen. Die degagierten Schratt'schen „Kuchelsoireen" waren berühmt, sie fanden tatsächlich in der Küche statt, wo die schöne, vitale Tochter des Schnittwarenhändlers Anton Schratt aus Baden bei Wien und seiner Ehefrau, der Drechslerstochter Katharina Wallner, ihre Gäste vom Herd aus das eine Mal mit derber Hausmannskost, das andere Mal mit meisterhaften, raffinierten Produkten ihrer eigenen Kochkunst ergötzte, assistiert von einem für heutige Begriffe sagenhaft treuen Personal (die Köchin diente ihr dreißig, die Haushälterin Maria einundvierzig Jahre). Zum Essen gab es Bier vom Faß oder Hauerweine. „Melusine mit dem Kochlöffel" war der lyrische Titel, den Hermann Bahr der Gastgeberin verlieh. Alle bedeutenden Persönlichkeiten der Wiener Gesellschaft fanden sich, auch ungeladen herzlich willkommen, in der Schrattvilla ein, Johann Strauß, der deutsche Botschafter Philipp zu Eulenburg, Bühnenkollegen, die Hofopernprominenz, das Künstlerhaus, die Secession und dazu Offiziere aller Waffengattungen und Regimenter. Nur einer fand sich nie bei diesen Abenden ein, obwohl er Melusinen weit näher stand als jeder andere Gast: der Kaiser. Am anderen Morgen aber, um halb sieben, wenn es im Haus längst still geworden war, Katharina Schratt auf ihn wartete und ein schneeweiß angezuckerter duftender Gugelhupf auf dem Teller neben dem Frühstücksgeschirr und den Blumen stand, durchquerte er den Kammergarten, dann den leeren Park und die Menagerie beim Pavillon und bog aus dem französischen Garten in den „Naturpark" ein. Wo dieser am Beginn des Maxingparkes endet, befand sich, längst demoliert, ein steinernes Pförtchen, durch das der Kaiser auf die Maxingstraße hinaustrat. Hier begegnete er höchstens einem Bäckerburschen, einer Milchfrau oder einem Polizisten, die an sein Erscheinen gewöhnt waren und nach Möglichkeit keine Notiz von dem Frühaufsteher nahmen, der geradeaus in die Weidlichgasse ging und nach wenigen Schritten entlang dem Zaun des bis hier herauf reichenden Schratt'schen Gartengrundes zu einer anderen kleinen Pforte gelangte.

Saß der Kaiser dann in der Villa beim Kaffee, dann wollte er haargenau wissen, was sich am Abend vorher bei der Soiree zugetragen hatte. Von den Leckerbissen bis zu den Details der Unterhaltung interessierte ihn alles, jedes Bonmot, jede Anekdote, jeder Tratsch, jeder Witz. Und waren Offiziere erschienen, dann mußte die Freundin ihm deren Uniformen beschreiben, und der Kaiser nannte ihr sogleich Waffengattung, Regiment und Regimentsnummer; die Künstlerin hatte, zum Vergnügen der Majestät, von diesen Dingen keine Ahnung.

Zu den Köstlichkeiten des Frühstücks gehörte auch die „Regalia Media", die die Schratt des öfteren neben die Serviette des Freundes hinlegte. Der Kaiser liebte diese Zigarre, war jedoch merkwürdig knauserig gegen sich selbst und leistete sie sich nur äußerst selten; er rauchte für gewöhnlich die billige, typisch wienerische „Virginier". Um so mehr freute ihn die Morgengabe der Schratt. Seine Gegengeschenke waren generös, reichten von Brillanten bis zu „kleinen Beiträgen" zu den Kosten ihrer Garderobe: „Der Fasching (1887) naht seinem Ende, derselbe erfordert schöne Kleider, diese sind teuer, Sie sollen und dürfen keine Schulden machen . . ."

Was die beiden beim Kaffee miteinander plauder-

Kaiser Franz Joseph und Katharina Schratt.

ten, darüber hat die Nachwelt einiges erfahren, nämlich durch Frau Schratts Nachbarin und Freundin, die Fürstin Fugger-Babenhausen, deren Sohn vom Kaiser zur Firmung geführt wurde. Aus dieser Quelle weiß man auch, daß Katharina Schratt niemals den geringsten Einfluß auf Franz Josephs Pläne und Entschlüsse genommen hat, es genügte ihr, den Freund zu erheitern und mit manchem Ungemach, von dem er ihr berichtete, zu versöhnen. Trotzdem hat mehr als ein Mensch, der in Not geraten war, durch Katharinas dezente Fürsprache die Gnade, die Hilfe des Kaisers zu spüren bekommen. In ein „laufendes Verfahren" hat sie nur einmal eingegriffen, dafür aber sehr spontan und direkt. Das war damals, als ihr Kollege Devrient mit dem völlig verzweifelten Alexander Girardi daherkam und beide baten, in der Villa übernachten zu dürfen, weil Girardi durch die Infamie seiner Gattin Helene Odilon zwangsweise in eine Irrenanstalt eingeliefert werden sollte. Die Schratt ging auf der Stelle zum Kaiser, und die polizeiliche Anordnung wurde zurückgezogen.

Mit Frau Schratt konnte Franz Joseph über alles und jedes, auch über persönlich Intimstes und politisch Prekärstes reden, sie war eine der verschwiegensten Menschen in der ganzen Monarchie, und was sie der befreundeten Fürstin *nicht* anvertraut hat, ist bestimmt der weit größere, gewichtigere Teil dessen gewesen, was sie erfahren hatte.

Die Villa, in der es von Tieren – Katzen, Papageien, Hunden, Affen – wimmelte, hat drei Trakte, eine große Veranda, einen parkähnlichen Garten mit Skulpturen, Empirevasen und Steinbänken und wirkt, gleich vielen anderen Häusern in diesem Teil Hietzings, wie eine Dependance von Schönbrunn, wozu natürlich das satte Gelb am meisten beiträgt; nur die Läden der hohen Fenster sind weiß anstatt grün gestrichen.

Frau Schratt (sie wohnte im Winter am Kärntnerring 4) hat sich diese Villa redlich und auf Raten gekauft. Daß der Kaiser sie ihr in Geberlaune zum Geschenk gemacht hat, ist ebenso ein Märchen wie, daß sich Franz Joseph in diesem Haus mit der Schratt und dem Länderbankpräsidenten Palmer zu einer regelmäßigen Tarockpartie zusammengefunden habe. Doch daß Frau Schratt gerade diese Villa erwerben wollte, weil sie so nahe und doch nicht zu nahe an Schönbrunn lag, stimmt wieder. Der Kaiser brauchte die Freundin, sie mußte für ihn jederzeit – auch in Wien – leicht erreichbar sein.

Legenden ranken sich in reicher Zahl um dieses in der Geschichte der europäischen Höfe einzigartige Paar. Es ist wahr, daß Kaiserin Elisabeth, die ewig Reisende, ewig Abwesende, nach einem Menschen Ausschau hielt, der ihrem Gatten ein wenig Herzenswärme, Häuslichkeit und intelligente Ansprache bieten konnte; wahr ist, daß sie nach dreißig Ehejahren das haben wollte, was man „meine Ruhe" nennt, und daß sie den herbeigewünschten Menschen schließlich in der Burgschauspielerin fand, die dem Kaiser zu gefallen schien. Auch daß sie die Schratt, um üble Gerüchte von vornherein zu dämpfen, zuerst zu sich einlud, sie vorübergehend als Vorleserin engagierte und für den Kaiser malen ließ, wofür er sich bei Frau Schratt mit einem bewußt nicht allzu teuren Smaragdring revanchierte, entspricht den Tatsachen. Ganz unwahr aber ist es, daß Elisabeth dies alles im Stil einer Kupplerin kurzerhand ins Werk gesetzt hat. Nein, es war schon Franz Joseph, der den ersten Schritt tat und die notwendigen Voraussetzungen für diese Verbindung schuf, sei es durch sein offenkundiges Interesse an der Bühnenkünstlerin, sei es, wie Erich Graf Kielmannsegg in seinen Memoiren zu berichten weiß, durch ein sehr persönliches Gespräch während einer Audienz, die der Schratt gewährt worden war, damit sie sich für die allerhöchste Begleichung einer Restsumme aus der enormen Schuldenlast ihres Gatten, des Barons Miklos Kiss von Ittebe, bedanken sollte, der sich nach mißglückten Spekulationen in Sicherheit gebracht hatte. Ohne diese Tilgung wäre ihr Engagement am Hofburgtheater in Frage gestellt gewesen, erzählt Kielmansegg, und daß die Audienz durch das ungenierte Geplauder der reizenden jungen Frau länger als vorgesehen gedauert habe. Wenn es sich so verhalten hat, dann brauchte Elisabeth nur noch für die Fortsetzung dessen zu sorgen, was schon begonnen hatte. Ihre genannten Aktivitäten erscheinen dann im Licht einer absolut noblen Großzügigkeit.

Bis an ihr tragisches Ende hat die Kaiserin die bürgerliche Romanze ihres Gatten mit seiner „zweiten Aja", wie manche Franz Josephs Vertraute genannt haben, nie auch nur im leisesten gestört. Nur ein einziges Mal, während eines Spazierganges mit ihrer Tochter Valerie im Sommer nach dem Selbstmord des Kronprinzen, hat ihr das Schönbrunner Idyll Tränen und bittere Worte entpreßt: „Warum bin ich geboren? Mein Leben ist unnütz, ich stehe nur zwischen dem Kaiser und Frau Schratt. Ich spiele doch da eine fast lächerliche Rolle."

Zeitgenossen jener Tage wurden nicht müde zu behaupten, es habe sich bei der dreißig Jahre währenden Beziehung zwischen dem Kaiser und der Schauspielerin um eine rein platonische „Seelenfreundschaft" gehandelt. Wer das glaubt, hat nie bedacht, daß Franz Joseph bei der ersten Begegnung fünfundfünfzig war, Katharina zweiunddreißig. Wäre es nur Seelenfreundschaft gewesen, was viele im Hinblick auf die Stellung des männlichen Teiles gerne wahrgehabt hätten, so hätte Erzherzogin Valerie kaum in ihrem Tagebuch vermerkt, wie peinlich ihr die Mahlzeiten waren, die man zu viert einnahm: Vater, Mutter, Vaters Geliebte und sie, die Tochter. Sie begriff nicht, daß die Kaiserin es „gemütlich" fand. Und man braucht nicht zwischen den Zeilen der Briefe zu lesen, die Franz Joseph an die Schauspielerin schrieb. Immer wieder blitzen in ihnen die Lichter der Verliebtheit auf: „ . . . Ich hätte müssen die Sie umringenden Leute durchbrechen, während man von allen Seiten mit und ohne Operngucker beobachtet wird und überall Pressehyänen, die jedes Wort aufschnappen, das man spricht", schreibt er ihr nach einem Hofball im Redoutensaal, und: „Ich fürchtete, Sie könnten mir zürnen, daß ich mich Ihnen nicht genähert habe, und erst Ihr Brief beruhigt mich, es fiel mir ein Stein vom Herzen . . ." Ein andermal wieder gesteht er ihr, daß er „immer so glücklich" sei, wenn er sie frühmorgens in der eiskalten, stockdunklen Burgkapelle anwesend wisse, obwohl er sie im Dämmerlicht kaum sehen könne.

Auch die Briefe der späteren Jahre, die von weither oder auch nur vom Schloß Schönbrunn zur Gloriettegasse eilten, selbst an Tagen, an denen beide ohnehin den liebgewohnten Spaziergang im Kammergarten nach dem Frühstück genossen hatten – er hat die Freundin natürlich stets in die Villa zurückbegleitet –, auch diese Briefe sind voller Herzensinnigkeit, ganz besonders in Zeiten der Versöhnung nach irgendeinem Zerwürfnis, das ja doch kein wirkliches gewesen war.

„Budapest, 6. Juni 1894
. . . Hier bin ich so einsam, so melancholisch, mit so unangenehmen Dingen beschäftigt, daß ich nur einen Wunsch habe: Aussi möcht i, zurück in den schönen Tiergarten, zurück in die liebe Gloriettegasse, ja selbst in die heißen Zimmer der Wiener Burg."

„Schönbrunn, 23. September 1904
. . . Ihr letzter Brief vom 20. hat mich freudig überrascht, denn so bald hatte ich keinen erwartet, und es macht mich unendlich glücklich, daß Sie so oft an mich denken. Freilich tragt (sic!) wohl auch die Langeweile in Gastein sowie die viele freie Zeit zu Ihrem Schreibefleiße bei."

„Schönbrunn, 24. Oktober 1905
. . . Da Sie vor allem Ruhe bedürfen, werde ich Sie morgen nicht zur gewohnten frühen Morgenstunde besuchen, sondern, wenn es mir gelingt, nicht in die Stadt fahren zu müssen, werde ich, wenn es Ihnen recht ist, um 9 Uhr zu Ihnen kommen. Müßte ich aber morgen den Vormittag in der Stadt zubringen, so würde ich es Ihnen morgen früh melden lassen und würde mir dann erlauben, um 6 Uhr nachmittag in der Gloriettegasse zu erscheinen. In beiden Fällen komme ich zu Wagen. Sie können wohl denken, wie unendlich ich mich auf das Wiedersehen nach so langer Trennung freue . . . Ihre liebe Gesellschaft wird mir wieder Trost und Erheiterung in meiner traurigen Einsamkeit bieten."

Dorothy Gies McGuigan, die treffsicher charakterisierende amerikanische Biographin, hat die Beziehung dieser beiden Menschen in einer köstlichen Dreiklangformel eingefangen: „Eine sehr wienerische Liebschaft – maßvoll, herbstlich und diskret."

Diskret bis zuletzt. Nicht umsonst war „tenue", Haltung, zeitlebens Franz Josephs Lieblingsvokabel. –

Diese Haltung, die er nicht nur von sich, sondern auch von seiner Umgebung verlangte, konnte manchmal einem Gespräch eine abrupte Wendung geben, die nach Herzenskälte aussah. Das Thronfolgerpaar war in Sarajewo ermordet worden. Als der Leiter der Militärkanzlei II, Oberst Dr. Bardolff, am 2. Juli in Schönbrunn erschien, um dem Kaiser den Hergang des Attentats als Augenzeuge zu schildern, fragte Franz Joseph etwas leiser als gewöhnlich: „Und wie hat sich der Erzherzog gehalten?" – „Wie ein Soldat Eurer Majestät." Das sei vom Erzherzog auch nicht anders zu erwarten gewesen, erwiderte Franz Joseph nachdenklich und fragte dann unvermittelt mit seiner normalen Stimme: „Und wie waren die Manöver?"

Während des Krieges verließ er das Schloß immer seltener, die Hofburg verwaiste allmählich. Der Kaiser speiste fast nur mehr an seinem Schreibtisch, die Schönbrunner Familiendiners hörten auf, obwohl Valeries ältere Tochter Elisabeth-Ella mit ihren Kindern beim Großvater wohnte und ihm die Wärme eines Familienlebens bot; die Urenkelinnen durften sogar im Schreibzimmer Franz Josephs mit ihren Puppen spielen, wenn niemand angemeldet war. In den nordseitigen Räumen war es auch während der schönen Jahreszeit kalt, aber der Kaiser weigerte sich, die gewohnten Zimmer gegen andere zu vertauschen. Reparaturen wären nötig gewesen, er winkte ab. Und als ihn Valerie einlud, die Weihnachtsfeiertage 1915 bei ihr in Wallsee zu verbringen, verweigerte er dies voll Empörung, obwohl er dringend Erholung gebraucht hätte. Ein „Friedensurlaub"? Jetzt, in so schwerer Zeit? Unmöglich.

Was sich noch an offiziellen Szenen in Schönbrunn ereignete – Besuche, Audienzen, Unterredungen –, erscheint aus dem Blickwinkel von heute wie ein unheimlicher Reigen aus den Schatten des Totentanzes, der in ganz Europa begonnen hatte. Der Kaiser war am 29. Juli 1914 aus Ischl nach Schönbrunn zurückgekehrt, er hatte die Entscheidung über die Mobilisierung für den Kriegsfall B (Serbien, Montenegro) in seiner Villa getroffen, den Text des Manifestes gebilligt und unterschrieben, es wurde umgehend veröffentlicht: „Ich habe alles geprüft und erwogen. So muß ich denn daran schreiten, mit Waffengewalt die unerläßlichen Bürgschaften für den Frieden und die Ruhe meiner Völker zu schaffen." Am 30. kommen Außenminister Graf Berchtold und Feldmarschall Conrad, sie drängen auf die allgemeine Mobilmachung. Tags darauf informiert Wilhelm II. seinen Verbündeten, er habe für die

Mobilmachung des deutschen Heeres den 2. August bestimmt. Am 1. August dankt ihm Franz Joseph für die „herzerfreuende Mitteilung" und spricht von Verhandlungen, „die auf eine weitere Teilnahme italienischer Truppen am Dreibundkriege abzielen". Wilhelm bittet, die Hauptkraft Österreichs sofort gegen Rußland einzusetzen, sich nicht im Kampf mit Serbien zu zersplittern.

Die folgenden Wochen sind mit unzähligen Vorsprachen, Beratungen und dem Empfangen beziehungsweise Beantworten von Depeschen ausgefüllt. Den 18. August dieses Jahres, seinen Geburtstag, verbringt der Kaiser zum erstenmal in aller Stille. Er empfängt ein Glückwunschtelegramm von General Averescu, dem Chef des rumänischen Generalstabs, das von den Erschütterungen spricht, „die allen Kriegen, selbst den glücklichsten, eigen sind" und die es zu ertragen gelte. Franz Joseph zweifelt längst an einem guten Ausgang, für ihn „deutet schon jetzt alles auf das Gegenteil hin", Anfangserfolge können ihn in seinem Pessimismus ebensowenig beirren wie die Siege,

Kaiser Franz Joseph vor dem Sternbassin im Schloßpark. Photomontage aus der Zeit der Jahrhundertwende.

die noch kommen. Ein Jahr vergeht. Ende November 1915 kommt der deutsche Kaiser zu Besuch, strahlend vor Zuversicht. Während der Unterredung der Monarchen klopft Generaladjutant Graf Paar bei den Herren der Suite auf den Busch, ob man nicht vielleicht in günstiger Lage Frieden schließen sollte. Aber Wilhelms Gefolge entgegnet mit gönnerhafter Siegessicherheit, daß General Falkenhayn „noch Großes, Verblüffendes" vorhabe. Seinen nächsten Geburtstag, den letzten, verbringt Franz Joseph wieder still im Familienkreis. Nach der Messe in der Kapelle stimmt man die Kaiserhymne an, zugleich stellvertretend für die Hymne des deutschen Verbündeten; es folgt das „Heil dir im Siegeskranz", dann das bulgarische „Schumi Maritza", dann die türkische Hymne, und Feldmarschall Krobatin, der an der Feier teilnimmt, meint sarkastisch, wenn die feindlichen Alliierten gleichfalls alle ihre Hymnen hintereinander spielen und absingen wollten, so käme man unter einer Stunde nicht weg.

Es wird November, der Totenmonat. Der Krieg wird noch zwei lange Jahre dauern, aber die Lebensuhr des Mannes, in dessen Machtbereich er – gleichsam am Rande – durch zwei Revolverschüsse ausgelöst worden ist, läuft ab. Schon am Vorabend seines Todes zeigen sich bei Franz Joseph Anzeichen von Verwirrung und Erschöpfung. Im Morgengrauen des 21. November frühstückt er, nachdem er zuvor kommuniziert hat. dann arbeitet er bis halb zwölf. Für diese Stunde sind Thronfolger Erzherzog Karl und Gemahlin angesagt. Der Kaiser empfängt sie und entschuldigt sich bei der Erzherzogin vielmals, daß er sie, die Dame, im Sitzen empfangen muß. Er freut sich über das siegreiche Vorgehen der Truppen in Rumänien, von dem man ihm berichtet hat. Nach dem Mittagessen, am Schreibtisch eingenommen, stellt sich hohes Fieber ein. Franz Joseph wird von Schlaf übermannt, die Feder entfällt ihm. Leibarzt Dr. Kerzl telephoniert mit Erzherzogin Valerie. Sie kommt, erschrickt über die vielen Menschen, die sich im Vorzimmer eingefunden haben. Sie erinnert sich an einen Ausspruch des Vaters vor dem Ableben des Erzherzogs Rainer: „Es ist schrecklich, wenn dem armen Sterbenden so viele zuschauen." Der

HOCHBEFRIEDIGT WEISS ICH DIE WÜNSCHE MEINER WEHRMACHT ZU SCHÄTZEN DIE SIE LIEBER FELDMARSCHALL SOEBEN IN ERGREIFENDEN WORTEN MIR AUSGESPROCHEN HABEN. AUS GANZER SEELE DANKE ICH IHNEN U. ALLEN KRIEGSLEUTEN BIS ZUM JÜNGSTEN SOLDATEN. MEIN HERZLICHSTER DANK U. GRUSS DRINGE IN ALLE FERNE ZU MEINEN BRAVEN SCHÖNBRUNN AM VORTAGE DES GEBURTSTAGES SR. K U K APOST MAJESTÄT DES KAISERS U KÖNIGS F J I 1915.

Feldmarschall Conrad von Hötzendorf gratuliert Kaiser Franz Joseph zum 85. Geburtstag. Gemälde von H. Temple.

Kaiser arbeitet noch bis vier Uhr im Fauteuil, den er sich an den Schreibtisch rücken ließ, dann erst – nach der letzten Unterschrift – ordnet er seine Akten, klappt die Mappe zu und versperrt sie. Seine Wangen sind dunkelrot. „Oh, schlecht, sehr schlecht", antwortet er auf Valeries Frage, wie es ihm gehe. Er erzählt ihr, daß er kommuniziert und daß Nuntius Seydl ihm den Segen des Papstes überbracht habe. Dann gibt er dem Drängen des Arztes nach und geht endlich zu Bett, zwei Stunden vor der gewohnten Zeit. Sein Gebet kann er nur mehr sitzend verrichten. „Ich habe noch viel zu arbeiten", sagt er. Kammerdiener Ketterl entkleidet ihn. Ob er noch Befehle habe, fragt er den Kaiser. Franz Joseph will pünktlich um halb vier Uhr früh geweckt werden. Wie immer. Das soll Ketterl nicht versäumen.

Hofrat Kerzl verabreicht dem Patienten eine Koffeinspritze. Um halb neun Uhr abends – der Ehrenhof hat sich indessen mit Menschen gefüllt – empfängt der Kaiser die letzte Ölung. Um neun Uhr schließt er die Augen für immer. „Ich höre nichts mehr", sagt Dr. Kerzl, der dem Sterbenden den Puls gefühlt und auf seinen Atem gehorcht hat. Weinend sinkt Erzherzogin Valerie am Soldatenbett des geliebten Vaters nieder. „Et lux perpetua luceat ei", murmelt der Priester.

Die Tür zum Schreibzimmer wird geöffnet, die Trauernden treten ein, die engere Familie, dann der neue Kaiser mit Kaiserin Zita. In einer Ecke steht ruhig und bescheiden, als gehörte sie nicht dazu, die „gnädige Frau", wie man sie all die Jahre her bei Hof und auch sonst überall genannt hat: Katharina Schratt. Obwohl Obersthofmeister Fürst Montenuovo sie sofort angerufen und ihr die Trauernachricht übermittelt hat, sieht es jetzt ganz so aus, als wollte man sie nicht zum Toten hineinlassen, niemand beachtet sie, niemand fordert sie auf.

Da löst sich Kaiser Karl von der Seite seiner Frau und geht auf die Wartende zu. Hatte diese alte Dame nicht längst wie eine Hausfrau gewaltet? Hatte sie dem Verstorbenen nicht Blumen geschickt, wenn sie ihn niedergedrückt wußte? Hatte sie ihm nach ermüdenden Veranstaltungen nicht oft Champagner und einen Imbiß ins Schlafzimmer stellen lassen? Waren sie miteinander in Zivil spazierengegangen, dann hatte sie ihm manchmal den Hut zurechtgerückt, und zu Lebzeiten der Kaiserin, deren Räume auch in strengen Wintern übermäßig gelüftet wurden, hatte sie da nicht einen wärmenden Umhang vor das Appartement hinhängen lassen, damit der Freund ihn beim Eintritt dort umnehmen konnte? . . . Kaiser Karl bietet der „gnädigen Frau" den Arm und führt sie in das Sterbezimmer. Sie hat zwei weiße Rosen mitgebracht, die legt sie dem Toten auf die Brust. Und nachdem man ihm die Feldmarschalluniform angezogen hat – weißer Waffenrock, rote Hosen mit goldenen Borten –, liegen die Rosen wieder auf der Brust des Toten, neben dem Hausorden und den vier erzenen Medaillen, die Franz Joseph immer trug. Die Totenwache aus Gardeoffizieren zieht auf. Im Morgengrauen wird das Schloß geöffnet, die Menschen dürfen vom Hof, von der Straße hereinkommen und Abschied nehmen. Sie kommen in Scharen, halb Wien pilgert während dieser Tage nach Schönbrunn. Endlich bettet man Franz Josephs sterbliche Hülle in den Kupfersarg, und am 27. November verläßt der Gala-Leichenwagen, von acht Rappen gezogen und von den Garden begleitet, das Schloß. Tausende säumen die Straßen bis zur Hofburg. Dort, in der Burgkapelle, wird der Tote auf das Schaubett gehoben und bleibt nochmals für drei Tage aufgebahrt. Während dieser Zeit verfällt das jedermann so vertraute Gesicht bis zur Unkenntlichkeit; die Ärzte haben beim Einbalsamieren nach der modernen Paraffinmethode irreparable Fehler begangen.

Die Wiener Zeitung ist noch am Abend des Todestages mit der Nachricht vom Hinscheiden des Monarchen herausgekommen. An die nüchterne Meldung schloß sich der wohlvorbereitete Nachruf: „Der Genius des Vaterlandes neigt in Trauer sein Haupt . . . Düstere Klage erfüllt alle Lande der Monarchie und unermeßliche Trauer vereinigt das Allerhöchste Kaiserhaus mit den Völkern . . . Unlösbar geeint, werden sie heut' und allezeit einstehen für den Glanz der Krone, für den Bestand und die Sicherheit der Monarchie, für den Ruhm und die Größe des Vaterlandes . . ."

Mit Tiraden wie diesen wurden alle Nationalitäten der Doppelmonarchie, ohne Juden und Zigeuner waren es elf, reichlich versorgt. Bei ein paar Millionen vertrauensseliger Patrioten werden sie zu diesem Zeitpunkt noch den beabsichtigten Schauer und die erwünschte Zustimmung ausgelöst haben. Für den Leser von heute klingen sie wie nackter Hohn.

Finale im Chinesischen Salon

Karl I. und Kaiserin Zita

Spätherbst 1918. Das Schloß ist geblieben, wie es bei Franz Josephs Tod gewesen war. Es ist unverändert. Auch die fünfzig Tonnen Kupferdach, die man für Rüstungszwecke abmontieren und durch Eisenblech hatte ersetzen wollen, sind noch an ihrem Platz, die diesbezügliche Verordnung schläft in irgendeiner Büroschublade. Nur die Gloriette, von Realis als Aussichtsgalerie, Ruhmestempel, durchsichtiger Säulenpalast und überirdischer Glasschrank gepriesen – sie war bis in die zwanziger Jahre mit Fensterscheiben versehen –, bietet seit Kriegsmitte einen ungewohnten Anblick durch zwei Maschinengewehrnester an beiden Enden; sie sollten feindliche Flieger abwehren. Es kamen bis zuletzt keine.

Die geplante Adaptierung einiger Räume des Westflügels für das neue Herrscherpaar Karl und Zita blieb auf die Installation von zwei Badezimmern und etliche neue Wandbespannungen beschränkt; es war Krieg, man begnügte sich mit dem Vorhandenen und improvisierte im übrigen. In der Hofburg hielt man es ebenso. Außerdem war der junge Monarch ohnehin viel auswärts, reiste häufig nach Ungarn, inspizierte, je länger der Krieg dauerte, desto öfter die verschiedenen Frontabschnitte, weilte beim Armeeoberkommando in Baden, suchte den verbündeten deutschen Kaiser auf; unruhige Jahre, während welcher sich die Niederlage der Mittelmächte und der Untergang Österreich-Ungarns immer mehr als unabwendbar abzeichnete.

Am Nachmittag des 2. November 1918 schreiten fünf Herren in dunkler Kleidung über die Blaue Stiege zu den Kaiserappartements hinauf; es sind die Vorsitzenden der drei größten politischen Parteien Österreichs, unter ihnen Dr. Viktor Adler, Armenarzt, prominentester, mehrmals zu Kerkerhaft verurteilter Sozialdemokrat, Gründer der „Arbeiter-Zeitung", Mitglied der Provisorischen Nationalversammlung und Staatssekretär für Äußeres. Im Reichsrat, dem er seit 1905 angehört, hat er vor genau einem Monat zugleich mit seiner Absage an den Habsburgerstaat ein Bekenntnis zu den Ansprüchen der einzelnen Glieder dieses Nationenverbandes auf Eigenstaatlichkeit abgelegt. Nun sieht er sein ersehntes Ziel, die Republik, greifbar vor sich und leidet bei dem Gedanken, die Ausrufung des neuen Staates vielleicht nicht mehr zu erleben; er ist todkrank.

Auf dem Treppenabsatz wird Adler von einer Herzattacke befallen, er muß gestützt werden. Kaiserin Zita, die man herbeigerufen hat, will dem schwer Atmenden ein Glas Kognak reichen lassen. Dr. Adler wirft ihr durch die randlosen Brillen einen ironischen Blick zu und fragt: „Wollen Sie mich umbringen?" Die Kaiserin, die es gut gemeint hat, konnte nicht wissen, daß ihm jeder Alkoholgenuß strengstens verboten war.

Adlers trockene Frage ließ deutlich genug den Umschwung erkennen, der sich vollzogen hatte: der Untertan und Abgeordnete sah in der Majestät nur mehr die „Bürgerin Habsburg" und erwiderte ihr dementsprechend.

Nachdem Adler sich erholt hat, setzen die Herren ihren Weg durch die Repräsentationsräume bis zum Blauen Chinesischen Salon fort, wo Kaiser Karl I. sie mit zwei Adjutanten erwartet.

In diesem kleinen Saal, den man wegen seiner diagonal angebrachten beiden Türen schräg durchschreiten muß, er wirkt wie eine Art Durchgangszimmer, stand einst ein Thronsessel mit Baldachin; zu Maria Theresias Zeit und später fanden hier Audienzen statt. Im Zuge der Aufteilung in Repräsentationsräume und Fremdenzimmer um die Mitte des vorigen Jahrhunderts verschwand der Thron; an seine Stelle trat, wie fast überall im Schloß, Mobiliar des „Zweiten Rokoko", auch Blondel'sche Möbel genannt nach dem Architekten und Dekorateur Ludwigs XV., der diesen Stil geschaffen hat.

Die Täfelung im Chinesischen Salon – nicht zu verwechseln mit dem Chinesischen Rundkabinett westlich der Kleinen Galerie – ist aus Nußholz, Hohlkehle und Plafond haben schwer vergoldeten Stuckdekor; von der Decke hängen drei Kristalluster. Die Wände zwischen den Lambris und dem Gesims sind mit „indianischen" Papiertapeten tapeziert, aus deren Blumendessin achtzehn ovale und ebensoviele rechteckige Illustrationen hervortreten, Alltagsszenen aus dem Fernen Osten, wie das achtzehnte Jahrhundert sie liebte. Der Fond dieser Bilder, dem der Salon seinen vollen Namen verdankt, ist ein tiefes Nachtblau, darin die Gesichter wie blasse Monde oder Lampions zu schweben scheinen; erst aus nächster Nähe enthüllen sich die dazugehörigen Figuren. Was für ein sonderbarer Kontrast zu den primitiven frühmittelalterlichen Räumlichkeiten in dem schmucklosen schweizerischen Festungsbau am Zusammenfluß von Reuß und Aare, von welchem das Geschlecht der Habichtsburger seinen Ausgang nahm. Dort trafen sie um das Jahr 1020 ihre ersten administrativen, finanziellen, politischen und militärischen Entscheidungen – hier, im Blauen Chinesischen Salon von Schönbrunn, fordern jetzt fünf dunkelgekleidete Zivilisten vom letzten regierenden Habsburger nach 645jähriger Königs- und Kaiserherrschaft Entscheidungen, die den Abgang der Dynastie von der Weltbühne einleiten.

In der Nordostecke des Raumes steht ein wuchtiger vergoldeter Tisch, dahinter ein breites Sitzmöbel, auf dem Kaiser Karl zwischen den Adjutanten Platz nahm. Für die fünf Emissäre des am 30. Oktober gebildeten Staatsrates, der als „Deutsch-Österreichische Regierung" unter Dr. Karl Renner neben der drei Tage vorher vom Kaiser berufenen Regierung Lammasch-Seipel-Redlich („Liquidationsministerium") anerkannt war, gruppierte man die nötigen Fauteuils vor dem Tisch.

In Böhmen und Ungarn war der Umsturz, völlig unblutig, bereits vollzogen, Karls Hoffnungen, Österreich als Ganzes auf einer Friedenskonferenz zu retten, waren zunichte. Jetzt ging es um die Frage des Waffenstillstandes an der Südfront, um die tags zuvor von Italien geforderte Kapitulation und Demobilisierung von zwanzig Divisionen und die freie Besetzung strategischer Punkte am Brenner durch italienische Truppen. Karl wollte unbedingt vermeiden, daß das verbündete Deutschland von österreichischem Territorium aus angegriffen würde, und war entschlossen, den Kampf gegen Italien notfalls allein, auf eigene Verantwortung weiterzuführen.

Die fünf Politiker wollen Deutschland, an das der verbleibende Rest Österreichs nun doch bald angeschlossen werden soll, ebenfalls geschont wissen, aber nichts von neuem Blutvergießen hören.

Wie die Herren sich das dächten, will Karl wissen. Dr. Adler wird ungeduldig. „Wir haben den Krieg nicht angefangen", sagt er scharf und erklärt, daß der Staatsrat keinerlei Verantwortung für die Art seiner Beendigung übernehmen werde, das sei ganz allein Sache des Monarchen.

„Ich wollte ja aufhören", erwidert der Kaiser und streift die Politiker mit einem kurzen, vorwurfsvollen Blick, „aber Sie haben mich nie unterstützt." Hierauf bittet er seine Besucher, sich für eine Weile in ein anderes Zimmer zu begeben, er habe Wichtiges zu erledigen. In diesem anderen Zimmer fällt dann zum erstenmal das Wort Abdankung, Dr. Adler hat es ausgesprochen.

Der Kaiser setzt sich mit seiner Regierung in Verbindung und berät sich mit der Kaiserin, seiner engsten Vertrauten in politischen wie militärischen Fragen. Dann bittet er die fünf Herren wieder in den Salon. Es ist sechs Uhr abends geworden. Dr. Adler beharrt auf seinem Standpunkt: keine Beteiligung des Staatsrates an den Waffenstillstandsverhandlungen. Man werde am nächsten Tag um zehn Uhr das Plenum der Deutsch-Österreichischen Nationalversammlung in diesem Sinne in Kenntnis setzen.

Nichts hatte dieser letzte Habsburgerkaiser – nach dem Urteil von Anatole France „der einzige anständige Mensch, der sich während des Krieges an entscheidender Stelle befand" – seit seiner Thronbesteigung unversucht gelassen, um den Krieg zu beenden, die Einheit der Monarchie zu erhalten. Und wenn schon die jenseitige Reichshälfte schmerzlich lautstark nach Eigenständigkeit verlangte, so wollte er wenigstens die diesseitige in ein föderatives Großösterreich verwandeln, das alte Gebilde moderner gestalten. Um endlich Frieden zu bekommen, hatte er sich nicht gescheut, hinter dem Rücken Wilhelms II. Kontakte mit Frankreich aufzunehmen in dem Bestreben, die Diplomatie eines Kaunitz zu wiederholen, die aktuellen Bündnisstrukturen Europas umzukehren. Als die Sache ans Licht kam, trat er, innerlich aufrecht, die „Sühnefahrt" nach Spa an, ins Hauptquartier des Verbündeten, steuerte fortan wieder auf deutschem Kurs und mußte immer ohnmächtiger zusehen, wie die Tschechen, Polen, Ungarn, Kroaten, Slowenen und Ukrainer nacheinander von ihm abfielen, von ihm, der sich als Sachwalter einer dem Imperium Romanum gleichkommenden Dachorganisation für sie alle verantwortlich fühlte. Von Machtstreben konnte man eventuell drei Jahre später bei seinen mißglückten Restaurationsversuchen in Ungarn reden, jetzt sicher nicht.

Auch der Abfall der Erblande stand unmittelbar bevor. Durch den Mund der Parteien sagten sie sich von ihm los. Die Sozialdemokraten hatten seit Generationen kein Hehl aus ihrer Abneigung gegen Habsburg gemacht, und die Christlichsozialen begannen bereits zu schwanken und sich in zwei Lager zu spalten. Schließlich war es der Kardinal-Erzbischof von Wien selbst, der zum Verzicht riet, dessen Formulierung der Sozialdemokrat Renner und der Prälat Seipel gemeinsam besorgten.

Um 21.15 Uhr dieses 2. November fand in Schön-

Kaiser Karl I. mit seiner Gemahlin Zita und den Kindern Adelheid (links) und Otto.

brunn der letzte Kronrat statt. Sämtliche Minister der Regierung Lammasch waren anwesend, ein legales und dennoch ein Schattenkabinett. Von Außenpolitik oder Geldwirtschaft zu reden, wäre jedermann als Farce erschienen; Hunger, Waffenmangel, Krankheit, Insubordination, Fahnenflucht schwächten große Teile der Front, von 57 Divisionen hatten nur mehr 38 ihre Sollstärke, der Rest war auf die Hälfte bis ein Viertel zusammengeschmolzen; Ungarn war ausgeschieden und ohne Regierung, Graf Károly rief die Truppen auf, nur noch die heilige Stefanskrone zu verteidigen, sonst nichts, Statthalter Erzherzog Joseph, der „homo regius", hatte den Kaiser telephonisch beschworen abzudanken, er fühle sich sonst samt seiner Familie nicht mehr sicher, und knapp vor Beginn des Kronrates rief ein sozialdemokratischer Oberst aus Budapest an und forderte den König auf, den für die ungarischen Truppen bestimmten Befehl zur Feuereinstellung zu bestätigen, damit das AOK ihn endlich an die noch immer Kämpfenden weiterleite. Karl weigerte sich. Aber der Anrufer ließ nicht locker, und noch bevor die Teilnehmer am Kronrat ihre Plätze einnahmen, ging der Befehl hinaus.

Das Telephon schrillt in dieser Nacht noch oft. Innenminister Geyer ruft an und meldet, die Gefahr für die Kaiserfamilie erhöhe sich von Stunde zu Stunde, er könne für ihre Sicherheit kaum mehr garantieren. Polizeipräsident Schober rät dringend, Wien noch während der Nacht zu verlassen, Tausende Arbeiter marschierten auf Schönbrunn. Die Offiziere der Garde bestürmen den Kaiser zu bleiben. Um Mitternacht wird ein Ermächtigungstelegramm an General Weber in Parma abgefaßt: er soll über einen Waffenstillstand verhandeln, aber Deutschland darf vom Feind nicht angegriffen werden. Frommer Wunsch eines frommen Monarchen. Dabei wird ohnehin nirgends mehr gekämpft. Um halb fünf Uhr früh meldet Schober, die Gefahr für Schönbrunn habe sich verringert, die Massen hätten sich anderen Zielen zugewendet. Um sechs Uhr begibt sich das Kaiserpaar mit den Kindern und dem Hofstaat in die Schloßkapelle zur Frühmesse.

Ein Telegramm an General Weber nach Padua, dem Ort der Verhandlungen, mit den Annahmebedingungen für den Waffenstillstand und der Weisung zur Feuereinstellung, wird aufgesetzt, General Arz und Ministerpräsident Lammasch sollen versuchen, die Beteiligung des Staatsrates doch noch zu erwirken. Sie begeben sich mit dem Text der Depesche ins Parlament, treffen dort nur die Abgeordneten Seitz und Bauer, erfahren von ihnen, daß die Sitzung für 10 Uhr anberaumt ist. Das Telegramm wird zurückgehalten und erst freigegeben, als die Nachricht eintrifft, die Truppen hätten das Feuer bereits selber eingestellt. Denkwürdige Sentenz des Kaisers: „Wenigstens wird an dieser Front kein Soldat mehr fallen." General Weber verhandelt in Padua, die Italiener gewinnen Zeit, greifen auf der ganzen Front ohne echte Gegenwehr „siegreich" an.

Am 4. November begeht man in Schönbrunn denkbar bescheiden den Namenstag des Kaisers, wie Karl VI. ist auch er auf den hl. Borromäus getauft. Im Parlament entbrennen heftige Debatten für und gegen Habsburg. Am 6. werden die Soldaten der Italienfront vom Kaiser in aller Form demobilisiert, am 8. begibt sich Lammasch mit anderen Mitgliedern der völlig funktionslos gewordenen kaiserlichen Regierung nach Schönbrunn: die Minister möchten „wenigstens selber demissionieren dürfen", ein Wunsch, den sie schon anläßlich des Waffenstillstandes mit Italien geäußert haben. Wie damals bittet der Kaiser sie auch jetzt, an seiner Seite zu bleiben. Josef Redlich, letzter k. k. Finanzminister, schildert die Atmosphäre dieser Stunde in seinen politischen Erinnerungen: „Der herrliche Blick aus dem Adjutantenzimmer in den Park stimmte mich nicht freudig, ich hatte das Gefühl, an einer Szene einer historischen, aber nicht großartigen Tragödie teilzunehmen ... In dem Adjutantensaal die reizende Gräfin Bellegarde, die selbst wie eine leibhaftige Rokoko-Marquise über das Parkett schreitet, und die eleganten diensttuenden Offiziere, und über dem ganzen ein Hauch des Vergehens, des Verfalls, zugleich feinster, wenn auch müde gewordener Kultur. Wird das, was sich hier bald breitmachen wird, diese Kultur verstehen und fortbilden können?"

Gleich einem Gespenst aus Vormärztagen ist völlig unerwartet die fast neunzigjährige Prinzessin Melanie Metternich erschienen, die Tochter des allmächtigen Staatskanzlers, die Franz Joseph damals, an seinem fünften Geburtstag, im Park von Schönbrunn so ritterlich mit einem Stück Kuchen beteilt hat. Sie begibt sich unangemeldet, Besucherbuch gibt es längst keines mehr, zu Kaiserin Zita und bittet diese, dem Kaiser zu sagen, daß Revolutionen stets Überschwemmungen glichen, deren Wasser eines Tages zurückflute, „und das Land kommt wieder hervor".

Am 9. November, dem Tag, an welchem die Präsidenten der Nationalversammlung Dr. Renner und Karl Seitz die Vorlage des Gesetzentwurfes für die Proklamation der Republik durchsetzen und Dr. Adler im Staatsrat seine letzte Rede hält, trifft die Nachricht von der Flucht Wilhelms II. nach Holland ein, das verbündete Deutschland ist Republik geworden. Am 10. November um 6 Uhr früh – es ist Sonntag, die Öfen im Chinesischen Salon und den benachbarten Räumen sind glühend heiß geheizt, trotzdem zittert der Kaiser vor innerer Kälte und Übernächtigkeit – erstatten die politischen Parteien ihren Lagebericht. Wenig später begibt sich Kardinal Piffl, Wiens Oberhirte, ins Parlament, unterrichtet sich über die Einstellung der Christlichsozialen und empfiehlt dem Monarchen, der Übergabe der Regierungsgeschäfte an das Volk zuzustimmen.

Karl ist bereit zu verzichten; zu verzichten, aber nicht abzudanken, er übergibt die Macht, nicht die Krone, „die ich von Gott übertragen bekommen habe". Am Montag zur vereinbarten Stunde, 11 Uhr, erscheinen Ministerpräsident Lammasch und Innenminister Geyer mit dem vorbereiteten Manifest. Arbeitermassen sind vor Schönbrunn noch immer keine eingetroffen, aber Geyer kündigt sie für den Nachmittag an. „Ihre Getreuen und Sie werden samt Ihrer Familie fallen", erklärt er und drängt den Kaiser zu unterzeich-

nen, das Manifest muß um 12 Uhr mittags im Parlament proklamiert und bis 15 Uhr gedruckt veröffentlicht sein. Karl will es wenigstens in Ruhe lesen dürfen, „wie können Sie sonst erwarten, daß ich es unterschreibe?" Er begibt sich mit dem Papier in der Hand lesend aus dem Chinesischen Salon drei Räume weiter, ins Porzellanzimmer, das ehemalige Spiel- und Arbeitskabinett Maria Theresias. Dort will er sich mit der Kaiserin und seinem Privatsekretär Werkmann beraten. Es wird 11.10 Uhr. Die zwei Minister verfolgen den Kaiser buchstäblich von Zimmer zu Zimmer. Zita überfliegt den Text, hält ihn für eine Abdankung und protestiert heftig: „Ein Herrscher kann niemals abdanken. Er kann abgesetzt und seine souveränen Rechte können für erloschen erklärt werden. Nun gut, das ist eben Gewalt. Aber abdanken? Niemals, niemals, niemals! Ich will lieber an deiner Seite fallen, dann ist immer noch Otto da; und selbst wenn wir alle hier getötet werden, so gibt es immer noch andere Habsburger ..."

Ruhiger geworden, liest Zita das Dokument genau durch und nimmt endlich den Verzicht ihres Gatten „auf jeden Anteil an den Staatsgeschäften" zur Kenntnis und, daß er jede Entscheidung Deutsch-Österreichs über seine künftige Staatsform respektieren werde.

Karl unterschreibt. Er tut es seltsamerweise mit einem Bleistift. Dann reicht er das Blatt den beiden Herren, die es hastig an sich nehmen und zu ihren Automobilen eilen. Es wird still. Der englische Historiker Gordon Brook-Shepherd, den die Exkaiserin Jahrzehnte später über jene dramatischen Tage und Stunden ausführlich unterrichtet hat, bezeichnet Schönbrunn ab diesem 11. November 1918 als „eine großartige Belanglosigkeit". Es ist *sein* Urteil.

Während Karl noch einen bangen halben Tag warten muß, ehe er das Schloß verlassen kann, dessen Hausherr im soliden Sinn des Wortes er nicht mehr sein durfte, alles und jedes trug von vornherein den Stempel der Episode, stirbt in der Mariannengasse 20 in Wien Dr. Viktor Adler, einen Tag vor Ausrufung der Republik.

Die Straßen der Stadt sind von erregten Menschen blockiert, erst in den Abendstunden kommen die von Dr. Schober zur Verfügung gestellten Autos bis Schönbrunn durch. Karl hat die letzte schwarz-gelbe Regierung aus dem Amt entlassen, hat noch einige Ordensverleihungen vorgenommen und zwei Ministerpensionen ausgesetzt. Dann hat die Familie in der Kapelle um ihre Rückkehr gebetet. Jetzt besteigen sie die Fahrzeuge und verlassen durch das Meidlinger Tor, vorbei an der Orangerie, wo einst die alte Kattermühle stand, den Schloßbereich, Richtung Eckartsau. Die blutjungen Kadetten aus Traiskirchen und die Militärakademiker aus Wiener Neustadt, die gekommen sind, um ihren Kaiser zu beschützen, können gerade noch seine Dankes- und Abschiedsworte entgegennehmen.

Im Morgengrauen durchsuchen bereits Einbrecher das Schlafzimmer der Kaiserin nach Schmuck, und am Vormittag stellen sich die ersten Plünderer ein und machen sich über das Küchengeschirr, das Tafelporzellan und die Bestecke her.

Als Graf Radbot zu Anfang des elften Jahrhunderts im Aargau die Habichtsburg erbaute, verzichtete er auf Wall und Graben, nicht einmal einen Wehrturm soll es gegeben haben. Als ein befreundeter kriegskundiger Bischof ihn darob tadelte, ließ Radbot sein tapferes Fußvolk und seine Panzerreiter rund um die Burg in dichten Reihen Aufstellung nehmen: das sei ein wirksamerer Schutz als alle Befestigungswerke. Die Sage, von Simrock später in Reime gebracht, überliefert die Erwiderung des Bischofs wie folgt:

„An solche Mauern halte dich!
Nichts ist so fest
Als Treue, die nicht von dir läßt.
So schütze Habsburg fort und fort
Lebendiger Mauern starker Hort . . ."

Karl, der letzte Habsburgerkaiser, den viele „Karl den Plötzlichen" nannten, weil er seine Entscheidungen oft überstürzte und gern per Telephon weitergab, hatte während des Schönbrunner Finales nicht einmal mehr eine intakte Leibwache. Die ungarische Gardekompanie war schon am 2. November abmarschiert. „Der König ist ja nicht mehr da", sagten die Soldaten, obwohl sich Karl für jeden von ihnen sichtbar im Kammergarten zeigte. Außer den Offizieren, die bis zuletzt auf dem Posten blieben und schließlich die Bewachung der entblößten Tore übernahmen, „verabschiedeten" sich auch die österreichischen Gardesoldaten einzeln oder gruppenweise. Kaiserin Zita hat später im Fernsehen launig von einer Hellebarde erzählt, die auf einmal herrenlos in einer Ecke des Zeremoniensaales lehnte, als sie diesen durchschritt. Der Gardist war einfach heimgegangen und hatte die Waffe dem Kaiser zurückgelassen.

Treue Regiments- und Bataillonskommandeure wollten ihrem Kriegsherrn zu Hilfe eilen, doch ihre Leute verkrümelten sich schon auf den Bahnsteigen oder unterwegs. Frontoffiziere, die mit noch intakten Truppen bis nach Schönbrunn gelangten, um hier für Habsburg zu kämpfen, wurden auf Befehl des Monarchen vor dem Schloß abgefangen. „Nur keinen Bürgerkrieg, lieber verzichte ich auf alles", lautete seine Order. Sie entsprach dem Geist, der ihn bis zuletzt beseelte, als er im Exil auf Madeira verlangte, man möge seinen ältesten Sohn, den ehemaligen Kronprinzen, an sein Bett bringen, damit er sehe, „wie ein Christ stirbt". –

Was seit damals mit Schönbrunn geschah und geschieht, was es an baulichen Veränderungen, Umwidmungen, technischen Ergänzungen und Erneuerungen, was es an Festlichkeiten, Staatsempfängen, künstlerischen Veranstaltungen und Filmaufnahmen in Schloß und Park erlebt hat und weiterhin erleben wird, gehört einer anderen Zeit an, ist nicht mehr Bestandteil seiner eigentlichen Welt.

Am 25. Februar 1945 verwüsteten 269 amerikanische Bomben das Gelände; auch Teile des Schlosses wurden zerstört. Vor Jahrhunderten war hier ein idyllischer Meierhof im Wienerwald. In gewissem Sinne ist das Idyll wiedergekehrt. Jetzt freilich als ein Museums-, ein Garten-, ein Theater- und für 280 Mietparteien als Zinshausidyll.

Personen- und Sachregister

Literaturhinweise

BRAUN VON BRAUNTHAL,
    KARL JOHANN. Napoleon I.
    in Wien. Wien 1860
BRAUN VON BRAUNTHAL, KARL JO-
    HANN. Napoleon II. Prag 1860
BROOK-SHEPHERD, GORDON. Um
    Krone und Reich (Kaiser Karl I.).
    Wien–München–Zürich 1968
CASTELOT, ANDRÉ. Der Herzog von
    Reichstadt. Wien 1960
CORTI, EGON CAESAR CONTE. Elisa-
    beth. Graz 1934
CORTI, EGON CAESAR CONTE. Ich,
    eine Tochter Maria Theresias (Ma-
    ria Karoline von Neapel). Mün-
    chen 1950
CORTI, EGON CAESAR CONTE. Vom
    Kind zum Kaiser (Kaiser Franz Jo-
    seph I.). Graz 1950
CORTI, EGON CAESAR CONTE. Mensch
    und Herrscher (Kaiser Franz Jo-
    seph I.). Graz 1951
CORTI, EGON CAESAR CONTE – SOKOL,

HANS. Der alte Kaiser (Kaiser
    Franz Joseph I.). 1955
CZEIKE, FELIX. Jetzt hat's mir die Red'
    verschlagen! Beitrag über Kaiser
    Franz Joseph und Katharina
    Schratt. In: Wiener Bezirks-
    Illustrierte. Wien 1979/2
CZEIKE, FELIX. Das große Groner
    Wien-Lexikon. Wien 1974
FEUCHTMÜLLER, RUPERT. Kunst in
    Österreich. Band 2. Wien 1973
FITZINGER, LEOPOLD JOSEF. Versuch
    einer Geschichte der Menagerien
    des österreichischen kaiserlichen
    Hofes. Wien 1853
GLASER, JOSEF. Schönbrunner Chro-
    nik. Versuch einer bau- und wohn-
    geschichtlichen Dokumentation
    über 4 Jahrhunderte. Wien 1976
HAJOS, GEZA. Schönbrunn. Wiener
    Geschichtsbücher, Band 18. Wien
    1966
HENNINGS, FRED. Maria Theresia und

das Schloß Schönbrunn. Lichtbil-
    dervortrag (Universität Wien
    1965), Langspielplatte Pl. Nr.
    AVRST 1059, Amadeo. Wien
    1965
HENNINGS, FRED. Und sitzet zur lin-
    ken Hand (Franz Stephan von
    Lothringen). Wien 1961
KNAPPICH, WILHELM. Die Habsbur-
    ger-Chronik. Salzburg 1959
KOBALD, KARL. Schloß Schönbrunn.
    Wien 1924
KOBALD, KARL – FREY, DAGOBERT –
    HERTERICH, FRANZ. Das Schloß-
    theater in Schönbrunn. Wien 1925
KRONFELD, ERNST MORITZ. Park und
    Garten von Schönbrunn. Wien
    1924
KRONFELD, ERNST MORITZ. Das
    Schönbrunner Schloßtheater.
    Wien 1905
KUGLER, GEORG. Führer durch die
    Wagenburg. Wien 1974

LEITNER, QUIRIN. Monographie des
    kaiserlichen Lustschlosses Schön-
    brunn. Wien 1875
METASTASIO, PIETRO. La deliziosa im-
    perial residenza di Schönbrunn.
    Wien 1776
NAPOLEONS BRIEFE. Herausg. von
    Friedrich Schultze. Leipzig 1912
NAPOLEONS LEBEN. Von ihm selbst,
    Band 7 und 8. Stuttgart 1912
PAUER, HANS. Kaiser Franz Joseph I.
    Beiträge zur Bilddokumentation
    seines Lebens. Wien 1966
REALIS. Das k. k. Lustschloß Schön-
    brunn. Wien 1846
SCHLOSS SCHÖNBRUNN. Führer durch
    Schloß und Park. Bearbeitet von
    Dipl.-Ing. Friedrich Schmitt. Wien
    1977
TIERGARTEN SCHÖNBRUNN.
    Geschichte und Aufgabe. Heraus-
    gegeben von Univ.-Doz. Dir. Dr.
    Walter Fiedler. Wien 1976